연구보고서 2024-24

사회통합 실태진단 및 대응방안(XI)
: 이주민과 사회통합

곽윤경
김기태·정세정·강예은·김지원

연구진

연구책임자	**곽윤경**	한국보건사회연구원 부연구위원
공동연구진	**김기태**	한국보건사회연구원 연구위원
	정세정	한국보건사회연구원 부연구위원
	강예은	한국보건사회연구원 연구원
	김지원	한국보건사회연구원 연구원

연구보고서 2024-24

사회통합 실태진단 및 대응방안(XI)
: 이주민과 사회통합

발 행 일 2024년 12월
발 행 인 강 혜 규
발 행 처 한국보건사회연구원
주   소 [30147]세종특별자치시 시청대로 370
　　　　　세종국책연구단지 사회정책동(1~5층)
전   화 대표전화: 044)287-8000
홈페이지 http://www.kihasa.re.kr
등   록 1999년 4월 27일(제2015-000007호)
인 쇄 처 (사)아름다운사람들   20,000원

ⓒ 한국보건사회연구원 2024
ISBN 979-11-7252-041-0 [93330]
https://doi.org/10.23060/kihasa.a.2024.24

발|간|사

한국인이 외국인을 접한 역사는 백 년을 훌쩍 넘어 개화기 시절로 거슬러 올라간다. 서양 선교사들이 조선에 종교를 전파하기 위해 들어왔고, 산둥반도 출신 화교들이 인천에 정착해 짜장면을 팔기 시작했으며, 일제강점기에는 독립운동가 서재필과 윤치호가 각각 미국인과 중국인 아내와 결혼한 바 있다. 대한민국 초대 대통령 이승만이 오스트리아 출신 프란체스카 도너와 혼인하여 첫 귀화 한국인 영부인으로 기록된 일도 이주와 관련된 역사 속 흥미로운 장면 중 하나다.

그러나 과거의 접촉이 제한적이고 일부 집단에 국한되었다면, 오늘날 한국 사회에서 이주민은 훨씬 더 일상적이고 다양한 형태로 우리 곁에 존재하고 있다. 1990년대까지 이주민은 주로 미국, 일본, 중국 출신의 배우자나 저숙련 노동자에 국한되었지만, 2000년대 이후 유학생, 난민, 고숙련 노동자, 계절노동자 등으로 출신국과 배경이 다양화되며 한국 사회에서 그들의 존재감은 더욱 두드러졌다. 저출산과 고령화가 심화되는 상황에서, 이주민은 문화적 다양성과 상호 이해를 증진시키는 동시에, 생산가능인구의 감소를 보완하는 긍정적 역할을 하고 있다. 그러나 이주민을 향한 미묘한 차별과 시혜주의적 태도는 편견과 혐오를 재생산하며, 온정주의적 시각에서 냉소적 태도로 이어지고 있다.

한국에서는 헌법과 사회보장기본법에 기반한 복지 정책에서 이주민 역시 수혜 대상에 포함되어 있다. 이로 인해 일부 국민은 복지제도가 이주민에게 지나치게 관대하다고 느끼거나, 이를 노동시장 경쟁과 연결 지어 부정적으로 바라보는 경향을 보이기도 한다. 반면, 이주민들은 복지 접근성과 사회권 보장이 여전히 미흡하다는 불만을 제기하고 있다. 특히, 이주민 대상별·유형별로 복지제도 이용 가능성에 차이가 존재해 이주민들 내에서도 위화감과 박탈감이 나타나고 있다. 이러한 격차는 한국 사회의 통합을 저해하는 주요 요소로 작용할 가능성이 높으며, 이를 해소하기 위한 정책적 개선과 학문적 논의가 더욱 절실하다.

이번 2024년 사회통합 정책영향평가 사업은 한국인의 이주민에 대한 인식과 태도, 이민 관련 정책에 대한 태도, 그리고 이주민의 사회권과 복지에 대한 인식을 종합적으로 파악하는 것을 목적으로 수행한다. 첫째, 우리 사회의 사회 및 사회통합 수준을 진단한다. 둘째, 다양성과 이주민에 대한 국민의 인식과 태도를 심층적으로 조사한다. 셋째, 이민정책과 사회통합에 대한 국민의 인식과 태도를 분석한다. 넷째, 이주민/외국인의 사회복지제도(사회복지 적용 및 수급 등)를 둘러싼 국민의 인식을 종합적으로 검토한다. 마지막으로, 이러한 분석 결과를 바탕으로 사회통합 포럼을 통해 전문가 네트워크를 구축하고 관련 이슈를 공론화함으로써, 정책적 함의점을 도출하고자 한다.

　이번 연구는 곽윤경 부연구위원의 책임하에 김기태 연구위원, 정세정 부연구위원, 강예은 연구원, 김지원 연구원이 함께 참여하였다. 또한, 경기대학교 김성근 교수와 여유진 선임연구위원 등 원내외 전문가들의 자문을 거쳤다. 연구의 완성도를 높이는 데 기여한 사회통합 포럼의 발제자 및 토론자 분들께도 감사의 인사를 전한다.

2024년 12월
한국보건사회연구원장 직무대행
강 혜 규

목차

KOREA INSTITUTE FOR HEALTH AND SOCIAL AFFAIRS

요약 ··· 1

제1장 서론 ··· 9
　제1절 연구의 필요성 및 목적 ··· 11
　제2절 연구 내용 및 방법 ·· 15

제2장 이론적 배경 및 선행연구 ·· 25
　제1절 다문화 사회에서의 사회통합 ·· 27
　제2절 이주민 수용성 ··· 36
　제3절 이주민 유입과 복지국가 ··· 38

제3장 사회통합 인식 ·· 51
　제1절 응답자의 특성 ··· 53
　제2절 사회 및 사회통합 인식 ··· 55
　제3절 소결 ··· 80

제4장 다양성과 이주민 수용성 ··· 83
　제1절 들어가며 ·· 85
　제2절 연구 방법 ·· 88
　제3절 다양성 인식 ··· 90
　제4절 이주민 수용성 인식 ·· 98
　제5절 소결 및 함의점 ·· 114

제5장 이민정책과 사회통합에 대한 태도 ······································ 119
　제1절 이민정책에 대한 인식 ··· 121
　제2절 외국인력 유입에 대한 인식 ·· 123

제3절 사회통합 정책에 대한 인식 ·· 129
　　제4절 사회통합 정도에 따른 이민 및 외국인력 정책 태도 ······························· 133
　　제5절 소결 및 함의점 ··· 137

제6장 이주민 사회권과 복지정책에 대한 태도 ·· 141
　　제1절 이주민 사회권에 대한 내국인 인식 ·· 143
　　제2절 이주민·복지제도 유형에 따른 이주민 사회권 ·· 149
　　제3절 이주민 사회권에 대한 인식 및 복지 태도 ··· 165
　　제4절 소결 및 함의점 ··· 170

제7장 결론 및 정책적 함의 ·· 175
　　제1절 연구 결과 요약 ··· 177
　　제2절 정책적 함의 ·· 184

참고문헌 ··· 189

부록 ·· 203
　　[부록 1] 2024 사회통합 실태조사 표본 설계서 ·· 203
　　[부록 2] 2024 사회통합 실태조사 설문지 ·· 220

Abstract ··· 237

표 목차

KOREA INSTITUTE FOR HEALTH AND SOCIAL AFFAIRS

〈표 1-1〉 2014~2023년 사회통합 실태조사 연구의 연차별 주제와 주요 연구 내용 ·········· 15
〈표 1-2〉 연구 흐름도 ··· 18
〈표 1-3〉 사회통합 실태조사 개요 ·· 20
〈표 1-4〉 이주민과 사회통합 실태조사 내용 ·· 20
〈표 1-5〉 사회통합 포럼 ··· 22
〈표 1-6〉 법령에서의 이주민 관련 용어 정리 ·· 23
〈표 2-1〉 이주민 사회통합 정책의 유형 ·· 29
〈표 2-2〉 다양성 내 통합(integration into diversity) ·· 31
〈표 2-3〉 MIPEX 2020의 8개 정책 영역과 하위 차원 ··· 33
〈표 2-4〉 국가별 복지 레짐과 이민정책 레짐 ·· 40
〈표 2-5〉 외국인 체류자격별 사회복지정책 적용 범위 비교 ······································ 49
〈표 3-1〉 응답자의 인구사회학적 특성 ·· 54
〈표 3-2〉 감기가 심하게 걸려 식사 준비나 장보기와 같은 집안일을 부탁해야 할 경우 ······· 59
〈표 3-3〉 큰돈을 갑자기 빌릴 일이 생길 경우 ·· 61
〈표 3-4〉 우울하거나 스트레스를 받아서 누군가와 이야기를 나누고 싶을 경우 ············· 62
〈표 3-5〉 사회갈등도 변화 수준 ··· 65
〈표 3-6〉 진보와 보수 간의 갈등: 2018년, 2023년과 2024년 비교 ··························· 66
〈표 3-7〉 인구사회학적 특성에 따른 정부 신뢰 ··· 72
〈표 3-8〉 인구사회학적 특성에 따른 국가 자부심 ··· 79
〈표 4-1〉 분석 문항 ··· 89
〈표 4-2〉 문화 개방성 – 인구사회학적 특징 ··· 91
〈표 4-3〉 고정관념 및 차별 인식('매우 동의한다+동의한다' 비율) ······························ 94
〈표 4-4〉 국민 정체성 인식('매우 동의한다+동의한다' 비율) ····································· 96
〈표 4-5〉 국민 정체성 인식('매우 동의한다+동의한다' 비율) (계속) ··························· 97
〈표 4-6〉 일상생활에서 접촉 수준별 인구사회학적 특징('자주 만난다 + 가끔 만난다' 비율) ··· 100
〈표 4-7〉 이주민 수용성 인식 ·· 101
〈표 4-8〉 이주민 대상별 및 체류자격별 수용성 ··· 102
〈표 4-9〉 이주노동자에 대한 수용성 인식 ·· 104
〈표 4-10〉 결혼이주민에 대한 수용성 인식 ·· 105
〈표 4-11〉 유학생에 대한 수용성 인식 ·· 106
〈표 4-12〉 재외동포(고려인, 조선족 등)에 대한 수용성 인식 ·································· 107

〈표 4-13〉 북한이탈주민에 대한 수용성 인식 ··· 108
〈표 4-14〉 영주권자에 대한 수용성 인식 ·· 109
〈표 4-15〉 난민에 대한 수용성 인식 ··· 110
〈표 4-16〉 이주민에 대한 사회적 거리감 ·· 114
〈표 5-1〉 노동 이주에 대한 의견 - 인구사회학적 특징 ································ 125
〈표 5-2〉 이주민 수용성 태도와 다양성 태도에 따른 분포 ························· 134
〈표 6-1〉 한국과 유럽의 주관적인 계층 분포 ··· 155
〈표 6-2〉 이주민 대상 복지에 대한 태도와 복지 태도에 따른 분포 ············ 169
〈부표 1-1〉 모집단 집계구 분포 ··· 204
〈부표 1-2〉 모집단 가구 분포 ··· 205
〈부표 1-3〉 모집단 인구 분포 ··· 206
〈부표 1-4〉 모집단 인구의 성별 분포 ·· 207
〈부표 1-5〉 시도별 인구의 연령별 분포 ·· 208
〈부표 1-6〉 표본 규모 산정 ·· 211
〈부표 1-7〉 표본 집계구 배분: (비례 배분) ··· 213
〈부표 1-8〉 표본 집계구 배분: (네이만 배분) ·· 214
〈부표 1-9〉 표본 집계구 배분: (제곱근 비례배분) ··· 215

그림 목차

KOREA INSTITUTE FOR HEALTH AND SOCIAL AFFAIRS

[그림 1-1] 인구 및 구성비, 2022~2042년 ·· 11
[그림 1-2] 인권 존중도, 2019~2022년 ··· 12
[그림 1-3] 일반 국민(성인)의 다문화 수용성 변화 ··· 13
[그림 2-1] 이주민 유형에 따른 사회통합 지수 ·· 35
[그림 2-2] 한국과 OECD 주요 국가의 외국 국적 인구 추이 ····························· 46
[그림 3-1] 주관적 행복도와 삶의 만족도 수준 변화 ·· 55
[그림 3-2] 사회적 지지 유형별 도움 요청자 ·· 57
[그림 3-3] 사회갈등도 수준 변화 ··· 63
[그림 3-4] 사회갈등 유형별 수준 ·· 64
[그림 3-5] 행정부에 대한 신뢰 ··· 67
[그림 3-6] 입법부에 대한 신뢰 ··· 68
[그림 3-7] 사법부에 대한 신뢰 ··· 69
[그림 3-8] OECD(2024) 회원국의 정부, 국회, 법원 및 사법 시스템에 대한 신뢰 ··············· 70
[그림 3-9] 사회통합 수준 인식_국가 자부심 ·· 74
[그림 3-10] 사회통합 수준 인식_전반적 사회통합도 ·· 75
[그림 3-11] 인구사회학적 특성, 차별/소수자로서의 경험 여부에 따른 국가 자부심 ·············· 76
[그림 3-12] 인구사회학적 특성, 차별/소수자로서의 경험 여부에 따른 전반적 사회통합도 ········· 78
[그림 4-1] 소수집단에 대한 사회적 거리감 변화, 2012-2018 ··························· 85
[그림 4-2] 국적별 사회적 거리감 변화 수준 비교, 2008, 2018 ························ 86
[그림 4-3] 외국인 이주민·노동자 수용 인식, 2013-2022 ··································· 87
[그림 4-4] 문화 개방성 인식 ·· 90
[그림 4-5] 고정관념 및 차별 인식 ·· 92
[그림 4-6] 아시아 국가의 이주노동자에 대한 태도 ··· 93
[그림 4-7] 국민 정체성 ·· 95
[그림 4-8] 국민 정체성 비교, 2003, 2024 ··· 98
[그림 4-9] 일상생활에서 외국인 접촉 ·· 99
[그림 4-10] 이주민 대상별 및 체류자격별 수용성 ·· 103
[그림 4-11] 이주민 사회적 거리감 ··· 111
[그림 4-12] 이주민에 대한 사회적 거리감 - 집단별 차이 ······························· 113
[그림 4-13] 이주민 대상별 및 체류자격별 수용성 - 종합 ······························· 116
[그림 5-1] 총인구 대비 외국인 구성비(2022~2042년) ······································· 121

[그림 5-2] 이민정책에 대한 태도 ·· 122
[그림 5-3] 국가별 이주정책 선호(immigration policy preference) ·· 124
[그림 5-4] 외국인 인력 수용에 대한 의견 ··· 126
[그림 5-5] 외국인 인력 수용에 대한 의견 – 인구사회학적 특징 ·· 127
[그림 5-6] 사회통합 정책에 대한 인식 ··· 130
[그림 5-7] 사회통합 정책에 대한 인식 – 인구사회학적 특징 ·· 131
[그림 5-8] 사회통합 정책에 대한 인식 – 동화주의적 입장 ·· 132
[그림 5-9] 사회통합 정책에 대한 인식 – 다문화주의적 입장 ·· 133
[그림 5-10] 다양성 내 통합에 따른 이민정책에 대한 태도 ·· 135
[그림 5-11] 다양성 내 통합에 따른 외국인력 유입에 대한 태도 ·· 136
[그림 5-12] 다양성 내 통합에 따른 사회통합 정책 태도 ·· 137
[그림 6-1] 이주민의 다섯 가지 인권 보장 수준에 대한 내국인 인식 ··· 144
[그림 6-2] 이주민의 복지수급권에 대한 내국인 분위별 인식 ··· 146
[그림 6-3] 이주민의 복지수급권에 대한 내국인 집단별 인식 ··· 147
[그림 6-4] 이주민의 노동권에 대한 내국인 집단별 인식 ·· 148
[그림 6-5] 이주민의 복지급여 자격 부여 시점에 대한 설문 문항 ·· 150
[그림 6-6] 이주민의 복지급여 권리 부여 시점에 대한 집단별 차이 ··· 151
[그림 6-7] 이주민의 복지급여 권리 부여 시점에 대한 국가별 차이 ··· 153
[그림 6-8] 유럽 각국 및 한국의 이주민 복지 수혜 시점 비교 ·· 154
[그림 6-9] 이주민의 복지급여 권리 부여 시점에 대한 주관적 소득계층별, 국가별 차이 ······················ 156
[그림 6-10] 설문지에 제시된 아동수당과 생계급여에 대한 설명 ··· 157
[그림 6-11] 아동수당에 대한 이주민 유형별 복지수급권에 대한 내국인 태도 ································ 157
[그림 6-12] 이주민 유형에 따른 아동수당 수급 권리 보장에 대한 동의 정도 ································ 159
[그림 6-13] 이주노동자 자녀 대상 아동수당 지급에 대한 내국인 집단별 동의 정도 ························ 160
[그림 6-14] 이주민 유형에 따른 생계급여 수급 권리 보장에 대한 동의 정도 ································ 162
[그림 6-15] 이주노동자 생계급여 지급에 대한 내국인 집단별 동의 정도 ····································· 163
[그림 6-16] 이주민 유형에 따른 건강보험 가입 권리 보장에 대한 동의 정도 ································ 164
[그림 6-17] 이주노동자의 건강보험 가입에 대한 내국인 집단별 동의 정도 ··································· 165
[그림 6-18] 내국인 집단별 복지 태도 ·· 166
[그림 6-19] 이주민에 대한 태도 및 복지 태도 ·· 168
[그림 6-20] 이념적 성향에 따른 복지 태도와 '내국인 우선' 입장 ··· 170

요약

2024년 사회통합 실태조사

사회통합 실태조사는 한국보건사회연구원에서 2014년부터 매년 수행되는 과제입니다. 지금까지 사회통합과의 관련성을 중심으로 행복, 사회이동, 사회통합 인식, 사회심리적 불안, 코로나19, 그리고 사회갈등 등에 관련한 연구를 진행하였습니다.

올해 조사는 한국인의 이주민에 대한 인식과 태도, 이민 관련 정책에 대한 태도, 그리고 이주민의 사회권과 복지 태도를 중점적으로 이해하는 것을 목적으로 합니다.

조사 대상	만19세 이상 ~ 75세 이하 대한민국 남·녀
조사 기간	2024년 6월 ~ 8월
조사 방법	구조화된 질문지를 이용한 대면 면접조사
조사 내용	• 연구 참여자의 일반적 특성 • 사회 및 사회통합 인식 • 다양성과 이주민 수용성 • 이민정책에 대한 태도 • 이주민 사회권과 복지정책에 대한 태도 • 가구의 경제상태

사회통합 인식

사회통합 인식
(단위: 점)

전반적 사회통합도는 코로나19 전국 확산기였던 2021년 최고점을 기록한 이후, 감소추세를 보이다가, 2024년에 이르러 다시 소폭 회복하여 증가세로 돌아섰다.

2016	2017	2018	2019	2021	2022	2023	2024
4.18	4.50	4.17	4.17	4.59	4.31	4.20	4.32

출처: 2024년 사회통합 실태조사 자료

사회갈등 인식
(단위: 점)

2024년 우리사회의 갈등정도는 4점 만점에 3.0으로 보통 이상으로 나타났다.

2018	2019	2021	2022	2023	2024
2.88	2.90	2.89	2.85	2.93	3.04

출처: 2024년 사회통합 실태조사 자료

사회갈등 유형별 인식
(단위: 점)

진보와 보수 간의 갈등이 가장 심각한 갈등으로 꼽혔고, 지역(수도권과 지방) 간 갈등, 정규직과 비정규직 갈등 등의 순으로 나타났다.

빈부갈등	노사갈등	주택소유자와 비소유자	정규직과 비정규직	젠더갈등	세대갈등	진보와 보수	지역 간 (수도권과 지방)	기존 주민과 이주민	대기업과 중소기업
2.96	2.97	2.71	3.01	2.60	2.71	3.52	3.06	2.65	2.81

출처: 2024년 사회통합 실태조사 자료

사회통합 인식

사회 인식

(단위: 점)

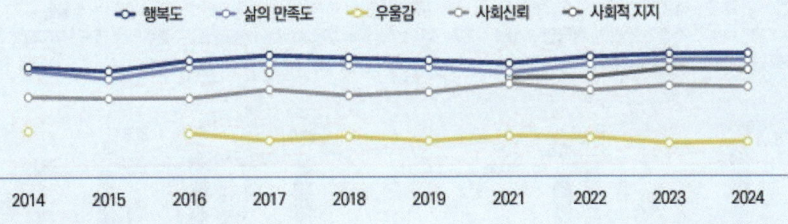

범례: 행복도, 삶의 만족도, 우울감, 사회신뢰, 사회적 지지

출처: 2024년 사회통합 실태조사 자료

사회적 지지

(단위: %)

감기가 걸려 집안일을 부탁해야 할 경우와 큰돈을 갑자기 빌릴 경우는 가족에게 도움을 요청하겠다는 응답이 많은 반면, 우울해서 누군가와 이야기를 나누고 싶은 경우는 가족보다는 지인(친구, 이웃, 동료 등)에게 도움을 요청하겠다고 답하였다.

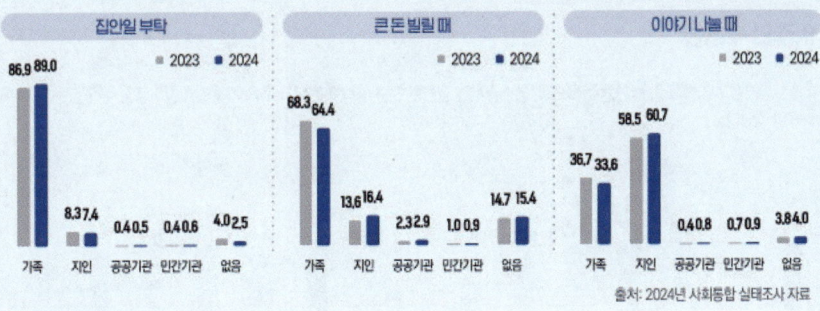

집안일 부탁	2023	2024
가족	86.9	89.0
지인	8.3	7.4
공공기관	0.4	0.5
민간기관	0.4	0.6
없음	4.0	2.5

큰돈 빌릴 때	2023	2024
가족	68.3	64.4
지인	13.6	16.4
공공기관	2.3	2.9
민간기관	1.0	0.9
없음	14.7	15.4

이야기 나눌 때	2023	2024
가족	36.7	33.6
지인	58.5	60.7
공공기관	0.4	0.8
민간기관	0.7	0.9
없음	3.8	4.0

출처: 2024년 사회통합 실태조사 자료

국가 자부심

(단위: %)

한국인인 것이 자랑스럽다는 2024년 84.5%였고, 이는 10년 전인 2014년 72.9%에 비해 11.6%p 상승하였다.

범례: 매우 자랑스럽다, 대체로 자랑스럽다, 별로 자랑스럽지 않다, 전혀 자랑스럽지 않다

연도	전혀 자랑스럽지 않다	별로 자랑스럽지 않다	대체로 자랑스럽다	매우 자랑스럽다
2014	2.5	24.6	59.3	13.6
2015	1.4	23.4	65.3	10.0
2016	1.6	22.7	67.6	8.2
2017	1.1	20.3	70.4	8.3
2018	1.1	22.8	67.5	8.5
2019	0.8	20.1	69.6	9.5
2021	0.5	14.4	73.3	11.8
2022	0.4	13.2	73.4	13.0
2023	0.5	13.0	75.1	11.4
2024	0.4	15.1	74.3	10.2

출처: 2024년 사회통합 실태조사 자료

다양성과 이주민 수용성

국민정체성

(단위: %)

2024년 조사에 따르면, 한국어와 한국의 정치 및 법을 존중하는 것이 국민 정체성의 중요한 요소라고 여기는 비율은 2003년 대비 크게 증가한 반면, 한국인 조상을 가지는 것과 한국에서 태어나는 것이 한국인으로 간주되는 데 중요하다고 여기는 비율은 크게 감소하였다.

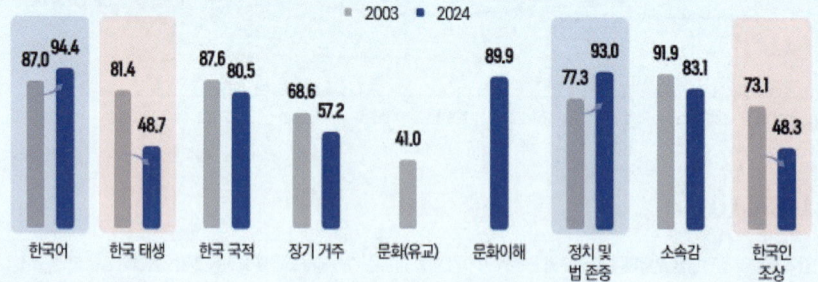

출처: 2003년 한국종합사회조사; 2024년 사회통합 실태조사 자료

이주민 수용성

(단위: %)

이주노동자를 직장동료로, 난민을 이웃으로, 영주권자를 절친한 친구 그리고 배우자 혹은 가족으로 받아들일 수 있다는 응답이 많았다.

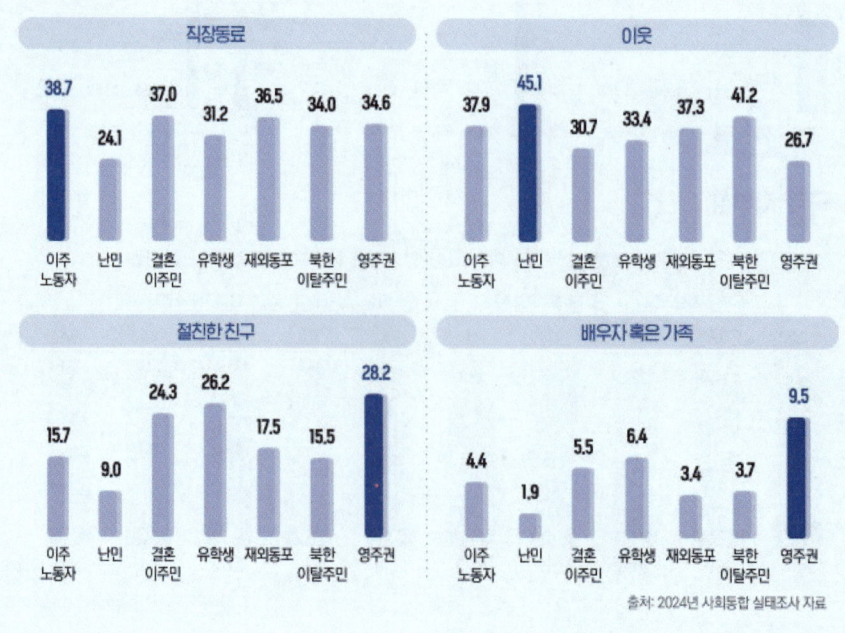

출처: 2024년 사회통합 실태조사 자료

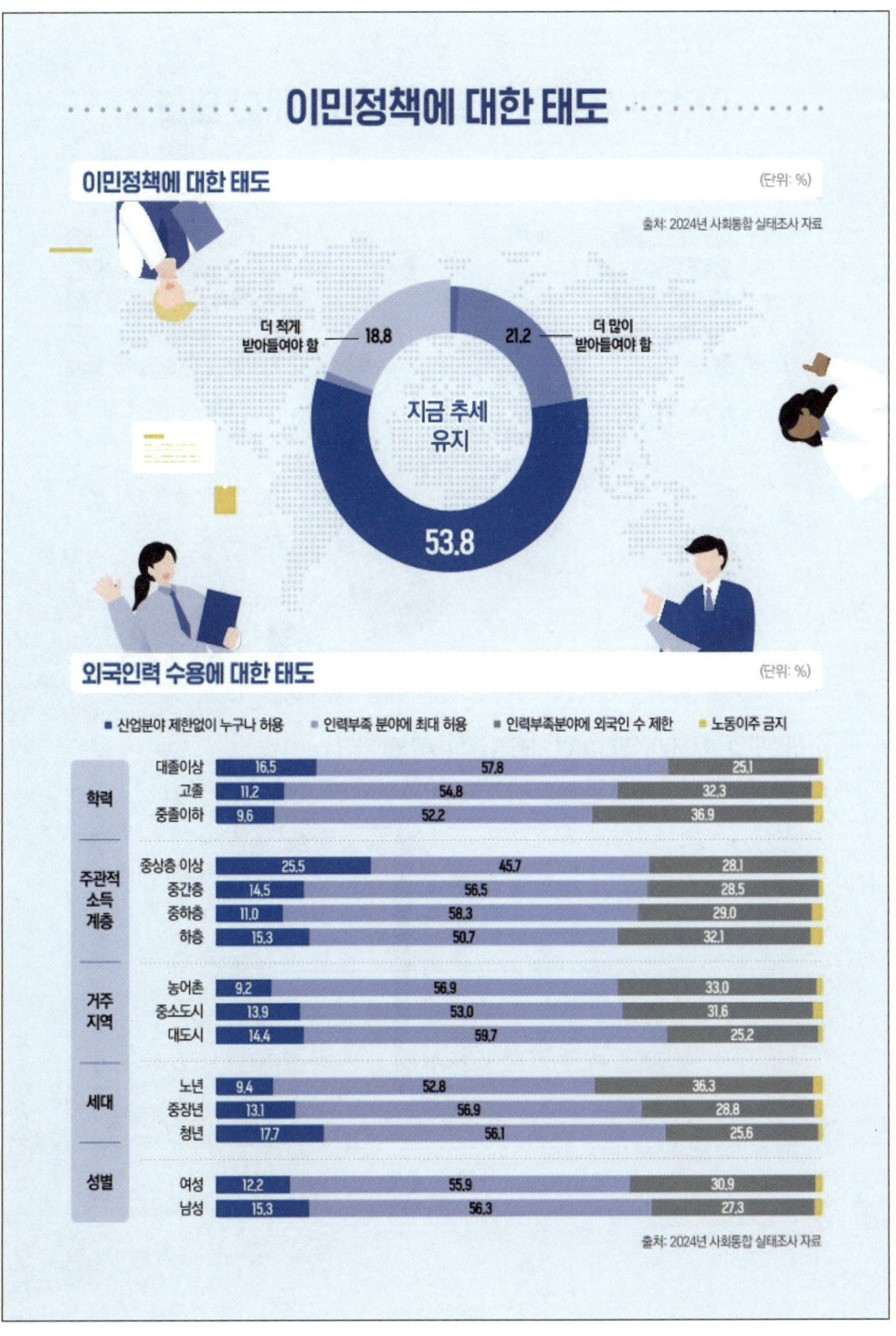

이주민 사회권과 복지정책에 대한 태도

이주민의 복지급여 권리 부여 시점에 대한 국가별 차이
(단위: %)

국가	국내에 입국한 즉시	국내에서 최소 1년 동안 근무하고 세금을 납부한 경우	국내 근무경력에 상관없이, 입국한 지 1년이 지난 뒤	이주민이 한국 국적을 취득한 직후	이주민은 내국인과 결코 동일한 권리를 가져서는 안된다
스웨덴	19.5	19.3	32.9	27.5	0.8
독일	11.2	13.1	50.2	23.3	2.3
유럽평균	9.0	9.1	43.1	29.1	9.7
한국	3.7	9.9	50.4	33.4	2.7
헝가리	2.3	3.7	36.2	27.5	30.4

출처: European Social Survey 2016년 자료 활용

이주민의 복지급여 권리 부여 시점에 대한 국가별 차이
(단위: 점)

유럽평균 3.21, 한국 3.21

국가 순서: 아이슬란드, 스웨덴, 스페인, 포르투갈, 스위스, 독일, 아일랜드, 프랑스, 이스라엘, 노르웨이, 벨기에, 영국, 핀란드, 유럽평균, 한국, 네덜란드, 오스트리아, 에스토니아, 이탈리아, 리투아니아, 폴란드, 슬로베니아, 러시아, 체코, 헝가리

참조: 귀하는 이주민들이 내국인들과 동일한 사회복지 혜택과 권리를 얻는 시점이 언제가 돼야 한다고 생각하십니까?라는 질문에 대해서 ① 한국에 입국한 즉시 ~ ⑤ 이주민은 내국인과 결코 동일한 권리를 가져서는 안된다를 각각 1~5점으로 활용해서 평균을 구한 값. 평균이 높을수록 복지에서 '내국인 우선' 성향이 강한 것으로 해석됨. 즉, 이주민의 복지급여 수급에 대한 거부감이 높다는 의미임.

출처: European Social Survey 2016년 자료 활용

이주민 사회권과 복지정책에 대한 태도

아동수당 급여권리 제공 태도
(단위: %)

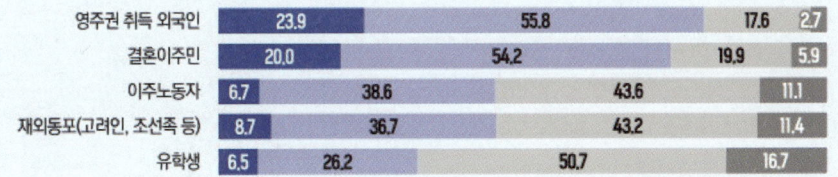

■ 매우 동의　■ 약간 동의　■ 별로 동의않음　■ 전혀 동의않음

구분	매우 동의	약간 동의	별로 동의않음	전혀 동의않음
영주권 취득 외국인	23.9	55.8	17.6	2.7
결혼이주민	20.0	54.2	19.9	5.9
이주노동자	6.7	38.6	43.6	11.1
재외동포(고려인, 조선족 등)	8.7	36.7	43.2	11.4
유학생	6.5	26.2	50.7	16.7

출처: 2024년 사회통합 실태조사 자료

생계급여 급여 권리 보장에 대한 태도
(단위: %)

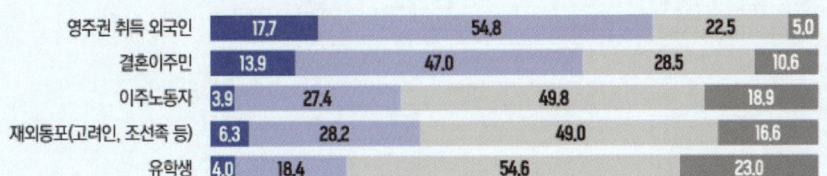

■ 매우 동의　■ 약간 동의　■ 별로 동의않음　■ 전혀 동의않음

구분	매우 동의	약간 동의	별로 동의않음	전혀 동의않음
영주권 취득 외국인	17.7	54.8	22.5	5.0
결혼이주민	13.9	47.0	28.5	10.6
이주노동자	3.9	27.4	49.8	18.9
재외동포(고려인, 조선족 등)	6.3	28.2	49.0	16.6
유학생	4.0	18.4	54.6	23.0

출처: 2024년 사회통합 실태조사 자료

건강보험 가입 권리 보장에 대한 태도
(단위: %)

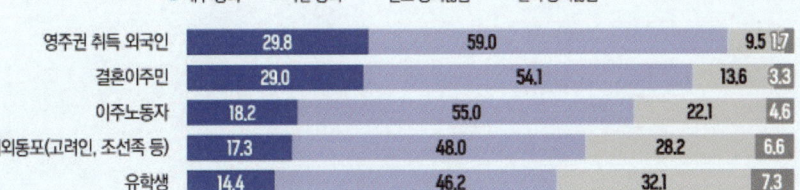

■ 매우 동의　■ 약간 동의　■ 별로 동의않음　■ 전혀 동의않음

구분	매우 동의	약간 동의	별로 동의않음	전혀 동의않음
영주권 취득 외국인	29.8	59.0	9.5	1.7
결혼이주민	29.0	54.1	13.6	3.3
이주노동자	18.2	55.0	22.1	4.6
재외동포(고려인, 조선족 등)	17.3	48.0	28.2	6.6
유학생	14.4	46.2	32.1	7.3

출처: 2024년 사회통합 실태조사 자료

제1장

서론

제1절 연구의 필요성 및 목적
제2절 연구 내용 및 방법

제1장   서론

제1절 연구의 필요성 및 목적

한국 사회에서는 저출산 고령화로 인해 이주민과 외국인 유입이 빠른 속도로 늘어남에 따라, 이들을 사회에서 통합하는 문제가 그 어느 때보다도 시급한 현안 과제로 등장하고 있다. 통계청의 「2022년 기준 장래인구추계를 반영한 내·외국인 인구추계: 2022~2042년」에 따르면, 내국인은 2022년 5,167만 명에서 2042년 4,963만 명으로 감소하는 반면, 외국인은 165만 명에서 2042년 285만 명으로 증가할 것으로 보인다(통계청, 2024, p.4). 내국인 생산연령인구가 저출산과 고령화로 인해 줄어들면서, 생산연령 인구 중 외국인의 비율이 늘어날 수밖에 없는 상황이다. 특히, 2024년 올해는 이주 배경 인구가 총인구의 5%를 넘을 것으로 전망됨에 따라(박혜리, 2024.1.17), 경제협력개발기구(OECD)의 기준에 따라 한국은 본격적으로 다문화·다인종 국가로 진입할 것으로 전망된다.

[그림 1-1] 인구 및 구성비, 2022~2042년

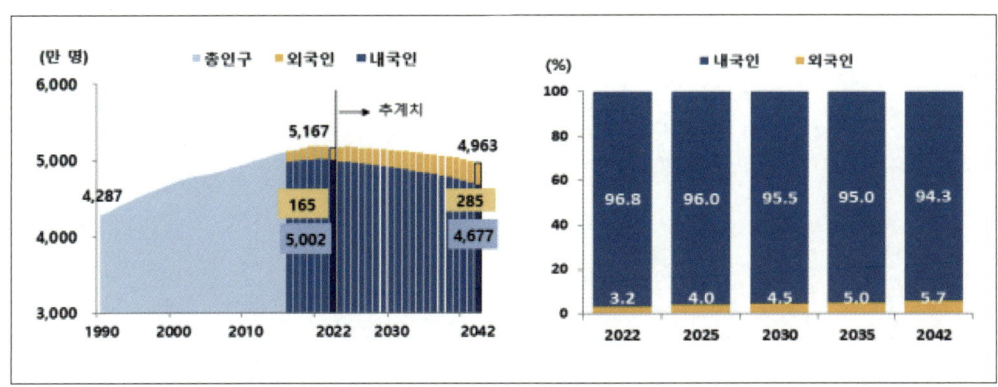

출처: "2022년 기준 장래인구추계를 반영한 내·외국인 인구추계: 2022~2042년," 통계청, 2024, https://kostat.go.kr/board.es?mid=a10301020100&bid=207&tag=&act=view&list_no=430383&ref_bid=203,204,205,206,207 에서 2024년 11월 1일 인출

이러한 상황 속에서, 한국에서 이주민에 대한 인권 존중과 통합은 오히려 악화되고 있다. 국가인권위원회의 '2022년 인권의식실태조사'에 따르면, 우리 사회에서 인권이 존중받는다는 응답은 74.7%로 높게 나타난 반면, 사회적 약자/소수자(여성, 아동·청소년, 노인, 장애인, 이주민)의 인권이 존중받는다는 응답은 52.8%에 불과했다(한준 외, 2022, p.ii). 세부적으로 살펴보면, 여성(84.6%)과 아동·청소년(81%)의 인권이 존중받는다는 응답은 매우 높은 반면, 이주민(36.2%)의 인권이 존중받는다는 응답은 가장 낮았다(한준 외, 2022, p.ii). 또한, 결혼이주민은 경제적 빈곤 집단과 장애인 집단 다음으로 인권침해와 차별에 취약한 집단으로 꼽히기도 하였다(한준 외, 2022, p.vi). 이를 종합할 때, 이주민들이 우리 사회에서 적응하고 생활하는 것이 그리 녹록지 않음을 짐작할 수 있다.

이주민에 대한 수용성과 태도도 최근에 변화하고 있다. '2021년 국민 다문화 수용성 조사'에 따르면, 일반 국민의 다문화 수용성은 2012년 51.17점에서 2015년 53.95점으로 소폭 증가하였으나, 2015년 이후부터는 감소세로 돌아서서, 2021년에는 52.27점을 기록하였다(김이선 외, 2021, p. ii). 또한, 한국인은 이주민을 직장동료나 이웃으로 받아들일 수는 있지만, 가족이나 친한 친구로서 받아들이는 데는 다소 폐쇄적이고 배타적인 경향이 있었다(곽윤경 외, 2019). 그뿐만 아니라, 한국인은 아시아 국적의 이주민에게는 상대적으로 거리감을 느끼지만, 북미인 및 유럽인 등에게는 거리감을 덜 느끼는 것으로 나타났다(김석호, 2019; 김범수 외, 2023).

[그림 1-2] 인권 존중도, 2019~2022년

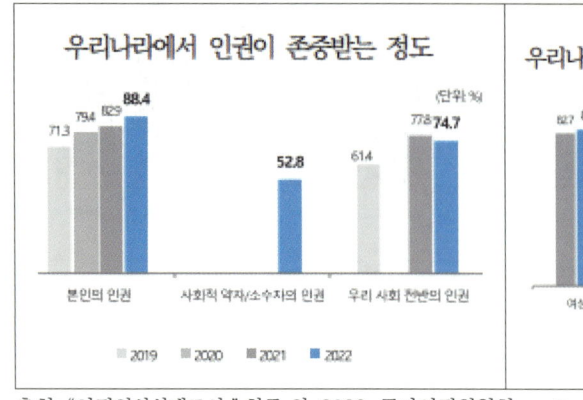
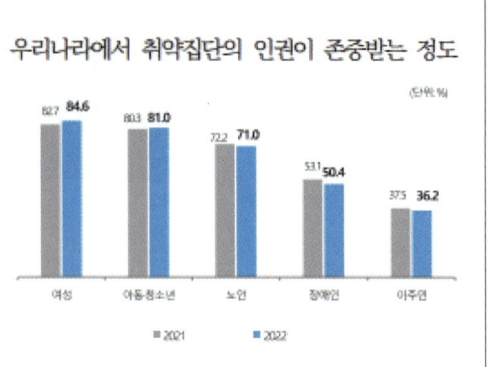

출처: "인권의식실태조사," 한준 외, 2022, 국가인권위원회, p. ii, p.vi.

[그림 1-3] 일반 국민(성인)의 다문화 수용성 변화

(단위: %)

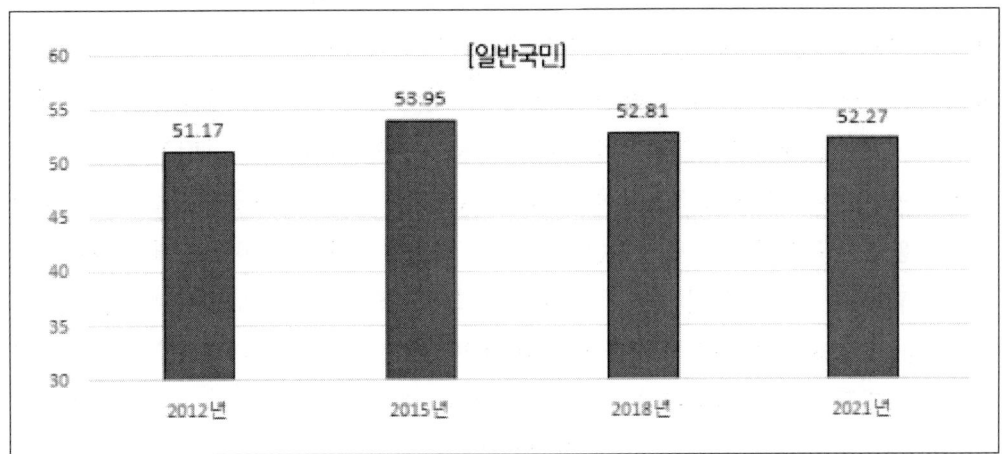

출처: "국민 다문화수용성 조사," 김이선 외, 2022, 한국여성정책연구원, p. iii.

최근에는 외국인력 도입 확대 정책, 가사관리사 시범사업 실시, 국민건강보험 등 관련 이슈들이 논쟁거리로 등장했는데, 인터넷 공론장에서는 많은 찬반 의견이 팽팽히 맞서고 있다. 그렇지만 한국인의 이주 정책에 대한 태도가 정말 어떠한지를 살펴보는 연구는 생각보다 많지 않다. 물론 일부 사회조사에서 관련 정책에 대한 의견을 물어보고는 있으나, 이렇게 이슈가 되는 정책에 관해 국민들의 의견이 수렴하는지 발산하는지 아니면 다른 요구가 있는 것인지를 파악하기는 쉽지 않다. 소수의 기존 연구에 따르면, 한국인은 외국인이 귀화할 때 준법 의식과 납세 의무 수행을 귀화의 가장 중요한 요건으로 보았다(장주영, 2021). 또한, 이주민 대상별 정책이 관대해야 하는지 아니면 엄격해야 하는지에 대한 연구에 따르면, 한국인은 귀화자, 영주권자, 결혼이주민 등에 대한 정책은 관대할 필요가 있다고 보는 경향이 있었다(장주영, 2021). 정리하면, 이러한 연구를 바탕으로 시의성 있는 사회적 현안에 대한 보다 심층적인 논의와 정책 제안을 하기에는 미흡한 점이 있다.

이뿐만 아니라, 이주민의 사회복지제도를 둘러싼 이슈들 역시 '뜨거운 감자'로 대두되고 있다. 사회보장기본법 제8조에서는 '국내에 거주하는 외국인에게 사회보장제도를 적용할 때에는 상호주의 원칙에 따르되, 관련 법령에 따른다'고 명시하고 있으나, 모든 이주민과 외국인을 정책 대상으로 볼 것인가에 대한 논란이 있다. 구체적으로, 이주민 중 어떤 사람들이 정책의 대상이 될 것인가? 이주민이 받는 사회복지 혜택이 사회보험

기여금에 비해 적절한가? 등 다양한 논쟁이 있었다. 일례로, 국민건강보험에서 외국인과 재외국민의 피부양자의 의료서비스 혜택을 받는 자격 기준에 대해 많은 말들이 있었다. 그 결과, 2024년 4월 2일까지는 외국인 가족(배우자 제외)은 입국과 동시에 피부양자로서 한국의 의료서비스를 이용할 수 있지만, 4월 3일부터는 한국에 입국한 지 6개월이 되어야 피부양자의 자격으로 의료서비스 이용이 가능하다(서한기, 2024.4.2.). 국외에서도 이주민의 사회복지 적용을 둘러싼 논쟁은 있어 왔다. 예를 들어, 높은 공공지출 비율로 관대한 복지국가로 평가받는 덴마크와 노르웨이에서는 1980년대 포퓰리스트 우익 정당이 이주민을 복지 권리에서 배제하려는 입장을 취한 바 있다(Andersen & Bjørklund, 1990). 이처럼 이주민에 대한 사회복지정책의 적용은 이주민의 사회적 적응을 돕고 갈등 해소에 기여할 수 있으나, 정책의 적절성 및 확대 적용 여부를 둘러싸고 또 다른 갈등을 불러일으킬 수 있다(김안나, 2021, p.102).

이주민에 대한 사회복지제도의 설계와 혜택 여부는 내국인의 이주민에 대한 정서와 인식에 크게 좌우된다(Banting et al., & Kymlicka, 2006). 만약 내국인이 이주민을 사회의 위협(threat)이자 부담(burden)으로 인식하면, 이주민에 대한 권리는 제한되고 이는 곧 관련 제도의 접근 및 혜택을 최소화시키게 된다(Banting et al., 2006). 반대로, 만약 이민 자체가 사회에 주는 순기능적 측면에 더 가치를 두고 이주민을 우리 사회의 소중한 자원으로 인식한다면, 이주민에 대해 포용적이고 이들을 통합하기 위한 다양한 정책적 노력들이 이루어지게 된다(Banting et al., 2006). 일반적으로 국민의 시각은 이러한 두 가지 관점 중 어느 하나에 완전히 치우치기보다는, 두 가지 인식이 혼재하거나 양가적 태도를 보인다(Banting et al., 2006). 즉, 타자에 대한 두려움과 관용 사이에서 갈등을 겪는 것이다. 그렇기에 많은 국가에서 이주민에 대한 수용과 이들의 유입을 제한하려는 움직임이 복합 동시다발적으로 나타나며, 이러한 국민적 정서는 시대에 따라 또한 변화하고 있다(Banting et al., 2006). 아쉽게도 국내에서는 이주민 대상 사회보장정책의 적절성과 확대 적용 여부 등에 대한 심도 있는 논의와 이에 대한 국민들의 인식을 종합적이고 체계적으로 살펴보려는 기존 연구는 매우 희소한 상황이다.

이번 2024년 사회통합 정책영향평가 사업은 한국인의 이주민에 대한 인식과 태도, 이민 관련 정책에 대한 태도, 그리고 이주민의 사회권과 복지 태도를 중점적으로 이해하는 것을 목적으로 수행한다. 첫째, 우리 사회의 사회 및 사회통합 수준을 파악한다.

둘째, 다양성과 이주민에 대한 국민의 인식과 태도를 알아본다. 셋째, 이민정책과 사회통합에 대한 국민들의 인식과 태도를 살펴본다. 넷째, 이주민/외국인의 사회복지제도(사회복지 적용 및 수급 등)을 둘러싼 국민의 인식과 태도를 종합적으로 파악한다. 마지막으로 이러한 분석 결과와 더불어, 사회통합 포럼을 통해 관련 전문가와 네트워크를 구축하고 이슈를 공론화하여, 이 주제에 관한 정책적 함의점을 도출하고자 한다.

제2절 연구 내용 및 방법

1. 연구 내용

본 연구는 『사회통합 실태조사 및 대응방안』이라는 제하로 2014년부터 매년 수행되는 과제이다. <표 1-1>은 연구가 발족한 2014년부터 2023년까지의 연구 주제와 내용을 표로 정리한 것이다. 아래 표에 제시된 바와 같이, 기존 연구들은 사회통합과의 관련성을 중심으로 행복, 사회이동, 사회통합 인식, 사회심리적 불안, 사회갈등, 그리고 코로나19 등에 관한 연구를 진행하였다. 2024년에는 이주민과 사회통합에 대해 주목하고자 한다.

<표 1-1> 2014~2023년 사회통합 실태조사 연구의 연차별 주제와 주요 연구 내용

연차 (연도)	연구 목적 및 연구 방법	주요 연구 내용

1년 차
(2014)
	- 연구 목적: 한국의 사회통합 수준과 **행복 수준**의 결정요인 규명, 사회통합과 행복 간의 관계 분석
	- 연구 방법: 문헌·이론 연구, 실태조사
		- 사회통합의 개념 및 수준
		  • 한국의 사회통합 수준 및 상태 진단
		- 사회통합 인식의 결정요인
		  • 사회통합 인식의 결정요인 분석
		- 행복의 개념 및 수준
		  • 가구 유형별, 개인 특성별 행복 수준
		- 행복의 결정요인

2년 차
(2015)
	- 연구 목적: **사회이동**과 사회통합의 관계를 심층적으로 분석함으로써 정책적 시사점을 도출
	- 연구 방법: 문헌·이론 연구, 실태조사
		- 코호트별 사회이동의 현황
		- 교육성취와 사회이동
		- 사회이동과 사회통합 인식
		  • 관련 논의 및 선행연구
		- 사회이동 수준 국제 비교
		  • 직업계층 이동 국제 비교 분석 및 결과
		  • 사회이동 수준 비교의 함의

연차 (연도)	연구 목적 및 연구 방법	주요 연구 내용
3년 차 (2016)	- 연구 목적: 사회통합 국민인식 구조를 **갈등 인식과 박탈**의 관점에서 파악하고, 사회통합 인식이 행복에 미치는 영향을 파악 - 연구 방법: 문헌·이론 연구, 실태조사	- 한국인의 사회통합 인식 구성 - 사회통합 수준의 국제 비교 　• 사회통합 측정 지표 및 자료 - 사회갈등과 사회통합 인식 　• 사회갈등이 사회통합에 미치는 영향 - 박탈과 사회통합 인식 간의 관계 - 행복과 사회통합 인식 간의 관계
4년 차 (2017)	- 연구 목적: 국민이 경험하는 **불안, 불신, 불만**의 현상과 관계를 분석함으로써 사회통합 증진의 단초 마련 - 연구 방법: 문헌·이론 연구, 실태조사	- 사회통합 개념의 확대를 위한 이론적 검토 　• 사회통합과 사회병리의 관계 - 트라우마 경험과 정신건강 간 관계 - 물질적 박탈이 정신건강에 미치는 영향 - 갈등과 정신건강의 사회경제적 맥락과 사회통합 　• 사회갈등에 대한 인식과 경험 　• 사회경제적 취약성과 정신건강 　• 갈등과 정신건강의 사회통합 인식 영향 - 사회적 불안과 사회통합
5년 차 (2018)	- 연구 목적: 국민이 경험하는 **사회갈등**의 양상 및 원인을 파악하고 정책적 대응을 모색함 - 연구 방법: 문헌·이론 연구, 실태조사	- 사회갈등의 사회경제적 배경과 이론적 검토 - 사회계층에 따른 인식과 (재)분배에 대한 태도 - 젠더갈등과 사회통합 - 세대별 인식의 분기와 사회통합 - 공공갈등과 사회통합
6년 차 (2019)	- 연구 목적: 사회통합 실태 연구 성과에 대한 **종합**과 더불어 사회통합에 대한 체계적인 진단을 시도 - 연구 방법: 문헌·이론 연구, 실태조사	- 사회통합 정책영향평가 주요 내용 및 사회통합 인식 변화 - 사회적 포용 상태의 진단 및 사회통합에 영향을 미치는 요인 - 사회적 자본의 상태 진단 및 국민 인식과 다문화 수용성에 미치는 영향 - 사회 이동성의 상태 진단 및 사회통합 인식의 관계 분석 - 사회통합 인식의 종합 진단
7년 차 (2020)	- 연구 목적: 국민들의 **사회 이동성**에 관한 다양한 측면에서의 실태와 인식을 살펴보고, 공정성을 비롯한 사회 이동성과 깊은 관련이 있는 이슈들을 조망 - 연구 방법: 문헌·이론 연구, 실태조사	- 세대 간 사회이동의 경험과 불공정 인식 - 자산의 세대 간 이전과 사회이동 인식 - 불안정성 인식과 사회이동 인식 - 사회이동 인식의 결정요인 - 사회이동과 사회통합 인식
8년 차 (2021)	- 연구 목적: 국민들의 **사회경제적 위기(코로나19) 경험, 사회통합 인식, 정신건강 영향** 등의 관계를 살펴보고 정책적 함의 - 연구 방법: 문헌·이론 연구, 실태조사	- 코로나19 전후 삶의 만족도와 사회통합 인식 변화 - 코로나19 전후 위험 인식의 변화와 영향요인 - 코로나19 전후 신뢰·차별 인식의 변화 - 코로나19와 위기 대응력 - 코로나19 전후 정신건강 수준 변화와 영향요인

연차 (연도)	연구 목적 및 연구 방법	주요 연구 내용
9년 차 (2022)	- 연구 목적: 국민들의 **코로나19 영향과 경제적 충격, 건강불평등, 사회적 지지, 사회통합 인식, 복지정책 대응 인식** 등의 관계를 살펴보고 정책적 함의점 도출 - 연구 방법: 문헌·이론 연구, 실태조사	- 코로나19 이후 삶의 만족도, 사회통합, 정부 대응에 대한 인식 변화 - 코로나19의 경제적 충격과 사회통합 및 복지정책 인식 - 코로나19로 인한 건강영향과 건강정책 인식 - 코로나19 전후 사회적 지지와 사회통합 및 사회갈등 영향요인
10년 차 (2023)	- 연구 목적: 한국 사람들이 인지하는 **사회갈등 수준과 변화 양상을 파악하고, 공정성, 청년 그리고 장애인과 관련한 사회갈등 유형과 대상**을 살펴보고, 사회통합을 이루기 위한 정책적 함의점을 도출 - 연구 방법: 문헌·이론 연구, 실태조사	- 사회갈등과 사회통합 인식 - 공정성 인식과 사회갈등 인식 - 청년세대의 차별과 갈등에 대한 인식과 경험 - 장애인에 대한 인식과 갈등

출처: "사회통합 실태진단 및 대응방안(X)-공정성과 갈등 인식," 곽윤경 외, 2023, 한국보건사회연구원, pp.19-20. 수정 보완

이 보고서는 총 7개의 장으로 구성되어 있다.

제1장에서는 연구의 필요성과 목적, 연구 내용 및 방법에 대해 서술하였고, 그 이하의 장 구성은 아래와 같다. 제2장에서는 선행연구 및 이론적 배경 고찰에 해당하는 부분으로, 이주민 유입과 사회통합, 이주민 유입과 이주민 수용성 그리고 이주민 유입과 복지국가에 대해 살펴보았다. 제3장은 사회통합 실태조사의 지속 문항에 대해 분석을 진행하였다. 또한, 일부 문항은 과거 사회통합 실태조사 활용하여, 그 추세를 확인해 보았다.

제4장부터 제6장까지는 올해 연구를 위해 새로 개발한 신규 문항을 분석하였다. 제4장은 다양성과 이주민 수용성 인식을 살펴보았다. 구체적으로 다양성 인식의 경우, 국민 정체성, 문화 개방성 그리고 고정관념 및 차별로 세부 영역을 구성하였고, 이에 대해 살펴보았다. 이주민 수용성의 경우, 이주민을 하나의 집단이 아닌 다양한 세부 집단으로 구분하여 분석하였다. 제5장에서는 이민정책과 사회통합에 대한 태도를 살펴보았다. 구체적으로, 이민에 대한 인식, 그리고 외국인력 유입에 대한 인식을 분석하였다. 그리고 사회통합 정책과 사회통합도별 관련 정책에 대한 태도를 살펴보았다.

마지막 장인 제7장은 여태까지의 분석 결과를 종합하고, 정책적 함의를 논의하였다.

〈표 1-2〉 연구 흐름도

장 구성	주요 연구 내용	연구 방법	
제1장 서론	· 연구의 필요성 및 목적 · 연구 내용 및 방법		
제2장 이론적 배경 및 선행연구	· 다문화 사회에서의 사회통합 · 이주민 수용성 · 이주민 유입과 복지국가	문헌연구	▲ 사 회 통 합 포 럼 & 자 문 회 의 & 연 구 진 회 의 ▼
제3장 사회통합 인식	· 응답자 특성 · 사회 및 사회통합 인식 · 소결	실증분석	
제4장 다양성과 이주민 수용성	· 들어가며 · 연구 방법 · 다양성 인식 · 이주민 수용성 인식 · 소결 및 함의점	실증분석	
제5장 이민정책과 사회통합에 대한 태도	· 이민정책에 대한 인식 · 외국인력 유입에 대한 인식 · 사회통합 정책에 대한 인식 · 사회통합 정도에 따른 이민 및 외국인력 정책 태도 · 소결 및 함의점	실증분석	
제6장 이주민 사회권과 복지정책에 대한 태도	· 이주민 사회권에 대한 내국인 인식 · 이주민·복지제도 유형에 따른 이주민 사회권 · 이주민 사회권에 대한 인식 및 복지 태도 · 소결 및 함의점	실증분석	
제7장 결론 및 정책적 함의	· 연구 결과 요약 · 정책적 함의		

출처: 저자 작성.

2. 연구 방법

이 연구는 국내외 문헌 고찰, 설문조사, 전문가 자문회의, 사회통합 포럼의 과정을 거쳐 진행하였다. 〈표 1-2〉에 제시하였듯, 제주도를 포함한 전국의 17개 시도의 만 19세 이상 만 75세 이하의 성인 남녀를 대상으로 사회통합 실태조사[1]를 실시하였다.

2024년 「사회통합 실태조사」의 표본추출은 집계구 방법을 통해 수행하였다. 집계구는 통계청의 인구총조사를 기반으로 지리정보서비스(GLS) 용도별로 선정한 단위로서, 평균 1.1 ㎢이며, 집계구당 평균 약 200~300개 가구로 구성된다(부록 1). 이번 연구의 조사에서는 500개 집계구를 확률비례계통추출법(Probability Proportional to Size Systematic Sampling)으로 추출하였으며, 각 집계구 당 6개 가구를 계통 추출하여 총 3,000가구[2]를 표본으로 추출하였다(부록 1).

한편 조사 대상 가구원 선정은, 무작위성을 보장하기 위해 주민등록 생일 기준으로 생일이 가장 빠른 가구원 1인을 선정하여 조사하였다. 만약, 생일이 가장 빠른 가구원을 조사할 수 없는 경우[3], 그 가구에서 다음으로 생일이 빠른 가구원을 조사하였다. 부모에게 경제적으로 독립하지 않고 자취하는 1인 가구는 조사 대상에 포함하지 않았다. 마지막으로, 응답 문항 중, '가구 일반사항'은 응답자가 가구경제 상황 등에 대해 정확히 응답하기 어려울 수 있으므로, 관련 내용을 잘 알고 있는 가구주나 가구주의 배우자의 도움을 받아 조사를 진행하기도 하였다.[4]

---

[1] 이 조사는 한국보건사회연구원의 생명윤리위원회(IRB)의 승인을 득한 후, 진행하였다. 문서번호 제2024-033호(2024.05.09.).
[2] 2014~2023년에는 총 4,000명을 대상으로 하였지만, 2024년부터는 표본 규모를 3,000가구로 축소하여 조사하였다. 2023년 조사의 상대표준오차 2.4%에서 2024년의 예상 목표 상대표준오차는 2.91%로 소폭 상승하여, 오차가 크게 변동하지는 않았다(손창균, 2024).
[3] 해당 경우에 속하는 집단은 3개월 이상 장기 출타하여 집에 없거나(군입대, 장기출장, 장기입원, 사회복지시설 요양 등), 의사소통이 매우 어려운 장애나 질병을 갖고 있는 경우이다.
[4] 「이주민과 사회통합 실태조사」의 표본 설계에 대해서는 [부록 1]을 참조하길 바란다.

<표 1-3> 사회통합 실태조사 개요

구 분	내 용
모집단	전국의 만 19세 이상~만 75세 이하 대한민국 남·여 - 외국인 제외(귀화한 경우는 국적을 소지한 경우에 조사)
조사 대상	만 19세 이상(2005년 5월 31일 이전 출생) ~ 만 75세 이하(1948년 5월 31일 이후 출생) 남·녀 * 외국인 제외(귀화한 경우는 국적을 소지한 경우에 조사)
표본 단위	가구 내 개인 1인(생일이 가장 빠른 가구원)
표본 크기	전국 500개 집계구(지역) 내 6가구(3,000명)
표본 추출	집계구 활용 조사 - 표본 집계구 500개에서 6가구를 계통 추출
조사 방법	구조화된 질문지를 이용한 대면면접조사
조사 도구	구조화된 질문지
조사 기간	2024년 6월 1일~8월 9일
조사 기관	(주)한국리서치

출처: 저자 작성.

조사 문항 중, 사회 및 사회통합 인식 문항은 2014년부터 2024년까지 지속적으로 조사한 문항이다. 이번 2024년 연구에서는 이주민과 사회통합이라는 부제목을 고려하여, 이주민과 다양성, 이민정책 그리고 이주민 대상 사회정책에 관한 신규 문항을 추가하였다. 이번 연구에서 새롭게 추가된 문항은 국내외 다수의 조사 문항[5]을 참고하였고, 이후 조사의 목적 및 국내의 사회적 환경을 고려하여 일부 수정 및 보완하였다.

<표 1-4> 이주민과 사회통합 실태조사 내용

조사표 영역	조사 내용
일반적 특성 (지속)	성별 / 나이 / 가구원 수(노인 수, 장애인 수, 만성질환자 수, 아동 수, 실업자 수) / 가구주와 관계 / 교육 수준 / 혼인상태
	현재 경제활동 / 경제활동 참여 상태/ 고용 형태
	주관적 일자리 지위 /사회보험 가입 / 근로 만족도

---

[5] 서울대학교 통일연구원, "통일의식조사"; 보사연, 2020, "사회배제 연구"; 김지혜, "인권의 인종차별 연구"; "Indicators of normative attitudes in Europe: Welfare", the European Union; "Immigration and Free Movement", 2018; "유럽연합 기본권청의 기본권 설문", Pew Research Survey on Immigration, 2019; World Value Survey, 이전의 사회통합 실태조사 문항 등을 참고함.

조사표 영역	조사 내용
사회 및 사회통합 인식 (지속)	어제 행복 / 어제 우울 / 요즘 삶의 전반적 만족 / 우리 사회 신뢰 / 사회구성원 신뢰
	한국 사회 소득격차 큼, 정부책임 등 동의 정도
	자원봉사와 기부 정도 / 이념적 성향/ 한국 국민임의 자랑스러움 / 주관적 소득계층
	우리 사회 소득불평등 정도 / 우리 사회 사회통합 정도 / 우리 사회 차별, 의심, 침체, 불안, 갈등 등에 대한 평가
	지난 10년 가구 생활수준
	우리 사회 노력에 따른 경제적 지위 높아질 가능성 / 자식 세대 변화 가능성 / 우리나라 갈등 정도 / 집단들 간 갈등 정도
	학력 등 대우의 주관적 공정성 정도 / 교육 기회 등 우리 사회의 평등 정도
이주민과 다양성	이주민과 접촉 빈도/ 문화 개방성
	고정관념 및 평가
	국민 정체성
	사회적 거리 및 수용성
이민정책	외국인 유입에 대한 태도
	사회 현안 태도 1 - 저출산 고령화로 인한 해외로부터 노동인력 수용 사회 현안 태도 2 - 돌봄 및 가사 노동자의 임금 문제 사회 현안 태도 3 - 미등록 체류자에 대한 추방
이주민 대상 사회정책	인권 존중 정도
	사회복지 수혜 적용 시점
	아동수당, 국민기초생활보장의 생계급여, 국민건강보험제도
가구의 경제상태 (지속)	재산과 부채 규모/ 주택 유형, 점유 형태/ 지난 3개월의 총 가구소득
	주소득자의 소득 단절의 경우 공적·사적 지원 없이 가계 유지 정도

출처: 저자 작성.

    마지막으로, 사회통합 포럼을 총 2회 개최하여, 이주민과 사회통합을 둘러싼 여러 다양한 시각과 관련 논쟁들을 토의하였다. 제32차 사회통합 포럼은 8월 21일 '이주민과 사회통합'이라는 주제하에 열렸다. 제33차 사회통합 포럼은 10월 18일에 '지속가능한 사회통합의 길: 이주민과 함께 살아가기'라는 주제하에 열렸다. 이를 통해, 관련 전문가와의 네트워크 구축을 공고히 하고, 연구 과제에서 수정 보완해야 할 부분, 그리고 정책적 함의점 등에 대해 토의하였다.

<표 1-5> 사회통합 포럼

차수	발표 내용	발표자	토론자
제32차 사회통합 포럼	• 다문화 시대의 이주민 사회통합과 복지국가	곽윤경·김기태 (보사연)	• 김성근(경기대학교) • 김경환(아주대학교)
	• 지방자치단체 이주민 사회통합 정책 컨설팅을 위한 사회통합 지표 및 지수 개발	유민이 (이민정책연구원)	
	• Navigating Social Security: Perspective of Migrant Workers in Korea	Shreejana Gnawali (경성대학교)	
제33차 사회통합 포럼	• 이주민 사회권에 대한 내국인 인식	김기태 (보사연)	• 류지호 (의정부 이주노동자) • 최혜지(서울여대) • 김이선 (한국여성정책연구원) • 이민영 (고려사이버대학교)
	• 이주민 수용성과 이민정책에 대한 태도	곽윤경 (보사연)	

출처: 저자 작성.

3. 이주민의 개념과 범위

이주민은 국제법에서 정의되지 않은 포괄적인 용어로, 이들의 체류자격과 목적을 둘러싼 다양한 정의가 존재하며, 그 결과 다양한 용어들이 혼용되고 있다. 국제이주기구(IOM)에서 이주민(migrant)[6]은 다양한 이유로 인해 국내 혹은 국제적 국경을 넘어 일시적으로나 혹은 영구적으로 자신의 일상 거주지를 떠나 이사하는 사람을 말한다(Sironi et al., 2019, p.132). 국내 학계에서도 이주민에 대한 획일적인 정의가 존재하는 것은 아니며, 이들은 외국인 체류자, 이주민, 외국인 등 다양한 용어로 지칭되고 있다(이창원, 2015, 정기선 외, 2021). 특히, 부처에서도 결혼이주민, 다문화가족, 재외동포 등에 대한 용어에 대한 정의를 준거법에 따라 다소 다르게 하고 있다. 이를 정리한 내용은 <표 1-6>와 같다.

---

[6] 관련 용어로는 emigrant, immigrant 등의 다양한 용어가 존재하며, 이 보고서에서는 이를 포괄하는 용어인 migrant의 개념 정의에 초점을 맞춘다는 것을 밝힘.

<표 1-6> 법령에서의 이주민 관련 용어 정리

용어	내용	법규/ 소관부처
외국인	대한민국의 국적을 가지지 아니한 사람	출입국관리법 / 법무부
외국인 근로자	대한민국의 국적을 가지지 아니한 사람으로서 국내에 소재하고 있는 사업 또는 사업장에서 임금을 목적으로 근로를 제공하고 있거나 제공하려는 사람	외국인근로자의 고용 등에 관한 법률 / 고용노동부
결혼이주민	- 대한민국 국민과 혼인한 적이 있거나 혼인 관계에 있는 재한 외국인	재한외국인처우 기본법 / 법무부
다문화가족	- ① 대한민국 국민과 혼인한 적이 있거나 혼인 관계에 있는 재한 외국인(결혼이주민)과, ② 출생, 인지, 귀화에 의해 대한민국 국적을 취득한 자로 이루어진 가족 - ① 인지, 귀화에 의해 대한민국 국적을 취득한 자와, ② 출생, 인지, 귀화에 의해 대한민국 국적을 취득한 자로 이루어진 가족	다문화가족지원법 / 여성가족부
결혼이주민	- 다문화가족의 구성원으로서 외국인처우법상 결혼이주민 - 국적법상 귀화허가를 받은 자	
재외동포	- 대한민국의 국민으로서 외국의 영주권 취득자격을 취득한 자 또는 영주할 목적으로 외국에 거주하는 자(재외국민) - 대한민국의 국적을 보유하였던 자(대한민국정부 수립 전에 국외로 이주한 동포를 포함한다) 또는 그 직계비속으로서 외국 국적을 취득한 자 중 대통령령으로 정하는 자(외국 국적 동포)	재외동포법 / 법무부
재외동포	- 대한민국 국민으로서 외국에 장기체류하거나 외국의 영주권을 취득한 사람 - 국적에 관계없이 한민족의 혈통을 지닌 사람으로서 외국에서 거주·생활하는 사람	재외동포재단법 / 외교부

출처: "이주민 분류방식 및 용어사용의 부처별 차이와 문제점," 이창원, 2015, p.3.: "이민정책 대상에 대한 용어 정의 현황 분석: 법령, 자치법규, 통계 용어를 중심으로," 정기선 외, 2021, p.1-36.에서 수정함.

용어에 대한 각기 다른 정의는 다음과 같은 문제를 야기한다(신상록, 2024.4.9). 첫째, 관련 정책을 통합하거나 표준화하는 일이 어려워진다. 둘째, 용어의 사용에 따라 특정 이주민 집단이 우선적으로 혜택을 받거나 불이익을 겪을 수 있으며, 이로 인해 공정한 이주 정책을 추진하는 것이 어려워질 수 있다. 셋째, 이주민의 인권 문제와 차별 문제가 야기될 수 있다. 사용되는 용어와 관련된 인식, 편견, 차별은 이주민들의 권리와 참여에 영향을 미칠 수 있으며, 이를 해결하기 위해서는 인권 보호 및 차별 금지를 강화하는 정책이 필요하다. 넷째, 이주민 정책의 효율성이 떨어진다. 서로 다른 용어의 사용으로 인해 이주민 정책이 입증되거나 평가되기 어려울 수 있으며, 다양한 이주민 그룹들의 욕구를 수렴하고 충족시키는 데 어려움을 겪을 수 있다. 따라서 이러한 문제점을 상쇄하기 위하여, 2023년 국민통합위원회에서는 부처별·대상별 용어 혼용으로 인해 이주민 관련 정책 집행에 혼선이나 사각지대가 발생하고 있다고 보고, '이주배경주민'이라는 용어를 사용할 것을 권고하기도 하였다(국민통합위원회, 2024).

이번 연구에서는 다양한 이유들로 인해 자신이 태어나거나 자라던 곳에서 떠나 한국에 정착해 한국의 사회구성원으로서 살아가는 사람들을 이주민으로 지칭한다. 이주민의 범위로는 결혼이주민, 난민, 이주노동자, 외국인 주민, 재외동포(조선족, 고려인 등) 등이 포함된다. 종합하면, 이주민은 한국 국적 취득 여부에 상관없이 국경을 넘어 현재 대한민국에 이주한 자들을 말한다.

4. 연구의 한계

이번 연구의 한계는 다음과 같다. 첫째, 조사 대상이 축소되었다. 2024년 조사는 기존의 4,000명을 대상으로 한 연구와 달리 3,000명을 대상으로 조사하였다. 다만 전년도와의 비교 가능성과 지속성 측면을 염두하고 표본추출과 조사 방식을 바꾸지 않았기에, 전년도와 비교하여 상대표준오차는 그리 크지 않았다. 그럼에도 불구하고, 전년도와 표본 수가 달라진 점은 결과값 해석에 있어 십분 고려해야 할 사항임이 분명하다. 둘째, 2020년의 조사 결과 값은 조사 방식과 조사 대상이 기존 연구와는 달라서 비교하기에 용이하지 않다고 여겨지므로, 해당 자료를 활용하지는 않았다. 참고로, 당시 코로나19로 인해 대면 조사가 어려워짐에 따라, 2020년 조사에서는 19세 이상에서 만 59세 이하 성인 남녀를 대상으로 온라인 조사를 시행하였다(곽윤경 외, 2023, p.28). 셋째, 국내외 조사와 비교 시, 조사 방법에 따라 그리고 조사 시점에 따라 조사 결과에 상당한 차이가 있을 수 있어, 결과 해석에 주의할 필요가 있다. 넷째, 인식조사 자체가 지닌 한계점도 유념할 필요가 있다. 즉, 객관적 조건이 양호함에도 불구하고 본인의 객관적 상황과는 달리 다소 방어적이거나 이상적으로 여겨지는 문항에 응답했을 가능성 등을 완전히 배제할 수 없다(곽윤경 외, 2023, p.28). 마지막으로 일부 장에서 조사 결과의 해석을 풍부하게 하기 위해서 국제 조사 결과를 활용한 바 있다. 다만, 국제 조사는 국내 조사와 성격, 대상이 다르고 문항의 단어 표현 등이 다소 차이가 있다. 그뿐만 아니라, 국제 조사 시점 또한 조사 결과에 지대한 영향을 미칠 수 있다. 따라서 조사 결과 해석에 있어 다소 유의가 필요하다는 점을 밝힌다.

제2장

이론적 배경 및 선행연구

제1절 다문화 사회에서의 사회통합
제2절 이주민 수용성
제3절 이주민 유입과 복지국가

제2장 이론적 배경 및 선행연구

제1절 다문화 사회에서의 사회통합

1. 사회통합의 개념과 이론적 접근

다문화 시대의 사회통합은 국가의 안정을 도모하고 정책의 방향을 설정한다는 점에서 그 중요성이 더해지고 있다. 국제이주기구(IOM, 2017, p.2)에 따르면, 사회통합은 수용국 사회와 이주민이 개인과 집단으로 상호 적응하는 과정, 즉 이주민과 내국인 간의 쌍방향적 소통과 적응하는 과정으로 보고 있다. 혹은, 이주민과 수용국의 상호 권리와 이에 따른 의무를 이행하는 쌍방향적 과정으로 이해된다(CEC, 2004, p.17). 여기서 수용국과 이주민의 기본적인 의무와 권리에 관한 것은 (1) 민주 사회에서의 기본 가치에 대한 존중; (2) 이주민이 자신의 문화적 정체성을 유지할 권리; (3) EU 시민과 유사한 권리와 이에 따른 의무; (4) 경제적, 사회적, 문화적, 정치적, 시민적 측면에서 평등하게 모든 삶의 분야에 적극적으로 참여하는 것 등과 같다(CEC, 2004, p.44-45).

사회통합에서 주요한 문제는 첫째, 어떤 영역에서의 통합을 말하는가? 둘째, 누구를 통합시켜야 하는가? 셋째, 이주민을 어느 정도로 통합시킬 것인가? 등이다.

우선, 사회통합의 영역은 전 분야에 걸쳐 있는데, 크게 사회문화적 영역과 사회경제적 영역으로 구분된다(조석주, 박지영, 2012, p.26). 전자는 주거, 여가, 그리고 삶의 다양한 영역과 관련이 있으며, 후자는 노동시장과 교육 등이 포함된다. 후자의 경우, 개인은 노동시장에 참여하여 임금을 받고 일하면서 물질적인 보상과 더불어 삶의 안정성을 보장받게 된다(조석주, 박지영, 2012). 이에 따라 개인은 자존감이 높아지고, 한 사회의 구성원으로서 자신감을 가질 수 있다. 이주민의 사회통합 역시 다차원적 과정으로 경제, 노동시장만의 문제가 아닌 사회, 교육 및 공간적인 문제로 보고 있다(OECD, 2015, p.19).

다음으로, 통합의 범위에 대해서는 단지 내국인에 한정되는 것이 아니라, 다양한 배경을 가진 구성원, 즉 국내 취약계층뿐만 아니라 외국인까지도 주요 정책 대상으로 확장되고 있다(심승우, 2022). 그리고 이주민 중에서도 일부 집단에 초점을 맞추고 통합해야 하는지, 아니면 이주민 전체를 아우를 것인지는, 나라마다 그리고 관련 정책마다 그 방향성과 목적에 있어서 차이가 있다. 이를 통해 이주민이 차별, 배제되지 않고 개인이나 집단의 동등한 존엄성과 주체성을 존중받으면서 평등한 시민동료 및 집단이라는 관계 속에서 새로운 문화와 정치 공동체를 만들어 나가고자 한다(심승우, 2022, p.365).

마지막으로, 이주민을 수용국에서 어느 정도로 통합시킬 것인가는 매우 복잡하고도 어려운 문제이다. 이주민을 수용국 사회에서 어느 정도로 통합시킬 것인지에 대해서, 즉 관련 사회통합 정책에 대해서 Castle and Miller(2003)는 차별적 배제 모형, 동화주의 모형, 다문화주의 모형을 제시하였다. 차별적 배제 모형(differential exclusionary model)은 단일문화주의로 이해할 수 있는데, 이는 순혈주의, 단일민족주의 등으로 나타난다(Castle & Miller, 2003). 즉, 종족성을 기준으로 국민을 규정하기 때문에 외국인의 정주가 허용되지 않는다(이혜림, 조민효, 2014, p.239). 단일문화주의에서는 수용국의 우월한 문화집단의 존재와 가치를 공식적으로 인정하며, 이주민이나 소수자의 문화, 소수집단의 가치는 중심 문화로 동화하거나 배제를 통하여 통합하는 것이 최선이라고 본다(조석주·박지영, 2012, p.22). 다음으로, 동화 모형(assimilation model)은 앞의 단일문화주의의 한 형태로 보일 수도 있지만, 동화주의는 동화 대상 집단이나 개인들이 주류 집단의 문화와 가치관에 동일하게 변해갈 것이라고 기대하고 시행하는 흡수 통합 방식이다(조석주, 박지영, 2012, p.22). 즉, 이주민들이 목적국에서 동화 과정을 거치면서, 그들이 본래 가지고 있던 문화적 관습, 전통, 종교 등이 점차 소멸하거나, 자연적인 과정으로 주류사회에 점차 흡수되어 주류 집단의 정체성과 같은 정체성을 획득하게 된다(조석주, 박지영, 2012). 결국 동화주의 정책을 시행하는 국가에서는 이질적인 문화를 가지고 있는 소수집단이나 이주민은 다수집단의 사회 속에 융해되며, 문화적 적용이라는 단선적 과정에 힘입어 다수집단과 분리될 수 없는 것으로 간주된다(마르코 마르티니엘로, 윤진역, 2002, pp.72-73). 마지막으로, 다문화주의 모형(multi-cultural model)은 다양한 문화적 차이에 대한 인식으로 이해된다. 즉, 이주민이 가진 고유의 문화를 인정하며 주류사회의 문화와 공존하는 것에 주안점을 둔다(임형백, 2009). 즉, 이주민들이 수용국 사회의 법과 제도를 준수하면 국민이 될 수 있는 기회를 제공할 수 있을 뿐만 아니라, 그들의 고유한 문화를 유지 및 보존할 수 있도록 제도적으로 보장한다(이혜림, 조민효, 2014, p.240). 미국, 캐나다 등과 같은 이주의 역사가 긴 곳에서는 적극적 우대 조치를 제도화하는 등의 다양한 전략을 택하고 있다(원숙연, 박진경, 2009).

〈표 2-1〉 이주민 사회통합 정책의 유형

구분	차별적 배제 모형	동화주의 모형	다문화주의 모형
정향성	국가 및 사회가 원치 않는 이주민의 영주 가능성을 막고 내국인과 차별적 대우를 유지하려고 함	'국민 됨'을 전제로 조속한 동화를 지원하고 제도적으로 내국인과 평등하게 대우하려고 함	소수자의 동등한 가치를 인정하고 이에 대한 보존을 지원하며 적극적 조치 등 우대조치를 마련함
정책 목표	인종적 소수자의 제거 및 최소화	소수자의 주류사회 동화	다양성 인정과 공존을 통한 사회통합
국가 역할	적극적 규제	제한적 지원	적극적 지원
이주민에 대한 관점	이방인, 위협적 존재	제한적 지원	적극적 지원
평등 개념	차별의 정당성 강조	사회보장 및 기회의 평등	적극적 조치
법적 수단	단속 및 추방	비차별의 제도화	제반 권리의 허용
정주화	불가능	비교적 가능	가능
국적 부여 원칙	속인주의, 엄격한 조건	속지주의, 용이한 조건	속지주의, 이중국적 허용
정체성	이질화	동질화	이질화
사례 국가	독일, 일본	프랑스, 영국	미국, 캐나다, 호주

출처: "다문화사회 정착을 위한 지방자치단체 이주민 지원 방안," 조석주, 박지영, 2012, p.25.

2. 사회통합의 확장적 논의와 주류사회의 재구성

최근에는 사회통합에 대한 확장적인 논의들이 진행되고 있다. 그 이유는 다양성이 증가함에 따라 주류 문화/사회(mainstream)에 대한 개념이 변모하고, 이를 정의 내리기가 더욱 어려워지고 있기 때문이다(Crul, 2023). 첫 번째 이유로는, 캐나다와 같은 이민 국가에서는 캐나다에서 태어나고 자란 인구(native-born population)의 비중이 전체 인구에서 줄어들고, 동시에 외국 태생의 이주민 인구가 증가하고 있다(Crul, 2024). 구체적으로, 2021년 기준 캐나다에는 약 840만 명이 거주하고 있으며, 외국 태생의 이주민은 전체 인구의 23%를 차지한다(Haan et al., 2024). 전문가들은 향후

2041년까지 전체 인구의 약 34%가 외국 태생 이주민이고, 전체 인구의 절반 이상이 이주민이거나 캐나다 태생 이주 자녀일 것으로 보고 있다(Haan et al., 2024). 두 번째 이유로는 캐나다 내에서 주류 구성원이 누구인지에 대해 말하기가 점점 어려워진다는 점이다. 예를 들어, 2022년 캐나다에서 영주권을 취득한 사람의 출신국을 살펴보면 27%는 인도 출신이지만, 중국이 7%, 아프가니스탄, 나이지리아, 필리핀은 5%, 프랑스, 파키스탄, 이란은 3% 등, 그 비율에 있어 큰 차이가 나지 않는다(Haan et al., 2024). 이처럼 캐나다에서 주류사회 구성원의 인종적/민족적 특성의 변화로 인해, 캐나다 사회에서 주류사회를 어떻게 정의할 것이며, 이러한 변화로 인해 어떠한 사회통합을 추구해야 하는지 등 이러한 질문에 대해 답하기가 점차 어려워지고 있다(Crul, 2023).

이러한 고민 속에서, Crul(2023)은 〈표 2-2〉를 고안하였다. 표의 매트릭스를 살펴보면 X축은 다양성에 대한 태도, 그리고 다른 Y축은 다양성에 대한 실천으로 구성하였다. 즉, 전자(X축)에서는 사람들이 이웃의 증가된 다양성에 대해 어떻게 생각하는지를 살펴보았다. 사람들이 자신들의 문화에 대해 오히려 더 풍요롭다고 느끼는지 아니면 다양성이 오히려 위협적으로 느끼는지를 살펴보았다. 후자(Y축)는 다양성에 대한 사회적 실천을 살펴보았다. 즉, 사람들의 일상적인 생활에서 다양한 인종/민족적 배경을 지닌 이들과 교류하는지 살펴보고자 하였다. 이를 위해, 응답자의 친구 및 지인의 민족적/인종적 구성을 묻는 질문을 활용하였다. 이 매트릭스는 이주민과 관련한 사회갈등 또는 사회통합의 잠재력을 설명할 수 있는 새로운 지표로 활용될 수 있다. 또한, 통합에 대한 다양한 태도를 가진 여러 개의 주류사회를 상정할 수 있다는 특징이 있다. 그리고 개인의 피부색이나 모국어와 같은 속성은 크게 중요하지 않으며, 오직 개인의 행동과 다양성에 대한 태도만이 중요함을 보여준다(Haan et al., 2024). 한 사람이 다양성에 대해 더 관용적일수록, 그 사람은 이질적인 사회 그리고 다변화된 사회에 더 잘 통합된 것으로 간주한다(Haan et al., 2024). 다만, 여기서 소개한 매트릭스는 매우 새로운 접근법이기에, 아직 더 많은 연구와 논의가 필요하다.

<표 2-2> 다양성 내 통합(integration into diversity)

구분	Migration-related Diversity is threatening	Neutral	Migration-related Diversity is enriching
At least hal of my friends or acquantances have a migration background	Subgroup 1	Subgrpup 2	Subgroup 3 (most integrationed)
Some of my friends or acquantances have a migration background	Subgroup 4	Subgroup 5	Subgroup 6
None of my friends or acquantances have a migration background	Subgroup 7 (Least Integrated)	Subgroup 8	Subgroup 9

출처: "Integration into diversity theory renewing – once again – assimilation theory," Crul, M, 2023, p.263.

종합하면, 이주민의 사회통합은 매우 중요하다. 그러나 앞에서 언급한 바와 같이, 사회통합의 어느 영역에서 이주민을 통합해야 할지, 이주민 중 어느 집단을 통합의 대상으로 삼을지, 그리고 한 사회의 통합 범위를 어디까지로 정할지는 국가마다 목표와 방향이 다르며, 이에 대한 명확한 정답은 존재하지 않는다. 또한, 이주민 개인의 수용국의 문화에 적응하는 정도와, 수용국 사회에서 이주민에게 기대하고 요구하는 사회통합 수준 또한 차이가 있을 수 있다. 그뿐만 아니라, 캐나다 사례와 같이, 이주민이 차지하는 인구 비중이 증가함에 따라 인구의 다양성이 커지고, 주류사회의 개념 자체가 근본적으로 변모함에 따라, 주류사회의 주요 속성으로 여겨지던 것들의 영향력이 약해지거나 희미해지고 있다. 따라서 이주민의 사회통합 목표 또한 과거와 다르게 세팅되어야 하며, 이는 지난한 사회적 합의 과정을 통해 이루어져야 할 것이다.

3. 선행연구

이주민의 사회통합에 대한 논의는 우리 사회에 결혼이주여성이 등장하고 저숙련 외국인 노동자가 유입되면서부터 시작되었다. 이후, 북한이탈주민, 재외동포 등 우리 사회의 다양한 이주민 집단으로 그 연구의 폭이 점차 확장되었다(김안나, 2021).

우선, 사회통합 정책과 관련한 다수의 선행연구가 있다. 구체적으로 한국보다 이주민을 받아들인 역사가 오래된 서구 선진국의 사례를 살펴보고, 이를 바탕으로 한국 사회에서의 시사점을 도출하는 것이다. 조형규와 윤홍식(2021)은 사민주의 복지 체제 국가의 노동시장에서 복지 노력과 이주민 통합 노력이 이주민 노동시장 통합성과에 미치는 영향과 복지국가 체제별 차별성은 무엇인지 분석하였다. 즉, 고학력 이주민을 많이 수용하는 자유주의적인 복지 체제를 갖춘 국가에서, 난민을 많이 수용한 사민주의적인 복지 체제를 갖춘 국가보다 노동시장 통합도가 더 높은 것으로 나타났다(조형규, 윤홍식, 2021). 또 다른 축의 연구에서는 국내외 이주민의 사회통합 정책의 현황과 과제를 분석하였다(길강묵, 2011; 심승우, 2022; 조형규, 윤홍식, 2017).

둘째, 이주민과 관련한 사회통합 지표 및 지수에 대한 연구가 수행되었다. MIPEX 지수[7]는 이민정책 평가지표인데, 크게 노동시장 이동성, 가족 재결합, 교육, 보건, 정치참여, 영주, 국적 취득 접근성 그리고 반차별 8개 영역으로 구성되어 있다(표 2-3). 2020년 5차 조사에서 한국은 52개국 중 13위를 차지하였다(MIPEX, 2020). 특히, 교육, 정치참여, 노동시장 이동성 그리고 영주권 4개 영역에서 약간 우호적인 정책을 펴는 것으로 나타났다. 이 영역에서 한국이 다른 국가들과 비교해 상위권을 차지한 이유로는, 한국이 이주민들을 위해 상위 10개국과 유사한 통합 정책을 취하고 있기 때문으로 보인다. 그런데 한국은 OECD 국가와 유사한 이주민 통합 정책을 펼치지만, 전통적인 이민 국가(호주, 캐나다, 뉴질랜드, 미국)에는 아직 못 미치는 상황이다. 그뿐만 아

---

[7] 이주민 사회통합 정책 지수(Migration Integration Policy Index, MIPEX)는 이주민 관련 정책을 수집, 평가, 비교분석하는 방법이며, 국제적으로 대표적인 사회통합 정도를 정량평가하는 지표 중 하나이다. MIPEX는 2004년 유럽 시민의식과 포용 지표(European Civic Citizenship and Inclusion Index)라는 명칭으로 시작되어, 유럽연합의 15개국의 이민정책을 살펴보았다(MIPEX, 2020). 2007년에는 이주민 사회통합 정책 지수라는 현재의 명칭으로 명명되었다. 유럽 25개국을 포함하여 캐나다, 노르웨이 그리고 스위스가 추가적으로 참여하였다. 여기서는 노동시장 접근, 가족 재결합, 장기 거주, 정치참여, 국적 취득 접근성과 반 차별에 대한 6개 정책 영역을 140개의 세부 정책 지표로 나눠서 살펴본다. 2011년 3차 조사에서는 유럽연합 27개국과 더불어 호주, 캐나다, 일본, 뉴질랜드, 노르웨이, 세르비아, 한국, 스위스 그리고 미국이 참여하였다. 여기서는 앞선 6개 정책 영역과 더불어 교육 영역을 더해 총 7개 영역에 대해서 살펴봄으로써, 세부 정책 지표가 총 148개 정책 지표로 늘어났다. 2013~2015년 4차 조사에서는 유럽연합 28개국과 더불어 호주, 캐나다, 아이슬란드, 일본, 한국, 뉴질랜드, 노르웨이, 스위스, 터키, 미국이 참여하였다. 앞선 7개 영역에서, 건강 영역이 추가됨에 따라, 총 8개 정책 영역 그리고 총 167개 세부 정책 지표로 구성하여 측정되었다. 2020년 5차 조사에서는 영국, 유럽연합을 포함하여 알바니아, 아이슬란드, 북마케도니아, 몰도바, 노르웨이, 세르비아, 스위스, 러시아, 터키, 우크라이나, 중국, 인도, 인도네시아, 이스라엘, 일본, 요르단, 사우디 아라비아, 한국, 아랍에미레이트, 캐나다, 멕시코, 미국, 아르헨티나, 브라질, 칠레, 남아프리카공화국, 호주, 뉴질랜드를 포함한 총 52개국이 참여하였다. 앞선 조사와 같이 총 8개 정책 영역에 집중하되, 167개 세부 정책 지표에서 58개의 핵심 정책 지표에만 초점을 맞추었다.

니라, 영주권 신청에 있어 언어 요건이 강화되었고, 영주권 갱신 조건이 강화된 것 역시 상위권 진입을 어렵게 하는 요인으로 꼽힌다.

국내에서는 유민이 외(2021)에서 이주민 사회통합 지수를 개발하고 지수를 산출하는 작업을 진행하였다. 여기서 개발한 이주민 사회통합 지표체계는 사회통합 지표를 통합 상태, 통합 촉진, 통합 기반의 차원으로 분류하고 각각의 차원의 영역을 세부적으로 담았다. 통합 상태의 경우, 노동, 소득·빈곤, 교육, 주거·생활, 보건·복지, 권리(정치·인권), 한국 사회 기여로 세부 분류하였다. 통합 촉진의 경우, (한국 사회의) 수용성, 의사소통, 디지털 역량(정보 접근성), 한국 사회와의 연계 그리고 안전으로 세부 분류하였다. 통합 기반의 경우 법·제도·행정 인프라로 세부 분류하였다. 이를 바탕으로 세부 지표를 이주민 유형에 따라 산출하여 비교한 결과는 [그림 2-1]과 같다. 그 결과, 비전문 인력, 전문인력, 정주형 이주민, 귀화자, 유학생 그리고 기타 체류자격을 지닌 이주민들에게 있어 통합 기반은 향후 강화시켜야 할 차원으로 나타났다(유민이 외, 2021). 비전문 인력, 정주형 이주민, 귀화자, 유학생은 통합 촉진 영역의 평균 점수가 통합 상태 점수보다 높은 것으로 나타났고, 이는 통합의 완전한 상태에 도달하기보다는 통합이 되어가는 과정에 있다고 해석할 수 있다(유민이 외, 2021). 전문인력은 통합 기반과 통합 촉진 점수가 다른 유형의 체류자격보다 높게 나타났다(유민이 외, 2021). 이러한 지표는 이주민 유형에 따라 강화해야 할 통합 정책의 과제가 무엇인지를 선제적으로 확인하는 데 활용될 수 있다.

〈표 2-3〉 MIPEX 2020의 8개 정책 영역과 하위 차원

	정책 영역	하위 차원	내용 요약
1	노동시장 이동성	노동시장 접근성	합법적 이주노동자와 가족들이 노동시장에서 내국인과 동등한 직업에 접근하고 이동할 수 있음을 보장
		일반지원 접근성	합법적 이주노동자와 가족들에게 내국인과 동등한 자격과 기술 향상의 기회 제공
		맞춤형 지원	해외에서 출생, 교육받은 합법적 이주노동자의 요구에 대한 맞춤형 대응
		노동자 권리	합법적 이주노동자에게 내국인과 동등한 근로권과 사회보장권 제공 여부

	정책 영역	하위 차원	내용 요약
2	가족 재결합	적격성	자신의 배우자/파트너 또는 미성년 자녀를 후원하거나 그들과 재결합할 수 있는 자격
		(재결합) 요건	경제력, 언어, 통합의 측면에서 달성해야 하는 요구사항
		신분 보장	가족 재결합이 다양한 이유로 거부되지 않도록 보장
		권리 관련	자율적인 거주 허가의 승인
3	교육	접근성	이주 아동이 법적 지위를 불문하고, 모든 교육 수준에 동등하게 접근할 수 있도록 보장
		맞춤형 수요	학교 이주 아동, 부모, 교사의 특정한 요구사항에 대한 응대
		새로운 기회와 상호문화 교육	모든 아동이 새롭고 다양한 언어, 문화 기회를 접함 교사들도 상호 문화 교육과 다양성을 훈련받음
4	건강	자격 부여	내국인과 동등한 의료서비스를 받을 자격
		보건서비스 접근 가능성	이주민이 보건서비스에 접근할 수 있도록 돕는 정책 유무
		대응적 서비스	이주민의 요구에 대한 보건서비스의 맞춤형 대응 정도
		변화 촉진 정책	이주민에게 보건서비스를 제공하기 위한 자금 지원
5	정치참여	선거권	내국인과 동등한 선거권/피선거권 부여 여부
		정치적 자유	내국인과 동등한 정당 및 정치협회의 설립, 참여 권리
		자문 제도	이주민 대표나 협회로 구성된 강력하고 독립적인 자문기구의 유무
		이행 정책	캠페인 및 재정 지원에 있어 이주민과 이주민 협회의 정치적 참여 장려
6	장기 거주	적격성	임시 거주하는 이주민들이 5년 후 영주권을 취득할 수 있도록 지원
		(거주) 요건	경제력, 언어 등 달성해야 하는 자격 요건
		신분 보장	영주권 갱신 시점에 신분이 보장되도록 보장
		권리 관련	영구 거주자들에게는 내국인과 동등하게 사회보장 및 부조, 사회적 권리를 주장하도록 함
7	국적 취득 접근성	적격성	이주민의 귀화에 필요한 기간 및 자손의 시민권 부여에 속지주의 적용 여부
		(국적 취득) 요건과 신분 보장	경제력, 언어, 전과기록 등 귀화 시 확인 요건
		이중국적	귀화하는 이주민의 이중국적 가능 여부

	정책 영역	하위 차원	내용 요약
8	반차별	법의 적용 범위	국적, 인종, 민족, 종교에 따른 차별 금지
		적용 분야	다양한 삶의 모든 영역에서 국적, 인종, 민족, 종교에 따른 차별 금지 여부
		집행 메커니즘	국적, 인종, 민족, 종교에 따른 차별 피해자들의 문제 제기 가능성
		평등 정책	평등 정책 기구의 운영을 통한 정책 추진 지원

출처: "이민통합정책 평가지표 개발 및 지수 측정," 유민이 외, 2021, p. 23-24.

[그림 2-1] 이주민 유형에 따른 사회통합 지수

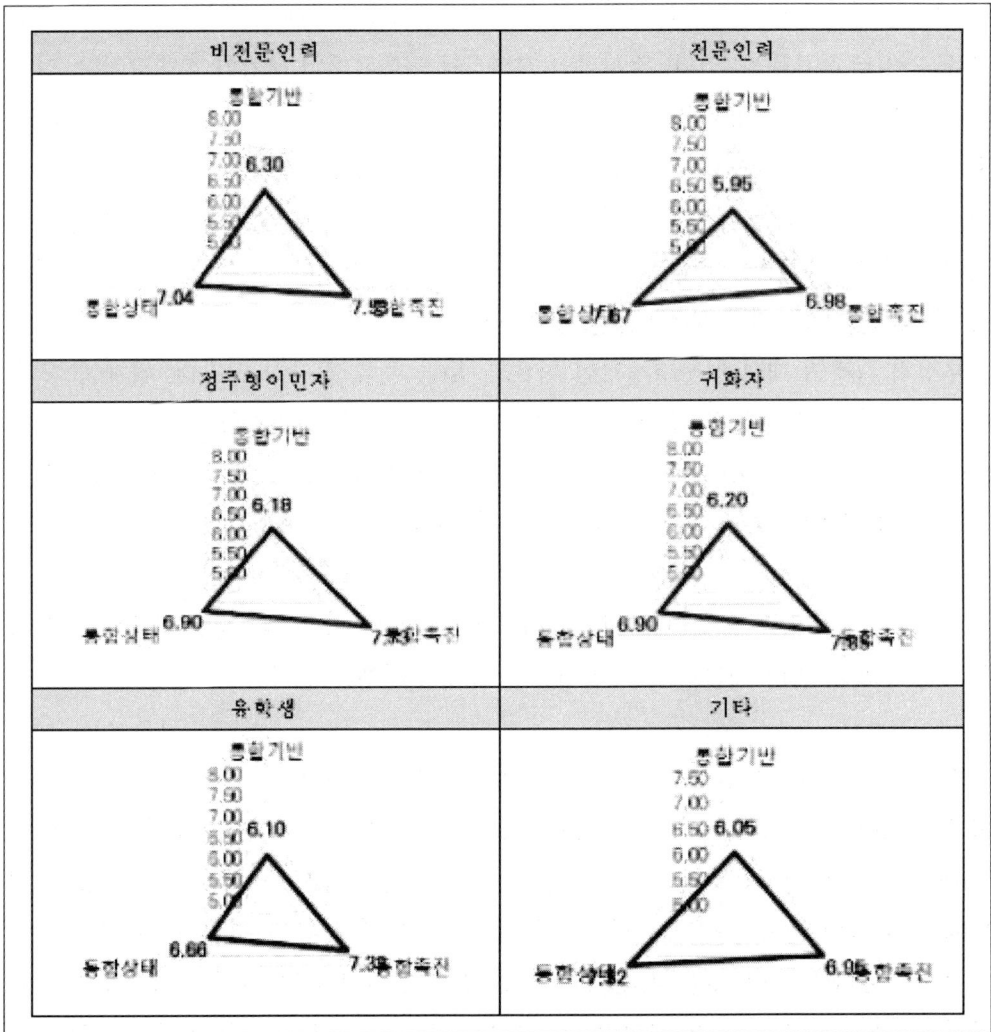

출처: "이민통합정책 평가지표 개발 및 지수 측정," 유민이 외, 2021, p. 225.

제2절 이주민 수용성

내국인의 이주민 수용성을 둘러싼 다양한 이론을 살펴보겠다. 정치·사회학 등 사회과학 영역에서 제시된 이론은 크게 갈등이론(conflict theory), 접촉이론(contact theory), 수축이론(constrict theory)으로 나뉜다(Coban, 2017; Savelkoul et al., 2011).

갈등이론(Conflict theory)은 민족 경쟁 및 위협 이론(Ethnic competition and threat theory)으로도 제시된다. 국가 내에 다양성이 증가하면 소수자에 대한 부정적인 태도와 정서가 더 커진다는 이론이다(Oliver & Wong, 2003). 이러한 정서의 근원은 두 가지로 분류될 수 있다. 정서적인 적대감과 이해관계에 근거한 적대감이다. 다른 집단과의 상호작용 과정에서 개인들이 겪는 불안(anxiety)을 연구한 Stephan & Stephan(1985)은 이러한 불안을 결정하는 요인으로 집단 간의 사전 관계, 집단 간 인지, 상황의 구조, 개인적 경험 등을 제시했다. Stephan & Stephan(1985)의 실증 분석에 따르면, 이러한 불안의 수준은 다른 집단의 접촉 빈도와 반비례했다. 뒤에서 살펴볼 접촉가설과도 연관된 분석임을 알 수 있다.

부정적 감정의 배경에는 경제적인 이유도 있다. 주류 집단이 일자리, 경제적 이익, 권력에 대한 접근을 위협받을 때 부정적인 인식이 자연스레 증가할 수 있기 때문이다(Quillian, 1995). 주류 집단에서 인식된 위협은 개인별 혹은 집단별 사회경제적 여건과 정치적 권력에 따라 다르게 인식될 수 있다(Blalock, 1967). 민족 경쟁 이론(ethnic competition theory)에서도 "사회 집단 간의 희소자원 경쟁이 집단 간 적대적 태도의 촉매"라고 제시된다(Scheepers et al., 2002: p. 18). 재정 위기로 인해 많은 정부가 복지 관련 예산을 줄여야 하는 상황에서 경쟁은 심화할 수 있다(Scheepers et al., 2002).

접촉이론(intergroup contact theory)은 집단 사이의 접촉이 편견을 감소시킨다고 본다(Allport, 1954, 전소희, 김은서, 2023 재인용). 접촉이론이 제기된 배경에는 20세기 중반 미국의 흑백분리정책이 있었다. 즉, 백인과 흑인 사이의 접촉 과정 및 빈도에 따라 흑인에 대한 백인의 인식이나 태도가 어떻게 영향을 받는지에 대한 연구가 다수 이뤄졌다(전소희, 김은서, 2023). 모든 접촉이 편견을 완화하는 것은 아니다. 왜곡된 형태의 접촉은 편견을 강화할 수도 있다. 집단 간 접촉에 관한 이론의 고전적 설명에 따르면, 집단 간 접촉의 긍정적 효과는 네 가지 최적 조건을 전제로 한다(Allport, 1954; Coban, 2017 재인용). 네 가지는 공동의 목표, 집단 간 협력, 동등한 지위, 당국의 지원 또는 제재다. Allport(1954)가 강조한 이후 접촉의 최적화된 형태에 대한 실증적 연구가 다수 이뤄졌다. 이 가운데, Pettigrew and Tropp(2006)의 연구는 주목할 가치가 있다(전소희, 김은서, 2023 재인용). 이들은 집단 간 접촉에 관한 515편의 연구들에 대한 메타분석을 통해서, Allport(1954)가 제시한 네 가지 조건이 편견을 줄이는 데 필수 조건은 아니며, 해당 조건이 충족되지 않은 상황에서의 접촉도 편견 감소에 유의미한 영향을 미칠 수 있다고 분석했다. 물론, 접촉에 영향을 미치는 다른 요소가 개입될 여지도 고려할 필요가 있다. 이를테면 "자원에 대한 경쟁이 존재할 때, 근접성과 접촉은 집단 간 적대감을 감소시키기보다는 증가시킨다"(Esses et al., 1998: p. 701).

수축이론(constrict theory)은 갈등이론이나 접촉이론보다 역동적이다. 앞에서 살펴본 갈등이론과 접촉이론은 다른 집단과의 이질감 혹은 적대감을 전제로 한다는 점에서는 일정한 유사성이 있다. 애초 갈등관계에 있던 이질적인 집단이 접촉을 통해서 이해를 높이는 과정에서 집단 간 신뢰는 높아질 수 있다. 이는 접촉이론의 설명이다. 이 과정에서 수축이론은 집단 간 관계뿐 아니라 집단 내부의 관계도 연동해서 주목한다. 한 사회에서 인종적 다양성이 늘어나면, 집단 간 신뢰가 감소할 뿐 아니라 집단 내의 신뢰도 함께 줄어들 수 있다. Ryan(2008)은 런던에 거주하는 폴란드 출신 이주자의 경험을 통해서 수축이론의 예를 제시했다(윤광일 외, 2016 재인용). 폴란드 이주민 네트워크는 런던에서 취업, 주거 정보 등을 공유하면서 일견 도움을 주고받지만, 인종끼리 배타적인 질서를 형성한 런던 지역에서 자신들만의 틈새(niches)를 형성하고, 그 안에서 경쟁과 상호 착취, 불신을 경험하는 문제를 노출하게 된다. Coban(2017)은 수축이론이 작동하는 잠재적인 메커니즘이 단일하지 않으며, 네 가지로 나눠서 제시할 수 있다고 설명한다. 네 가지는 사회적 네트워크, 규범, 선호, 집단 내 선호다. 이를테면, 첫 번째인 다양한 사회적 네트워크의 경우, 한 사회 안에서 이질성이 커지면 사회를 구획하는 경계선들이 늘어나게 되고, 그 결과 한 집단 내부에서도 규범과 규칙을 공유하기가 어렵게 된다. 개인들은 작은 단위이든 큰 단위이든 집단의 규범을 따를 동기가 사라지게 된다.

제3절 이주민 유입과 복지국가

복지국가는 국가 영토 안에서의 주권(sovereignty)과 시민권(citizenship)을 전제로 한다. 이러한 요건은 국경을 넘나드는 이주와 세계화와 필연적으로 긴장 관계에 있다. 1990년 1억 5,300만 명이었던 이주 인구는 2020년 기준으로 2억 8,100만 명으로 늘었다(Global Migration Data Portal, 2024). 세계화로 개방된 경제와 국경 안의 복지국가는 모순되게 공존할 수밖에 없다. 이러한 상황은, 이른바 '자격 없는(undeserving)' 이주민과 자격 있는 내국인과의 불편한 동거를 강요한다. 40년 전 Gary Freeman(1986)의 관찰은 여전히 논쟁적이다. "국경을 넘어 상대적으로 자유로운 노동의 이동은 폐쇄적 복지국가와 개방적 경제 사이의 긴장을 드러낸다. 그리고 궁극적으로 복지국가와 노동의 자유로운 이동은 공존할 수 없다"(p. 51). 이러한 긴장 관계 속에서 이주민을 바라보는 내국인의 반응은 다양하고 중층적이다. 이 글에서는 이주민의 사회권에 관한 이론을 살펴보고, 이주민의 유입에 따른 내국인의 복지 태도 및 복지국가 관대성에 대한 이론적·실증적 연구를 살펴본다. 그리고 마지막으로 서구를 중심으로 이뤄진 연구들이 한국에서 적용되는 과정에서 고려해야 할 사항들을 살펴본다.

1. 사회권과 복지국가

기본적으로 사회권은 시민(citizen)의 권리로서 이해된다. 현대 복지국가는 시민들(citizen)의 사회권 실현을 제도적으로 보장하려는 국가로 정의할 수 있다(Baldock et al., 1999). 이 경우 이주민은 비시민이므로 복지국가의 사회권 대상에서 제외되는 것이 합리화될 수 있다. 실제로 주류 복지국가 연구는 영토적 경계가 분명한 '국민국가(nation state)'를 분석단위로 하고, 복지국가의 사회정책은 국민국가의 구성원인 국민(시민권을 가진 자)이 대상임을 전제로 해왔다. 그 결과 복지국가 및 사회정책 분야에서 이주민과 그들의 욕구는 부차적인 것으로 취급되어 왔다(Sainsbury, 2012). 이주민을 대상으로 한 연구에서조차도 이러한 방법론적 국가주의의 한계를 보인다(Banting et al., 2006; van Oorschot & Uunk, 2007).

예외적으로 복지국가와 이주민의 사회권에 관한 주목할 만한 몇몇 연구 중에서 (MacAuslan & Sabates-Wheeler, 2011; Sainsbury, 2012), 단연 세인즈베리

(Sainsbury, 2012)의 연구가 돋보인다. 그녀의 연구는 에스핑-앤더슨(Esping-Andersen, 1990)으로 대표되는 주류 복지국가 레짐 연구의 틀을 그대로 쓰면서도 기존의 연구와는 분석의 대상과 방향을 달리하였다는 점에서 차별성이 있다. 즉, 복지국가의 유형별로 이주민의 사회권을 어떻게 형성하는지 분석함으로써 복지국가 연구의 지평을 이주민에게까지 확대했다.

이주민의 증가는 복지국가에게 새로운 도전이 되고 있음이 틀림없다. 실제 현대사회의 많은 국가들은 국적을 가진 '시민'으로만 구성되어 있지 않다. 세계인구의 3.5%는 이주민이며, 주요국의 인구 대비 이주민의 비중은 전통적인 이민 국가인 미국의 경우 13.7%이고, 서유럽의 경우 영국이 13.4%, 스위스는 29.6%의 이주민을 보유하고 있으며, UAE의 경우 인구의 88.4%가 외국인이다(Castles et al., 2014). 2023년 기준, 한국도 90일 초과 체류 외국인의 인구 대비 비중은 4.89%로 나타났다(법무부 출입국·외국인정책본부, 2024, p.42). 중동 국가의 극단적인 경우는 논외로 하더라도 대부분의 선진 복지국가들에는 국적자뿐만 아니라, 외국 국적자, 무국적자, 다중국적자 등 다양한 정치적 성원권(membership)을 가진 구성원이 '실재'하고 있다(김규찬, 2021). 만약 복지국가가 시민권자들을 위해서만 작동한다면 상당 규모의 인구가 복지국가로부터 배제되게 되고, 연대(solidarity)의 원리를 통해 사회적 위험으로부터 구성원을 보호하기 위해 발전해 온 복지국가의 이상이 심각하게 훼손될 수 있다(김규찬, 2021). 이런 문제에 대응하고자 한다면 시민권과 사회권에 대한 전통적인 이해는 수정이 불가피해 보인다(김규찬, 2021).

복지국가가 시민뿐만 아니라 이주민을 위해서도 작동해야 할 당위성을 인정한다고 하더라도, 시민과 이주민 사이에는 사회권 부여의 근거와 방식, 사회권의 내용에 있어서 상당한 차이가 있을 수 있다. 예컨대 국제협약이나 '상호주의' 같은 추가적 정당화 논리가 동원되기도 한다. 또한 시민들과는 달리 이주민의 경우 공민권이나 정치권의 획득이 선행되지 않고도 사회권이 부여될 수 있다(Soysal, 1994; Sainsbury, 2012). 실제 많은 국가가 이민 유형에 따라 얻을 수 있는 권리를 차등화하여 이민을 통제하고 있다(Morris, 2001; Kim, 2018). 사회권 부여 요건에서도 기여나 자산조사 외에도 이민정책과 국적법 등에 의해 제한사항이 추가될 수 있다(Kim, 2022; 김규찬, 2020). 예컨대 최대 연속 체류할 수 있는 기간을 달리함으로써 장기 거주자에게 부여되는 경제활동의 자유나 사회복지 급여의 수급권을 차등화한다. 이렇듯 이주민의 권리는 복지정책뿐만 아니라 입국, 체류 및 귀화에 관련된 다양한 규제와 정책의 영향을 받게 된다. 따라서 <표 2-4>에 제시된 국가들의 예에서 보듯이, 이주민의 사회권은 각 나라의 복지(국가) 레짐(the welfare state regime)과 출입국 정책과 편입 정책을 포함한 이민(정책) 레짐(the migration regime)의 특징을 함께 반영하여 형성된다고 볼 수 있다.

<표 2-4> 국가별 복지 레짐과 이민정책 레짐

국가	복지 레짐	이민정책 레짐
미국	자유주의 욕구에 기초한 권리	수용적 출생지주의(jus soli)에 근거한 권리
독일	보수주의 근로에 기초한 권리	배제적 혈통주의(jus sanguinis)에 근거한 권리
스웨덴	사회민주주의 시민권에 기초한 권리	수용적 거주지주의(jus domicili)에 근거한 권리

출처: "Immigrants' social rights in comparative perspective: welfare regimes, forms of immigration and immigration policy regimes," Sainsbury. D., 2006, p.231의 내용을 저자 번역.

이러한 접근법의 장점은 이주민 사회권 구성의 국가별 다양성을 보여줄 수 있을 뿐만 아니라, 이주민의 사회권이 고정된 것이 아니라 '변동'될 수 있는 것으로 본다는 것이다. 복지국가의 발전에 조응하여 국민의 사회권이 변화되었듯이, 이주민의 사회권 역시 복지국가 레짐과 이민 레짐 간의 상호작용 속에서 확장 혹은 축소될 수 있다(김규찬, 2021). 이런 측면에서 역동적 복지국가 발전과 이민 유입국가로의 유입을 겪고 있는 한국은 이주민 사회권 연구에 흥미로운 사례를 제공한다(Kim, 2017; 김규찬, 2020).

2. 이주민 유입과 복지 태도, 복지 관대성

앞의 제2절에서 살펴본 내국인의 이주민 수용성에 대한 세 가지 이론은 내국인의 복지 태도 혹은 한 국가의 복지 관대성(welfare generosity)과도 연동된다(Coban, 2017). 이주민에 대해서 적대적이라면, 이주민에 대한 복지급여에 대해서 우호적이기 어렵기 때문이다. 특히, 난민 등 열악한 처지에 놓은 이주민의 비율이 높을수록 내국인은 복지국가의 확장에 소극적일 수 있다. 미국과 유럽 등 전통적인 서구 복지국가에서 관련한 연구가 다수 이뤄졌다. 연구의 초점은 이주민의 유입이 복지 태도 혹은 복지 관대성에 미치는 영향이다.

여기서 복지 태도(attitude to welfare)는 "복지와 연관된 신념, 정서, 행위지향을 모두 포괄"(김영순, 여유진, 2011, p. 213)하는 추상적 개념을 가리킨다. 여유진, 김영순(2015)은 국내외의 연구에서 복지 태도의 대리변수로 '복지를 위한 증세에 대한 태도', '불평등에 대한 태도', '정부 책임에 대한 태도', '복지국가에 대한 지지' 등이 사용됐다고 설명했다. 복지 관대성(welfare generosity)은 다차원적인 개념으로, 특정 사회복지제도의 혜택에 대한 접근성과 혜택의 수준을 모두 포함한다(Scruggs & Allan, 2006). 복지 관대성은 한 국가의 복지 수준을 종합적으로 평가할 때 사용된다. 즉, 한 나의 GDP 대비 사회지출 수준 등으로 확인된다. 이주민의 사회권 보장 이슈는 이주민을 받아들이는 많은 복지국가에서는 매우 중대하고도 논쟁적인 이슈이다. 국가별로 이주민에 대한 역사적 문화적 배경이 다르고, 이에 따라 이주민의 사회복지제도와 정책의 편입에 대한 온도 차가 있을 수밖에 없다.

유럽의 복지국가에서 이주민 유입의 문제는 뜨거운 화두다. 특히, 2004년 유럽연합의 팽창으로 인한 동유럽 이주민의 대거 유입, 2011년 이후 시리아 내전으로 인한 난민의 유입 등이 계기가 됐다. 이주민 유입으로 인해서 이들에 대한 사회권 보장의 문제가 대두됐고, 이주민 유입이 내국인의 복지 태도에 미치는 영향에 대한 학술적인 관심도 높아졌다(Elsner & Concannon, 2020; Röth et al., 2022). 내국인의 복지 태도가 정치적인 결정요인으로 확장되면, 해당 국가에서 복지국가의 발전을 규정하는 주요한 원인이 됐다. 유럽 및 영미권 국가에서, 난민 등 이주민이 대거 유입되는 과정에서 이주민에 대한 거부감, 이주민의 복지수급에 대한 거부감이 기존 복지정책에 대한 반감 및 반이민 정서를 부추길 가능성에 대한 우려가 컸다. 이러한 정서를 발판 삼아 반이민을 내세우는 극우 정당 지지율도 높아졌다(Yilmaz & Solano, 2021). 2024년 유럽 및 미국의 선거에서도 극우 정당의 약진이 두드러졌다. 이주민의 유입이 복지국가의 근간을 위협하고 있는 셈이다.

Larsen(2020)은 이주와 복지와의 관계에서 다음 세 가지 관계에 대해서는 학계의 의견이 수렴되고 있다고 설명한다. 첫째, 낮은 사회경제적 지위를 가진 집단, 즉 저소득 혹은 저학력 집단에서 이주민에 대해서 보다 배타적이다. 둘째, 내국인이 복지급여에 대한 자격에서 우선권을 지니고 있다는 인식이 지배적이다. 셋째, 이주민이 본국에 경제적 혹은 문화적 부담을 준다고 인식하는 내국인 집단이 이주민에 대해서 보다 적대적이다.

이주민 유입이 내국인의 복지 태도에 영향을 미치는 경로는 다양할 수 있다. Kim(2022)이 이주민 유입이 복지 태도에 미치는 영향에 대해 제시한 다섯 가지의 경로는 중요한 참고가 된다(pp. 165~168). Kim(2022)이 제시한 다섯 가지 가설을 단순화시켜서 일부 변형하면 다음과 같다.

첫째, 반연대 효과(anti-solidarity effect): 이주민 인구가 국내에 많다고 인식할수록 사회적 신뢰와 연대 수준이 낮아 사회적 지출에 부정적이다.[8]

둘째, 보상 효과(compensation effect): 이주민 인구가 국내에 많다고 인식할수록 자신의 경제적 위험에 대한 우려 수준이 높아져 사회적 지출에 긍정적이다.

셋째, 세계화 효과(globalization effect): 이주민 인구가 국내에 많다고 인식할수록 사회지출에 대해 부정적인데, 여기에 세계화가 원주민 근로자에 미치는 영향에 대한 긍정적/부정적 인식이 조절변수로 작용한다.

넷째, 복지 쇼비니즘 효과(welfare chauvinism effect): 이주민 인구가 국내에 많다고 인식할수록, 그리고 특정 복지급여의 이주민 포괄성이 높을수록, 해당 급여에 대해 부정적이다.

다섯째, 자격 효과(deservingness effect): 이주민 인구가 국내에 많다고 인식할수록, 그리고 이주민의 자격 여부에 따라, 즉 저숙련 저학력 이주민이 많을수록 수급 자격이 적다고 인식하므로, 복지 지출에 대해 부정적이다.

반연대 효과 가설에 따르면, 이주민 유입은 복지 태도에 부정적인 영향을 미친다. 이에 대한 실증 연구가 적지 않다. Burgoon(2014)은 유럽사회조사(European Social Survey)의 다섯 웨이브를 살펴본 연구에서 이주민의 비율이 높을수록 재분배에 대한 지지가 감소한다고 분석했다. 이러한 부정적인 관계는 이주민의 실업률과 복지급여 수급률이 높을수록 통계적으로 유의미하게 높아졌다. Alesina et al.(2001)의 연구는 인종적 혹은 언어적 다양성이 복지국가의 규모에 미치는 영향을 분석했다. Persson et al.(2000)이 제시한 1960~1998년 국제 비교 자료를 근거로 한 분석을 통해서 인종적 다양성(ethnic fractionalizatio)이 0.1 포인트 증가할 때마다 정부의 사회지출(social spending)은 0.75%씩 감소했다. 인종적 다양성은 해당 국가의 인구 가운데

---
[8] 이주민 유입에 따른 내국인의 복지 태도는 상당수가 반연대 효과의 확인에 집중되는 경향이 있다. 대부분의 서구 복지국가에서 난민, 이주노동자 등 이주민 유입 과정에서 내국인의 복지국가에 대한 지지도가 낮아지거나, 그 과정에서 극우 정당에 대한 지지율이 올라가는 현상(Edo et al. 2019)에 대한 우려가 크기 때문인 것으로 풀이된다. 이번 절에서 소개하는 선행연구들도 상당수가 반연대 효과 내용에 집중됐다.

두 개인이 무작위로 선택됐을 때, 다른 인종일 가능성을 0~1 사이로 제시한 값이다. Alesina et al.(2001)은 이와 같은 분석에 근거해서 다인종 사회인 미국이 유럽과 같은 복지국가를 건설하는 데 실패한 이유를 설명했다. Alesina et al.(1999; 2000)의 연구도 미국 지역에서 인종적인 다양성이 공공부문의 확대에 부정적인 영향을 미친다고 분석했다.

Hopkins(2009)는 미국 Massachusett와 Texas 지역을 대상으로 한 시계열 분석을 통해서 인종적 다양성이 지방세 인상에 대한 지역민의 지지에 미치는 영향을 분석했다. 그에 따르면, 인종적 다양성 자체가 지방세 인상 지지에 영향을 주지는 않지만, 인종적 다양성의 급격한 증가는 지지를 낮추는 결과로 이어졌다고 분석했다.

반연대 효과 가설의 내용을 입체화하거나 기각하는 연구도 있다. Senik et al.(2009)의 관찰은 섬세하다. 유럽사회조사(European Social Survey) 2002/2003년 자료를 분석한 연구에서 연구진은 응답자가 인식한 이주민 규모와 복지국가에 대한 지지도 사이에 약한 부정적 관계를 발견했다. 복지국가에 대한 지지도에 미치는 주요한 요인은 이주민에 대한, 그리고 이주민 유입이 초래한 경제적 효과에 대한 내국인의 부정적 인식이라는 것이 연구진의 결론이었다. 즉, 이주민 유입이라는 객관적인 사실보다 이주민에 대한 주관적 인식이 복지국가 지지에 영향을 미쳤다는 분석이다. 독일의 사회경제패널 자료를 분석한 Stichnoth(2012)의 분석도 유사한 결과를 담았다.

이주민 유입과 복지 태도, 복지 관대성의 관계가 단일하지 않다는 분석도 있다. 이 대목에서는 쇼비니즘 효과가 적용된다. Röth et al.(2022)은 특히 복지제도의 성격에 따라 내국인의 복지 태도는 바뀐다고 분석했다. 이들은 실업급여, 상병 및 장애 급여, 연금제도의 설계에 따른 내국인의 이해관계에 주목했다. 즉, 실업급여와 상병 및 장애 급여 등 이주민이 수급 가능성이 높은 제도에 대해서는 지지도와 실제 지출 수준에 이민이 일정한 영향을 미쳤지만, 연금과 같이 이주민의 혜택이 적은 분야에는 이주민 유입이 영향을 미치지 않았다.

Stichnoth & van der Straeten(2009)은 2005년 이후 유럽과 영미권의 관련 연구에 대한 문헌분석을 시도했다. 이들의 결론은 다음과 같다. "인종적 다양성과 재분배 지지(support for redistribution) 사이의 부정적 연관성은 미국 지역 연구에서 일부 발견되지만, 캐나다나 유럽에 일반화되지 않는 것으로 보인다."(p. 22).

이주민 유입과 복지 태도, 복지 관대성의 관계에 대한 합의는 이뤄지지 않고 있다. 이에 대한 결론은 아직 "미확정적(inconclusive)"(Röth et al., 2022, p. 498)이거나 연구진들이 "확신하지 못하는(remain unsure)"(Hopkins, 2009, p.106) 상황이다.

Elsner와 Concannon(2020, pp. 36-37)은 이주민과 복지 태도, 복지국가의 관계에 대한 문헌을 분석하면서 다음과 같은 함의를 제시했다. 첫째, 이론적으로는 이주민 유입에 대해서 내국인은 이기적 혹은 이타적인 동기로 인해 다양한 행동 양태를 보일 것이지만, 실증 연구에서는 이에 대한 동적인 분석에 이르지 못하고 있다. 둘째, 해당 연구 주제에 대해서 다양한 국제 비교 분석이 이뤄졌지만, 내생성이나 교란변수 등에 대한 고려가 없이 다수의 연구가 수행된 한계가 있었다. 셋째, 국가 내 자료에 근거한 연구에서는 이주민 유입 혹은 인종 다양성은 재분배에 대한 지지를 낮추는 경향을 나타냈다. 물론, 이러한 효과는 연구의 맥락에 따라 상이하게 나타났다. 넷째, 실제 이주민 유입 통계보다는 내국인들의 관련 인식이 재분배 지지에 더 많은 영향을 미쳤다. 다수의 내국인은 이주민의 유입 통계와 복지 의존 수준을 과대평가하는 양상이 있었다. 다섯째, 집단 내 편견(in-group bias)이 중요한 변수였다. 여기서 집단 내 편견이란 "개인이나 집단이 '우리 집단'을 설정한 뒤, '타자 집단'과의 차이를 과장되게 인식하면서 타자 집단을 배타시하거나 차별하는 시각" 정도로 풀이된다(Elsner & Concannon, 2020, pp. 10-11). 이러한 집단 내 편견이 강하면, 내국인은 이주민을 복지급여에 대한 자격이 미흡하다고 보는 경향이 있다. 이러한 경향은 이주민 거주 비율이 높은 지역에서 자주 나타났다. 여섯째, 이주는 실제 정책에 영향을 미쳤다. 이주민 유입이 공공지출 수준을 낮춘다는 분석이 다수였다.

Kim(2022)은 한국에서 이주민의 유입과 복지 태도를 확인할 수 있는 희소한 연구다. 한국종합사회조사에 근거한 분석에서, 내국인이 인식한 이주민 유입 수준은 정부의 사회지출에 대한 지지와 부정적 관계가 있는 것으로 나타났다. 해당 연구는 정부의 복지 지출 분야별 내국인의 지지 내용도 함께 분석했다. 이주민 유입이 초래하는 반연대 효과(anti-solidarity effect)와 복지 국수주의(welfare chauvinism)를 국내에서도 확인할 수 있었다는 점에서 Kim(2022)의 연구는 의의가 크다. 이와 관련해서, 한국의 역사문화적, 제도적 경로에 근거한 추가적인 연구가 필요한 상황이다.

3. 이주민 관련 정책에서 한국의 독특성

　서구에서 다수 이뤄진 '이주민 유입 - 사회정책(복지 태도 및 복지국가 규모)' 관계에 대한 분석을 한국에서 그대로 적용하기는 어렵다는 점도 확인할 필요가 있다. 이유는 다음과 같다.
　첫째, 이주민에 대한 인식 자체가 다를 가능성이 높다(김경환, 2024). 한국은 통행이 자유롭지 않은 북한 지역을 고려하면 사실상 섬나라다. 육상을 통한 외국인의 출입국이 사실상 불가능하다. 한국은 본의 아니게 '은자(隱者)'의 나라로 오래 머물렀다. 1995년까지 한국에서 이주민 비율은 0.2%에 불과했다(김도원, 2023). 2000년대 이후 비율은 꾸준히 증가하고 있지만, 서구의 국가들과 비교하기에는 무리가 따른다([그림 2-2] 참고). 독일의 경우, 2022년 기준으로 전체 인구 가운데 약 20%에 해당하는 1,530만여 명이 다른 나라에서 독일로 이주해 온 이민 1세대였다(Deutsche Welle, 2023). 유럽 대부분의 복지국가들이 솅겐협약에 따라 국경을 넘나드는 자유로운 이동이 보장되며, 국제 교역 및 식민지 지배의 경험 등으로 다른 대륙으로부터의 대규모 인구 이동도 자주 경험했다. 외국인에 대한 감수성은 한국과 다를 수밖에 없다. 한국에서 이주민은 '너무나도 낯선 존재'일 수밖에 없다(최영미, 이나련, 2016).

[그림 2-2] 한국과 OECD 주요 국가의 외국 국적 인구 추이

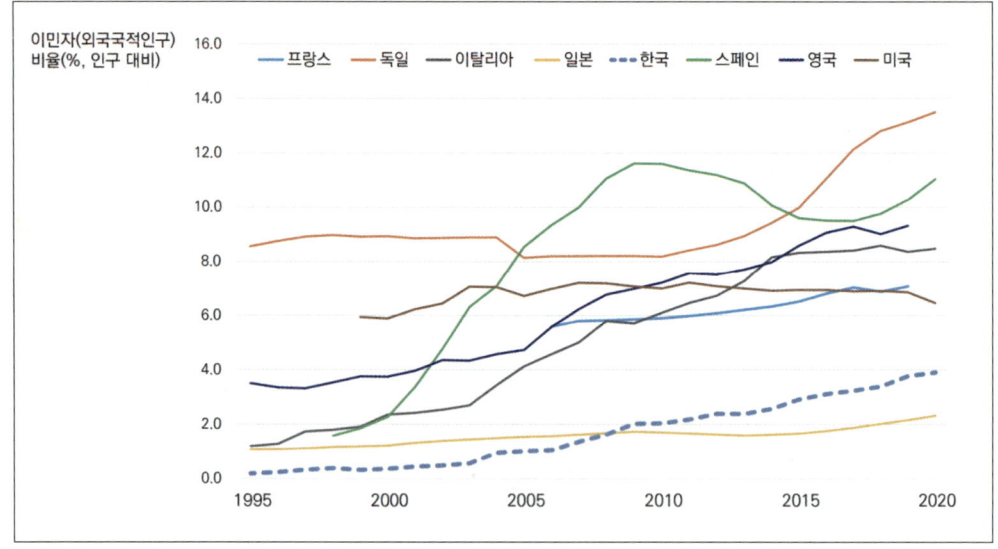

주: 외국 국적 인구(Foreign population by Nationality) 기준으로 작성. 일부 국가의 경우 특정 연도 자료가 누락됨.
출처: "OECD 통계를 통해 살펴본 주요국의 국제이주동향," 김도원, 2023, p. 6.

둘째, 유입되는 이주민의 성격도 다르다. 한국의 경우, 체류 외국인의 상당수는 고용허가제에 따른 단기체류 노동자가 대부분을 차지하고 있다. 지난 2023년 기준으로 한국의 등록외국인 약 135만 명 가운데, 단기 체류 저임 노동자들이 다수를 차지한다(통계청, 2024). 이를테면, 체류기간이 3년인 비전문취업(E-9) 노동자가 30만 명, 방문취업(H-2) 노동자가 10만 명이다. 반면, 생활 근거가 국내에 있는 장기체류자 혹은 난민인정자를 포괄하는 거주(F-2) 사증 소지자는 상대적으로 소수인 5만 3천여 명이다. 반면, 유럽에서 이주민은 흔히 난민과 연관된다. 시리아 내전과 소련의 우크라이나 침공을 겪으면서 해마다 100만 명 내외의 난민이 유럽에 유입됐다. 2024년 기준으로 독일에만 290만여 명의 난민이 거주하고 있다(UNHCR, 2024). 유럽과 한국에서 '이주민'이라고 할 때, 국민들이 연상하는 이미지 자체가 다를 가능성이 높다.

셋째, 복지국가의 발전 수준도 다르다. 영미권을 제외한 대부분의 유럽 국가들은 1980년 이전에도 사회지출 수준이 GDP의 20%를 넘어섰다(OECD, 2024a). 복지국가의 보편성과 관대성 측면에서 유럽의 복지국가는 이미 오래전에 안정화했다는 뜻이다. 한국의 사회지출 수준은 2022년 기준으로 14.8%다(OECD, 2024a). OECD 평균인 21.1%에 크게 떨어지고, 프랑스(31.6%), 핀란드(29.0%) 등 성숙한 복지국가와도

차이가 크다(OECD, 2024a). 국민연금 등 공적 연금이 성숙하면서 장기적으로는 한국의 사회지출 수준도 증가할 예정이지만, 이주민과 공유해야 할 복지급여 '파이'의 크기 자체가 다르다. 더욱이, 4대 보험과 공공부조 등에서 한국의 사회보장제도는 이주민에 대해서 포용적이지도 않다(김기태 외, 2020).

넷째, 이주민 유입이 사회정책에 미치는 영향에 대한 역사적, 제도적 맥락도 다르다. 'welfare magnet'(Borjas, 1996) 혹은 'welfare tourism' 같은 논의는 서구적 맥락을 이해하지 않으면, 한국에서 오해를 낳기 쉽다. 해당 용어가 90년대 이전에도 학계에서 쓰인 것은 사실이지만, 유럽 사회에서 이와 같은 논의가 본격적으로 촉발된 계기는 2000년대 이후 유럽연합의 팽창(enlargement)이었다(Breidahl et al., 2022). 특히, 2004년 유럽연합은 에스토니아, 라트비아, 리투아니아, 폴란드, 체코, 슬로바키아, 헝가리, 슬로베니아를 회원국으로 받아들인다. 이러한 과정은 자본주의와 공산주의로 구분되던 '두 유럽'이 통합되는 과정이면서, 동시에 부유한 서유럽과 낙후된 동유럽이 통합되는 과정으로도 인식됐다(Jeannet, 2020). 한국에서 이와 유사한 대규모 이주민 유입의 경험은 없었다. 한국은 국무총리실 소속의 외국인력정책위원회가 해마다 외국인 노동자의 수와 규모를 결정하고 있다. 기타 대내외적인 요인으로 인한 급격히 많은 이주노동자를 받아들인 경험이 없다.

다섯째, 한국인의 복지 태도는 서구와는 매우 다른 양상을 보인다. 이를테면, 김영순, 여유진(2011)은 한국인의 복지 태도는 서구에서 관찰되는 계급성이 나타나지 않았고 또한 일관성도 특별히 보이지 않는다고 주장한 바 있다. 여기서 말하는 '관찰되는 계급성'이란 블루 컬러 노동자의 높은 복지국가 지지도를 말한다. 한국의 이러한 특수성은 다른 연구에서도 유사하게 관찰된 바 있다(이성균, 2002; 이아름, 2010). 또한, 실업 및 빈곤의 위험이 높은 저임금 저숙련 노동자일수록 복지국가에 대한 지지가 높은 서구의 보상 효과와 달리, 한국에서는 이와 같은 경향을 찾아보지 못했다.

종합하면, 이주민 유입 정도와 특성은 복지 태도와 복지국가의 규모에 일정한 영향을 미치는 것으로 보인다. 다만, 영향을 미치는 경로와 심도는 자료와 방법론, 대상 국가와 지역별에 따라 다른 결과로 나타난다. 특히, 한국과 서구의 복지국가 형성 및 발전 과정 그리고 이주민 유입의 역사가 크게 다르다. 이와 같은 특징을 염두에 둔 국내의 선행연구는 매우 희소한 상황이기에, 이번 조사에서는 이러한 부족한 점을 고려하여 한국적 맥락에 맞는 조사표를 구성했다. 이주 문제 및 이주민 사회권을 둘러싼 복잡한 의제의 보편성과 국가별 특수성을 동시에 고려할 필요가 있었다.

4. 선행연구

이주민의 사회권(복지권)과 복지제도 적용 여부에 대한 다수의 연구가 수행되었다. 구인회 외(2009)는 일반 체류자 및 영주권자를 중심으로 사회복지제도의 적용 여부를 분석하기 위해, 한국, 미국, 독일, 일본의 영주권자에 대한 사회정책을 비교하고 이를 통해 한국 복지제도에 미치는 함의와 한국 사회의 통합 방안을 제안하였다. 이미영(2017)은 2008년에 제정된 「다문화가족지원법」을 중심으로 결혼이주여성의 사회권을 살펴보았다. 그 결과, 사회보장기본법에 따라 결혼이주여성은 사회복지서비스 권리를 보장받았지만, 문제는 관련 조항이 임의조항으로 법적 강제성을 가지지 않음을 비판하였다(이미영, 2017). 또한 다문화가족을 주류 집단과 분리하여 사회적 낙인을 유발한다는 문제를 지적하였다(이미영, 2017).

김안나 외(2012)는 사회권 측면에서 결혼이주민, 외국인 근로자, 영주권자, 난민을 중심으로 사회복지정책을 검토하고 미국, 호주 등의 외국인 유형 및 체류자격별 복지정책 범위를 비교하여 한국 사회에 주는 함의를 도출하고자 하였다. 한국은 외국인 근로자나 영주권자, 난민에 비해 결혼이주민에 대한 예산 증가가 상대적으로 크고, 적용되는 복지제도 역시 더 많은 편이다(김안나 외, 2012, p. xxvii). 종합적으로, 한국은 내국인과 외국인 간의 제도적 접근에 있어 엄격한 구분을 두는 나라로 평가된다(김안나 외, 2021, p.119).

최근 김안나 외(2021)의 연구는 체류자격별로 사회복지정책의 적용 범위를 살펴보며, 이주민의 체류자격에 따라 사회보험, 공공부조, 사회서비스의 접근 및 혜택이 엄격히 구분되고 있다고 지적하였다. 현재 한국의 이주민 복지정책은 주로 한국인의 외국인 배우자인 결혼이주민 및 다문화가족에 초점을 맞추고 있다(김안나, 2021). 이들에 대해 공공부조와 사회서비스가 일부 제공되지만, 의료 지원 서비스는 제외되며, 공공부조와 사회서비스의 특례가 적용된다(김안나, 2021, p.111). 반면 영주권자는 별다른 혜택을 받지 못하며, 이는 다른 국가와 비교했을 때 두드러진 차이점이다(김안나, 2021, p.132). 한국의 사회보장제도는 기여를 바탕으로 한 상호주의에 기반하기 때문에, 외국인의 사회보험 가입이 제한적인 상황이다(김안나, 2021, p.111). 재외동포 역시 큰 비중을 차지하지만, 정책적 지원은 미흡하다(김안나, 2021).

〈표 2-5〉 외국인 체류자격별 사회복지정책 적용 범위 비교

	한국				미국				호주				독일					일본			
	영주권자	외국인근로자	난민	결혼이민자	영주권자	외국인근로자	난민	비이민자	영주권자	외국인근로자	난민	결혼이민자	영주권자	외국인근로자	난민	결혼이민자	해외이주동포	영주권자	외국인근로자	난민	결혼이민자	불법체류자
공공부조	X	X	△	○	△	X	△	X	◐	X	○	◐	○	○	○	◐	○	○	○	○	○	X
사회보험	○	○	○	○	○	△	△	△	○	○	○	○	○	○	X	○	○	○	○	○	○	△
가족서비스	X	X	X	○	○	X	○	○	○	○	△	○	○	○	○	○	○	○	○	○	○	○
교육서비스	X	X	○	○	○	○	○	○	○	○	○	○	○	○	X	○	○	○	○	△	X	△
의료서비스	X	X	○	○	○	X	○	△	○	○	△	○	○	○	△	○	○	○	○	○	○	○
주거서비스	X	X	△	○	○	X	○	X	○	X	○	○	○	○	○	○	○	○	X	X	X	X
취업서비스	X	○	X	○	○	○	○	○	○	○	X	○	○	○	X	◐	○	○	○	○	○	○

주: 1) ○: 완전 수급, ◐: 대기기간 적용 후 수급, △: 부분 수급, X: 비수급
   2) 독일의 경우 난민을 위한 별도 형태의 공공부조인 난민급여제도가 존재하고 있으며 개인이 난민급여를 48개월 이상 수급하였을 경우 그 시점부터 상대적으로 급여 수준이 높은 공공부조(사회부조제도)의 신청 자격이 발생하게 됨.
   3) 영주 자격이 있는 결혼이주민은 결혼이주민으로 분류함.
출처: "한국 이민자 복지정책 연구," 김안나, 2021, p.130.

한국인의 이주민에 대한 복지 태도를 분석한 연구에서는, 이주민 비중이 높다고 인식할수록 이주민에 대한 사회복지 지출 지지가 낮아지며, 특히 실업급여에 대한 지지율이 낮다는 특징을 발견하였다(Kim, 2021). 이주민 집단별 태도 차이도 확인되었는데, 한국인은 저숙련 이주노동자에 의한 일자리 경쟁과 경제적 불안정성에 대해 우려하는 반면, 결혼이주여성과 다문화가족에 대해서는 비교적 긍정적 태도를 보였다(Kim, 2021). 또한, 지역의 산업구조가 이주민에 대한 태도에 영향을 미친다는 연구도 있다. 제조업 같은 2차 산업이 집중된 지역보다 판매·서비스업 등의 3차 산업이 발달한 지역일수록 이주민에 대한 수용성이 높게 나타났다(김태완, 서재권, 2015). 한편, 변수정 외(2021)은 한국인이 아닌 이주민이 인식한 한국 사회의 다문화 수용성에 대해

조사하여, 이주민이 한국인을 문화적으로 개방적이라 인식하면서도 한국의 지도자로서의 역할을 수용하는 데에는 한계가 있음을 밝혔다. 이 같은 인식 차이를 바탕으로 한국 사회가 다문화 사회로 발전하는 데 필요한 시사점을 제시하고 있다.

제3장

사회통합 인식

제1절 응답자의 특성
제2절 사회 및 사회통합 인식
제3절 소결

제3장 사회통합 인식

제1절 응답자의 특성

응답자의 인구사회학적 특성은 〈표 3-1〉과 같다. 성별에서는 남성(50.83%)이 여성(49.17%)보다 약간 더 많았다. 세대의 경우, 중장년이 57.46%로 절반 이상을 차지하였고, 청년(27.45%), 그리고 노년층(15.10%) 순이었다. 지역의 경우, 중소도시가 51.47%로 가장 많았고, 대도시 42%, 그리고 농어촌은 6.52%였다. 최종학력의 경우, 대졸 이상이 51.65%로 절반 이상을 차지하였고, 고졸이 38.14%, 그리고 중졸 이하가 10.21%였다. 주관적 소득계층의 경우, 중간층은 49.56%로 절반 가까이 차지하였고, 중하층은 35.76%, 하층은 10.40%, 그리고 중상층(상층)은 4.29% 순이었다. 소득분위의 경우, 2분위가 21.90%로 가장 많았고, 4분위는 21%, 1분위는 20.26%, 3분위는 18.54%, 5분위는 18.29%를 차지하였다. 경제활동 상태의 경우, 상용직 임금근로자가 38.97%로 가장 많았고, 비경제활동인구는 24.71%, 고용주 및 자영자가 20.29%, 임시·일용직·특고는 10.41%, 실업자는 4.32%, 무급가족 종사자는 1.29% 등의 순이었다. 참여자의 외국인 접촉 빈도가 있는 비율은 76.72%로 상당수 있었고, 없는 비율은 23.28%였다. 이번 연구 참여자의 이념적 성향의 경우, 중도가 52.49%로 절반 이상을 차지할 정도로 가장 많았고, 다음으로는 보수가 24.06% 그리고 진보는 23.46%로 나타났다.

〈표 3-1〉 응답자의 인구사회학적 특성

(단위: 명, %)

구분		전체	
		빈도	비율
전체		3,011	100
성별	남성	1,531	50.83
	여성	1,480	49.17
세대	청년(만 19~34세 이하)	826	27.45
	중장년(만 35~64세 이하)	1730	57.46
	노년(만 65세 이상)	455	15.10
지역	대도시	1,265	42
	중소도시	1,550	51.47
	농어촌	196	6.52
최종 학력	중졸 이하(고교 중퇴 포함)	307	10.21
	고졸(대학 중퇴 포함)	1149	38.14
	대졸 이상(대학 수료 및 대학원 포함)	1555	51.65
주관적 소득계층	하층	313	10.4
	중하층	1077	35.76
	중간층	1492	49.56
	중상층(상층)	129	4.29
균등화한 가구 소득분위	1분위	610	20.26
	2분위	659	21.9
	3분위	558	18.54
	4분위	632	21
	5분위	551	18.29
경제활동 상태	상용직 임금근로자	1,173	38.97
	임시, 일용직, 특고	314	10.41
	고용주, 자영자	611	20.29
	무급가족 종사자	39	1.29
	실업자	130	4.32
	비경제활동인구	744	24.71
접촉 빈도	있음	2310	76.72
	없음	701	23.28
이념적 성향	보수적	724	24.06
	중도적	1580	52.49
	진보적	706	23.46

출처: "2024년 사회통합 실태조사," 한국보건사회연구원, 2024, 원자료 저자 분석.

제2절 사회 및 사회통합 인식

1. 사회 인식

가. 시계열로 살펴본 주관적 행복도, 삶의 만족, 우울, 사회적 지지

2014년부터 2024년까지 행복도, 삶의 만족도, 우울감, 사회 신뢰도 그리고 사회적 지지는 아래 [그림 3-1]과 같다. 행복도와 삶의 만족도는 다소 유사한 패턴으로 변하는 경향을 보였다. 행복도와 삶의 만족도는 등락을 거듭하다가 2022년을 기점으로 반등하여 상승하는 추세임을 확인할 수 있다. 우울감 역시 등락을 거듭하다, 2023년을 기점으로 2024년에 소폭 상승한 것을 확인할 수 있다. 반면, 사회 신뢰도는 앞선 행복도, 우울감 그리고 삶의 만족도와는 움직이는 패턴에서 다소 차이를 보였다. 그리고 2023년보다는 사회 신뢰도가 소폭 감소하는 것을 확인할 수 있다. 사회적 지지도 등락을 거듭하다가, 올해 2024년에는 작년 대비 소폭 하향하였다.

[그림 3-1] 주관적 행복도와 삶의 만족도 수준 변화

(단위: 점)

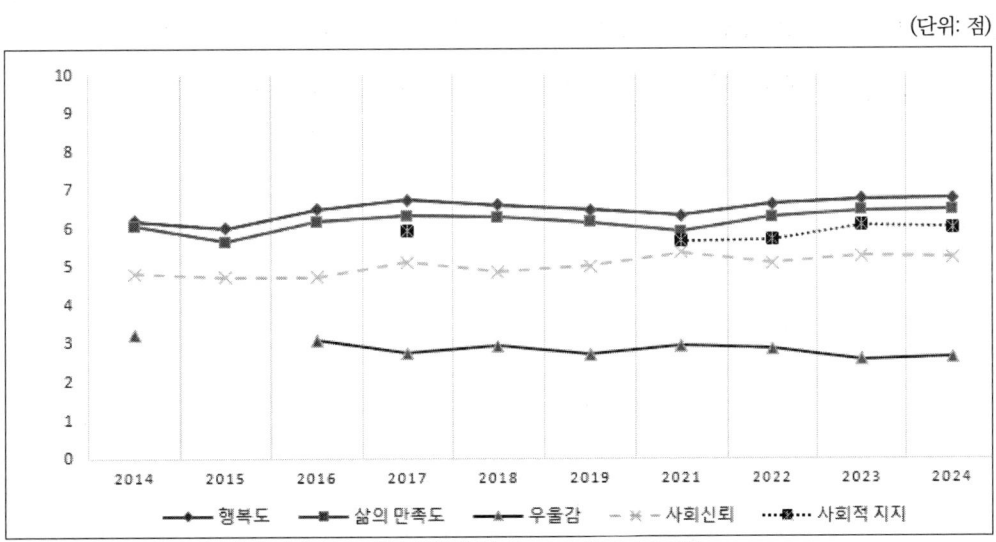

주: 1) 행복도는 전혀 행복하지 않았다(0)~매우 행복했다(10) 11점 척도로 측정함.
2) 삶의 만족도는 전혀 만족하지 않는다(0)~매우 만족한다(10) 11점 척도로 측정함.
3) 우울감은 전혀 우울하지 않았다(0)~매우 우울했다(10) 11점 척도로 측정함.
4) 사회신뢰: 사회신뢰도는 전혀 믿을 수 없다(0)~매우 믿을 수 있다(10) 11점 척도로 측정함.
5) 사회적 지지는 "귀하는 사회적 지지를 얼마나 받고 있다고 생각하고 계십니까?" 문항으로, 11점 척도로 측정

출처: "사회통합 및 국민행복 인식조사," 한국보건사회연구원, 2014; "사회이동과 사회통합 실태조사," 한국보건사회연구원, 2015; "사회통합 실태 및 국민인식 조사," 한국보건사회연구원, 2016; "사회문제와 사회통합 실태조사," 한국보건사회연구원, 2017; "사회갈등과 사회통합 실태조사," 한국보건사회연구원, 2018; "사회통합 상태 진단을 위한 실태조사," 한국보건사회연구원, 2019; "사회경제적 위기와 사회통합 실태조사," 한국보건사회연구원, 2021; "코로나19의 영향과 사회통합 실태조사," 한국보건사회연구원, 2022; "2023년 사회갈등과 사회통합 실태조사," 한국보건사회연구원, 2023; "2024년 사회통합 실태조사," 한국보건사회연구원, 2024; 원자료 저자 분석.

2. 사회적 지지

가. 사회적 지지 유형별

사회적 지지를 - 1) 감기가 심하게 걸려 식사 준비나 장보기와 같은 집안일을 부탁해야 할 경우, 2) 큰돈을 갑자기 빌릴 일이 생길 경우, 3) 우울하거나 스트레스를 받아서 누군가와 이야기를 나누고 싶은 경우 - 3가지 경우로 분류하였다. 사회적 지지 유형 중에서 가족에게 도움을 요청하겠다는 응답자가 많았다. 특히, 집안일을 부탁해야 할 때와 큰돈을 빌릴 때 주로 가족(친척)에게 도움을 요청하겠다는 응답이 과반수를 차지하였다. 다만, 집안일을 부탁할 때 가족에게 도움을 요청하겠다는 응답은 작년보다 소폭 상승했고, 큰돈을 빌릴 때 가족에게 도움을 요청하겠다는 응답은 작년 대비 소폭 감소하였다. 이야기를 나눌 때는 가족보다는 지인(친구, 이웃, 동료 등)에게 도움을 요청하겠다는 응답이 과반수를 차지하였고, 그 수치는 작년 대비 소폭 상승하였다.

[그림 3-2] 사회적 지지 유형별 도움 요청자

(단위: %)

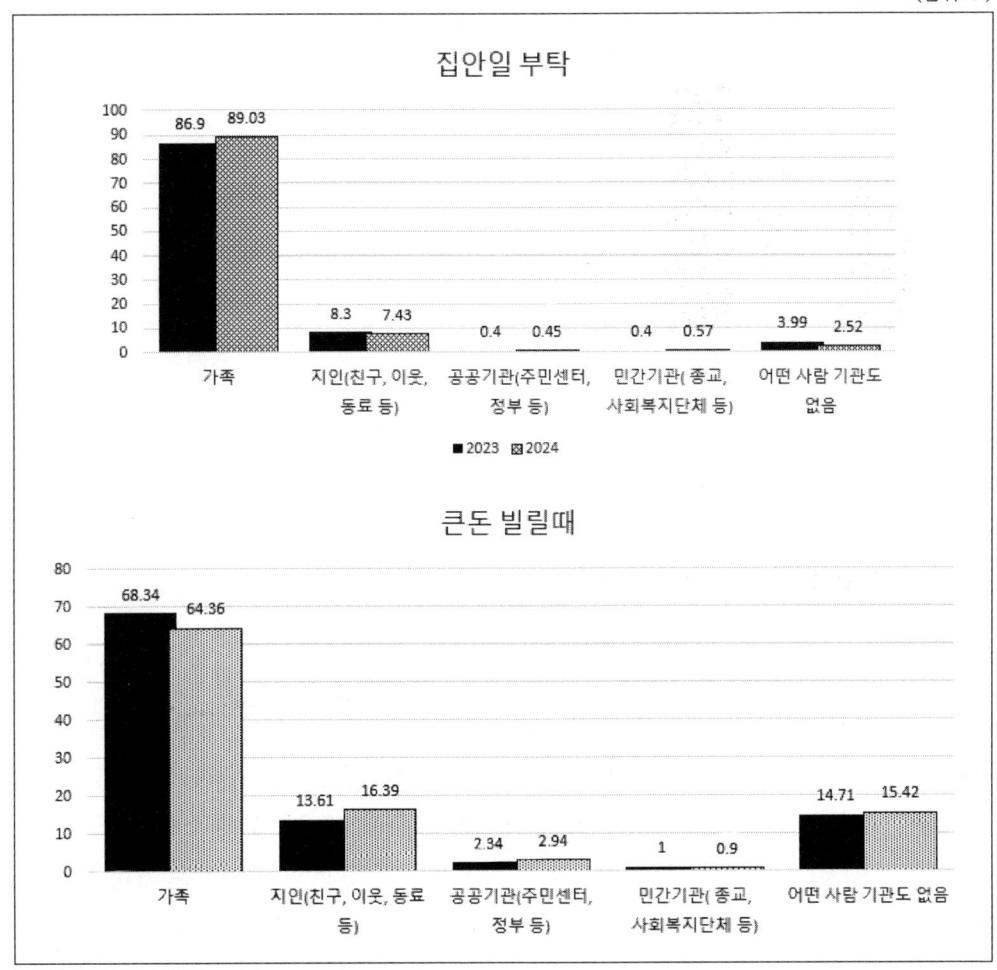

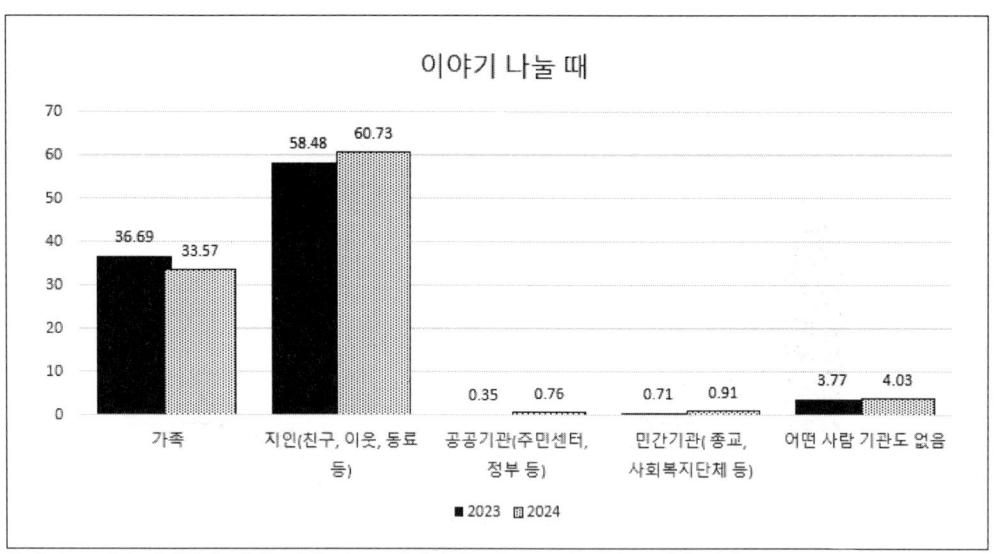

출처: "2024년 사회통합 실태조사," 한국보건사회연구원, 2024, 원자료 저자 분석.

나. 인구사회학적 특성, 사회적 지지

사회적 지지 유형 중, 감기가 심하게 걸려 식사 준비나 장보기와 같은 집안일을 부탁해야 할 경우, 가족(친척)에게 부탁한다는 응답이 많았다. 특히, 성별의 경우 남성(89.48%)이 여성(88.56%)에 비해 높았고, 세대의 경우 중년(90.45%), 청년(89.27%), 노년(83.18%)의 순이었다. 지역의 경우, 대도시 거주자(90.27%), 중소도시(88.80%), 농어촌(82.81%) 순이었다. 월평균 근로소득의 경우, 400만 원대 이상은 가족(친척)에게 집안일을 부탁한다는 응답이 높았고, 월평균 근로소득이 200만 원대와 300만 원대는 지인(친구, 이웃, 직장동료 등)에게 집안일을 부탁한다는 특징을 보였다. 경제활동 상태의 경우, 상용직은 가족(친척)에게 집안일을 부탁하는 비율이 91.52%로 상대적으로 높은 반면, 무급가족 종사자의 13.07%는 지인에게 부탁한다고 답했다. 대졸 이상은 가족(친척)(91.42%)에게, 중졸 이하는 지인(9.27%), 공공기관(1.96%), 민간기관(4.9%)에 부탁하는 경우가 있었다.

<표 3-2> 감기가 심하게 걸려 식사 준비나 장보기와 같은 집안일을 부탁해야 할 경우

(단위: %)

전체		가족(친척)	지인 (친구, 이웃, 직장동료 등)	공공기관 (주민센터, 정부 등)	민간 기관 (종교, 사회복지 단체 등)	어떤 사람/ 기관도 없음
전체		89.03	7.43	0.45	0.57	2.52
성별	남성	89.48	6.26	0.57	0.87	2.82
	여성	88.56	8.63	0.33	0.27	2.21
세대	청년	89.27	9.41	0.06	0.18	1.08
	중년	90.45	5.98	0.63	0.52	2.43
	노년	83.18	9.35	0.51	1.50	5.47
지역	대도시	90.27	5.37	0.81	0.14	3.40
	중소도시	88.80	8.31	0.16	0.99	1.74
	농어촌	82.81	13.72	0.51	0.00	2.96
주관적 소득계층	하층	73.37	13.37	2.18	3.17	7.91
	중하층	88.94	8.30	0.12	0.57	2.06
	중간층	92.39	5.37	0.36	0.08	1.79
	중상층(상층)	88.82	9.52	0.00	0.00	1.66
월평균 근로소득	200만 원 미만	86.99	7.18	0.87	1.22	3.73
	200만 원대	88.69	8.82	0.00	0.00	2.49
	300만 원대	89.95	8.36	0.00	0.56	1.12
	400만 원대	91.90	6.88	0.00	0.00	1.23
	500만 원 이상	92.31	4.05	1.23	0.00	2.41
학력	중졸 이하	76.10	9.27	1.96	4.90	7.76
	고졸	89.25	7.41	0.58	0.15	2.61
	대졸 이상	91.42	7.08	0.06	0.03	1.42
경제활동 상태	상용직	91.52	6.70	0.00	0.42	1.35
	임시, 일용, 특고	87.44	9.48	0.00	0.26	2.82
	고용주, 자영자	87.14	9.13	0.75	0.00	2.98
	무급가족 종사자	77.84	13.07	0.00	1.06	8.03
	실업자	81.28	8.28	0.69	6.19	3.55
	비경제 활동인구	89.24	5.87	1.09	0.41	3.39
이념적 성향	보수적	88.82	6.67	0.59	1.23	2.69
	중도적	88.77	7.41	0.59	0.53	2.70
	진보적	89.81	8.25	0.00	0.00	1.94

출처: "2024년 사회통합 실태조사," 한국보건사회연구원, 2024, 원자료 저자 분석.

다음으로, 큰돈을 갑자기 빌릴 경우, 역시 가족(친척)에게 부탁한다는 응답이 과반수를 차지하였다. 다만, 부탁할 사람 및 기관이 없다는 응답이 15.42%로 작지 않은 비중을 보였다. 세대의 경우, 청년(73.79%)은 가족(친척)에게 부탁한다는 응답이 상대적으로 높았고, 중년은 지인(19.83%)에게 부탁한다는 응답이 상대적으로 높았다. 주관적 소득계층의 경우, 중상층(상층)이 가족에게 부탁한다는 비율은 77.15%로 다른 계층보다 확연히 높았다. 하층의 37.78%는 어떤 사람 및 기관에게 부탁할 수 없다는 응답이 상당히 높은 비중으로 나타났다. 월평균 근로소득이 300만 원대에서 가족에게 부탁할 수 있다는 응답이 59.62%로 절반을 넘기는 하였지만, 다른 근로소득 금액대에 비해서는 상대적으로 낮은 편이었다. 다만, 이들은 지인에게 부탁한다는 응답이 21.48%로 상대적으로 높게 나타났다. 학력의 경우, 대졸 이상은 갑자기 큰돈을 가족에게 빌릴 수 있다는 응답이 70.65%로 상당히 높은 반면, 중졸 이하는 어떤 사람 및 기관에게도 큰돈을 빌릴 수 없다는 응답이 34.28%로 상당히 높은 비중이었다. 경제활동 상태의 경우, 상용직(68.23%)과 비경제활동인구(67.75%)는 가족에게 갑자기 큰돈을 빌릴 수 있다고 답한 반면, 임시, 일용, 특고는 어떤 사람 및 기관으로부터 빌릴 수 없다는 응답이 25.31%로 상당히 높은 비중을 차지하였다.

<표 3-3> 큰돈을 갑자기 빌릴 일이 생길 경우

(단위 : %)

전체		가족(친척)	지인 (친구, 이웃, 직장 동료 등)	공공 기관 (주민센터, 정부 등)	민간 기관 (종교, 사회복지 단체 등)	어떤 사람/ 기관도 없음
전체		64.36	16.39	2.94	0.90	15.42
성별	남성	61.65	17.54	3.28	0.99	16.54
	여성	67.15	15.20	2.59	0.79	14.27
세대	청년	73.79	12.70	2.96	0.41	10.13
	중년	60.93	19.83	2.91	1.22	15.11
	노년	60.22	9.97	3.03	0.54	26.24
지역	대도시	67.43	12.81	1.93	0.75	17.08
	중소도시	62.16	19.45	3.78	0.98	13.63
	농어촌	61.94	15.23	2.84	1.13	18.86
주관적 소득계층	하층	43.06	16.71	1.75	0.70	37.78
	중하층	59.76	18.36	2.18	0.80	18.90
	중간층	71.03	14.85	3.79	1.05	9.27
	중상층(상층)	77.15	16.84	2.38	0.39	3.24
월평균 근로소득	200만 원 미만	64.78	10.95	2.72	0.45	21.10
	200만 원대	65.81	17.94	2.25	0.80	13.19
	300만 원대	59.62	21.48	4.57	1.60	12.73
	400만 원대	67.52	19.01	3.17	0.79	9.52
	500만 원 이상	66.89	19.34	1.49	1.28	10.99
학력	중졸 이하	52.23	9.66	3.16	0.67	34.28
	고졸	59.08	18.19	2.99	0.81	18.92
	대졸 이상	70.65	16.38	2.86	1.00	9.11
경제활동 상태	상용직	68.23	17.74	3.40	0.98	9.64
	임시, 일용, 특고	54.57	18.13	1.61	0.38	25.31
	고용주, 자영자	58.29	21.99	3.39	1.59	14.72
	무급가족종사자	58.24	14.77	11.16	1.06	14.76
	실업자	63.86	12.68	1.65	0.00	21.81
	비경제활동인구	67.75	9.64	2.20	0.56	19.86
이념적 성향	보수적	61.43	14.93	2.62	1.38	19.63
	중도적	63.16	17.54	2.99	0.82	15.50
	진보적	70.04	15.31	3.16	0.57	10.91

출처: "2024년 사회통합 실태조사," 한국보건사회연구원, 2024, 원자료 저자 분석.

우울하거나 스트레스를 받아서 이야기를 나누고 싶을 경우, 지인(친구, 이웃, 직장동료 등)과 나눈다는 응답이 60.73%로 가장 많았다. 세대별로 살펴보면, 우울하거나 스트레스를 받을 때 청년은 지인과 공유한다는 응답이 68.20%로 다른 세대에 비해서 높았다. 노년층은 어떤 사람과 기관도 없다는 응답이 6.3%로 나타나 작지 않은 비중을 차지하였다. 월평균 근로소득이 200만 원대의 사람이 우울하거나 스트레스를 받을 때 지인과 이야기를 나눌 수 있다는 응답이 70.68%로 상당히 높은 비중을 차지하였다. 학력별로 살펴보면, 고졸 이상에서 우울하거나 스트레스를 받을 때 지인과 이야기를 나눈다는 응답이 64.75%로 가장 많았고, 중졸 이하에서 이야기를 나눌 어떤 사람 및 기관도 없다는 응답이 9.59%로 나타났다. 경제활동 상태의 경우, 실업자가 우울하거나 스트레스를 받을 때 가족과 이야기를 나눌 수 있다는 응답은 18.21%로 상대적으로 저조하였고, 무급가족 종사자의 16.15%는 이야기를 나눌 대상이 없다고 답하였다.

〈표 3-4〉 우울하거나 스트레스를 받아서 누군가와 이야기를 나누고 싶을 경우

(단위 : %)

전체		가족(친척)	지인(친구, 이웃, 직장동료 등)	공공기관(주민센터, 정부 등)	민간 기관(종교, 사회복지 단체 등)	어떤 사람/기관도 없음
전체		33.57	60.73	0.76	0.91	4.03
성별	남성	33.45	60.11	0.84	0.98	4.61
	여성	33.70	61.36	0.69	0.84	3.42
세대	청년	28.36	68.20	0.30	0.11	3.03
	중년	35.17	58.54	1.12	1.27	3.90
	노년	36.95	55.48	0.26	1.01	6.30
지역	대도시	33.61	59.63	0.75	0.91	5.10
	중소도시	32.74	62.76	0.74	0.65	3.11
	농어촌	39.91	51.78	1.03	2.91	4.37
주관적 소득계층	하층	28.21	56.16	2.45	2.62	10.57
	중하층	31.00	64.53	0.28	0.69	3.51
	중간층	35.15	60.42	0.83	0.49	3.11
	중상층(상층)	49.84	43.68	0.00	3.49	3.00
월평균 근로소득	200만 원 미만	34.31	56.91	1.33	1.15	6.30
	200만 원대	26.93	70.68	0.22	0.47	1.70
	300만 원대	34.24	61.87	0.13	0.49	3.27
	400만 원대	37.59	59.11	0.74	0.62	1.94
	500만 원 이상	39.30	53.15	1.23	2.08	4.24
학력	중졸 이하	35.17	51.50	1.42	2.32	9.59
	고졸	29.17	64.75	0.96	0.66	4.46
	대졸 이상	36.51	59.58	0.49	0.82	2.60
경제활동 상태	상용직	33.95	63.10	0.28	0.84	1.84
	임시, 일용, 특고	28.72	66.17	0.00	0.19	4.91
	고용주, 자영자	35.18	57.81	0.87	1.15	4.99
	무급가족종사자	29.14	48.43	1.35	4.93	16.15
	실업자	18.21	70.37	2.77	0.80	7.85
	비경제활동인구	36.63	56.05	1.39	0.94	5.00
이념적 성향	보수적	30.47	63.29	0.96	0.85	4.43
	중도적	33.60	60.18	0.61	1.09	4.52
	진보적	36.69	59.32	0.90	0.58	2.50

출처: "2024년 사회통합 실태조사," 한국보건사회연구원, 2024, 원자료 저자 분석.

3. 사회갈등

가. 시계로 살펴본 사회갈등도

우리 사회의 갈등 심각성에 대해 물어보았다. 그 결과, 우리 사회의 갈등도는 2018년 2.88점에서 소폭 등락을 거듭하다가, 2022년부터 소폭 증가하고 있다. 2022년에는 2.85점, 2023년은 2.93점, 2024년은 3.04점으로 상승하고 있다.

[그림 3-3] 사회갈등도 수준 변화

(단위: 점)

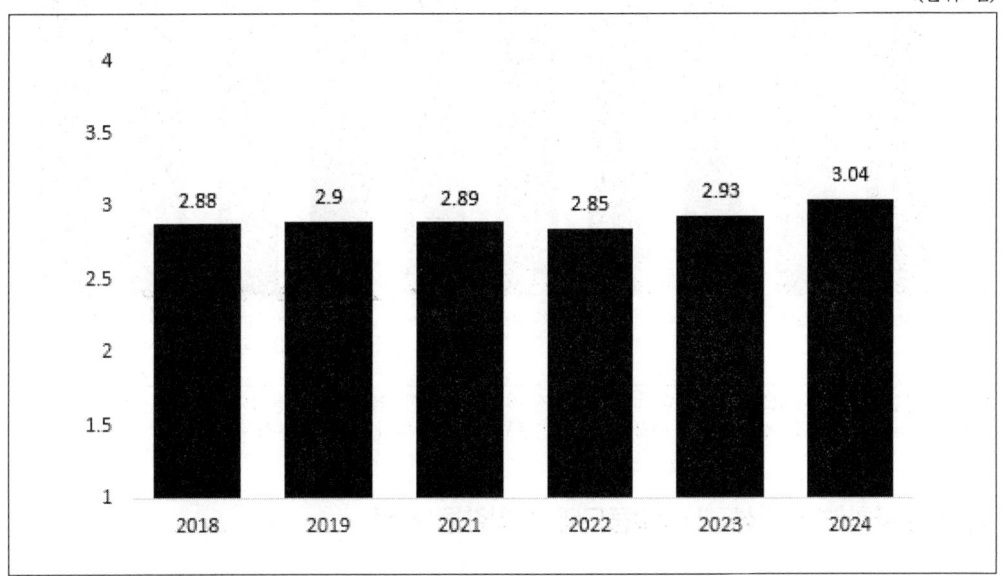

주: 사회갈등도는 매우 심하다(1)~전혀 심하지 않다(4) 4점 척도로 측정함. 역코딩하여 응답에 대한 평균으로 측정함.
출처: "사회갈등과 사회통합 실태조사," 한국보건사회연구원, 2018; "사회통합 상태 진단을 위한 실태조사," 한국보건사회연구원, 2019; "사회경제적 위기와 사회통합 실태조사," 한국보건사회연구원, 2021; "코로나19의 영향과 사회통합 실태조사," 한국보건사회연구원, 2022; "2023년 사회갈등과 사회통합 실태조사," 한국보건사회연구원, 2023; "2024년 사회통합 실태조사," 한국보건사회연구원, 2024; 원자료 저자 그림.

나. 사회갈등 유형별

사회갈등 유형별로 변화 수준에 대해 살펴보았다([그림 3-4]). 그 결과, 응답자들이 인식하는 가장 심각한 갈등 1위는 진보와 보수 간의 갈등이었다. 두 번째로 심한 갈등은 지역 간(수도권과 지방) 갈등이고, 세 번째로 심한 갈등은 정규직과 비정규직 갈등으로 꼽혔다. 가장 갈등 수준이 낮은 것은 기존 주민과 이주민 갈등(2.65점)과 젠더 갈등(2.6점)으로 꼽혔다.

[그림 3-4] 사회갈등 유형별 수준

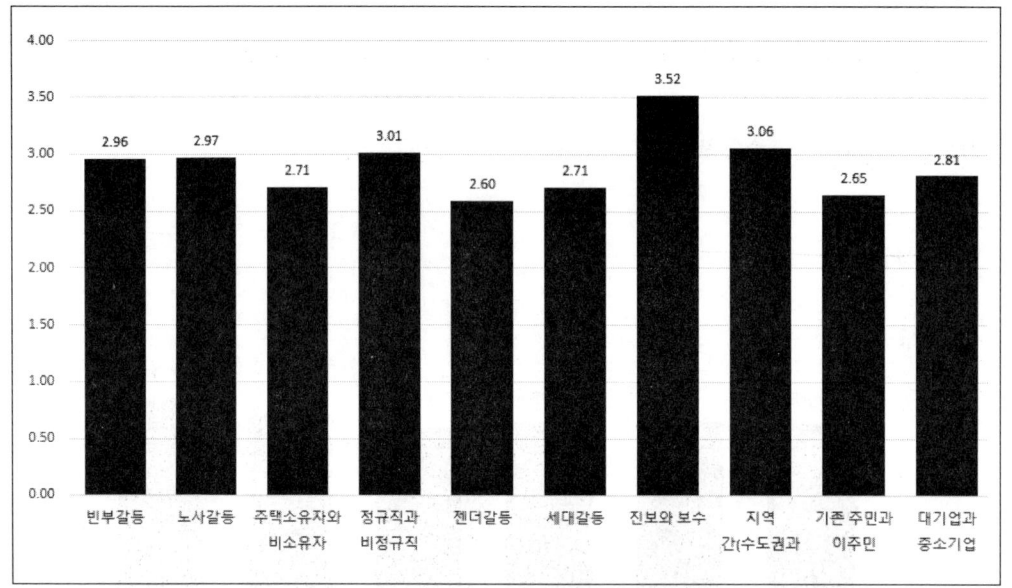

주: 각 문항은 매우 심하다(1)~전혀 심하지 않다(4) 4점 척도로 측정함. 역코딩하여 응답에 대한 평균으로 측정함.
출처: "2024년 사회통합 실태조사," 한국보건사회연구원, 2024, 원자료 저자 분석.

다. 인구사회학적 특성, 사회갈등도와 사회갈등 유형

2018년, 2023년 그리고 2024년 인구사회학적 특성별 갈등 정도에 따른 차이를 살펴보았다(〈표 3-5〉). 그 결과, 지역과 주관적 소득계층에 따른 사회갈등도가 공통적으로 유의한 차이를 보이는 것으로 나타났다. 2024년 결과에서는 지역과 주관적 소득계층별로 사회갈등도 차이가 유의한 것으로 나타났다. 지역의 경우, 농어촌 거주자가 다른 지역 거주자보다 상대적으로 사회갈등도가 높은 것으로 나타났다. 주관적 소득계층이 하층인 집단에서 상대적으로 사회갈등도가 높았다.

<표 3-5> 사회갈등도 변화 수준

(단위: 점)

구분		2018년	*)	2023년	*)	2024년	*)
전체		2.88		2.93		3.04	
성별	남성	2.88		2.96	***	3.05	
	여성	2.88		2.90		3.04	
세대	청년	2.85		2.89	*	3.07	
	중장년	2.90		2.94		3.03	
	노년	2.89		2.93		3.04	
지역	대도시	2.88	*	2.94	**	3.05	***
	중소도시	2.89		2.91		3.03	
	농어촌	2.81		2.98		3.11	
학력	중졸 이하	2.86		2.92		2.98	
	고졸	2.87		2.94		3.08	
	대졸 이상	2.89		2.93		3.03	
소득 5분위	1분위	2.87		2.97	*	3.05	
	2분위	2.88		2.92		3.03	
	3분위	2.86		2.91		3.01	
	4분위	2.88		2.91		3.07	
	5분위	2.91		2.92		3.04	
주관적 소득계층	하층	2.95	**	3.04	***	3.15	***
	중하층	2.88		2.94		3.08	
	중간층	2.85		2.90		3.00	
	중상층(상층)	2.89		2.95		2.99	

주: 1) * p<0.05, ** p<0.01, *** p<0.001 수준에서 유의함을 의미함.
2) 해당 문항, 즉 우리나라의 갈등 정도에 대한 응답은 4점 척도로 측정함.
3) 중졸 이하는 고교 중퇴 포함, 고졸은 대학 중퇴 포함, 대졸 이상은 대학 수료 및 대학원 포함.
4) 매우 심하다(1)~전혀 심하지 않다(4) 4점 척도를 역코딩하여 활용함.
출처: "사회갈등과 사회통합 실태조사," 한국보건사회연구원, 2018; "2023년 사회갈등과 사회통합 실태조사," 한국보건사회연구원, 2023; "2024년 사회통합 실태조사," 한국보건사회연구원, 2024; 원자료 저자 분석.

사회갈등 유형 중에서는 심각한 갈등 유형으로 꼽힌 진보와 보수 간의 갈등에 대해 살펴보았다. 2018년, 2023년과 비교해 진보와 보수 간의 갈등 수준은 상승한 것으로 나타났다. 세대별로 살펴보면, 중장년층이 청년 및 노년층에 비해 진보와 보수 간의 갈등 정도가 높다고 인식하였다. 지역의 경우, 농어촌 거주자가 대도시 및 중소도시 거주자에 비해 진보와 보수 간의 갈등이 심각하다고 인식하였다.

〈표 3-6〉 진보와 보수 간의 갈등: 2018년, 2023년과 2024년 비교

(단위: 점)

구분		2018년	*)	2023년	*)	2024년	*)
전체		3.35		3.42		3.52	
성별	남성	3.35		3.44		3.52	
	여성	3.34		3.40		3.53	
세대	청년	3.32		3.40		3.47	
	중장년	3.37		3.43		3.55	*
	노년	3.34		3.42		3.53	
지역	대도시	3.38		3.41		3.49	
	중소도시	3.33		3.45	***	3.55	***
	농어촌	3.31		3.33		3.57	
학력	중졸 이하	3.21		3.43		3.48	
	고졸	3.38	***	3.43		3.55	
	대졸 이상	3.37		3.41		3.51	
소득 5분위	1분위	3.32		3.44		3.49	
	2분위	3.37		3.47		3.61	
	3분위	3.31		3.42	*	3.57	
	4분위	3.37		3.40		3.47	
	5분위	3.37		3.36		3.47	
주관적 소득계층	하층	3.27		3.48		3.57	
	중하층	3.38	**	3.41		3.52	
	중간층	3.34		3.41		3.51	
	중상층(상층)	3.40		3.46		3.59	

주: 1) * p<0.05, ** p<0.01, *** p<0.001
  2) 2023년은 최종 학력 기준임.
  3) 매우 심하다(1)~전혀 심하지 않다(4) 4점 척도를 역코딩하여 활용함.
출처: "사회갈등과 사회통합 실태조사," 한국보건사회연구원, 2018; "2023년 사회갈등과 사회통합 실태조사," 한국보건사회연구원, 2023; "2024년 사회통합 실태조사," 한국보건사회연구원, 2024; 원자료 저자 분석.

4. 정부 신뢰

가. 시계열로 살펴본 정부 신뢰

정부란 일반적으로는 행정부를 일컬으나, 넓은 의미로는 행정부, 입법부, 사법부를 포함하며, 정부조직법상으로는 지자체를 제외한 중앙정부 조직을 의미한다(정부조직

관리정보시스템, 2024). 이 연구에서는 정부를 넓은 범위의 의미로 바라보고 행정부, 입법부, 사법부를 포함하여 다루고자 하며, 조사의 편의를 위해 행정부는 대통령실과 지자체를 포함했음을 밝혀둔다.

다음 그림들은 행정부와 입법부, 사법부에 대한 신뢰를 시계열로 분석한 결과이다. '매우 신뢰한다'와 '다소 신뢰한다'를 합했을 때를 기준으로 해석하면 다음과 같다. 참고로 '모르겠다'는 무응답 처리하여 분석했다.

먼저, 행정부에 대한 신뢰를 살펴보면, 지난 10년간 행정부를 신뢰한다는 응답은 2014년 35.10%에서 2021년 최고치인 47.91%를 기록하다 2023년, 2024년 감소 추세를 보이고 있음을 알 수 있다. 단, 감소 추세라 하더라도 2024년에 행정부를 신뢰한다는 응답은 39.07%로 2014년에 비해 3.97%가 높아 2014년에 비해서는 높은 수준이다.

[그림 3-5] 행정부에 대한 신뢰

(단위: %)

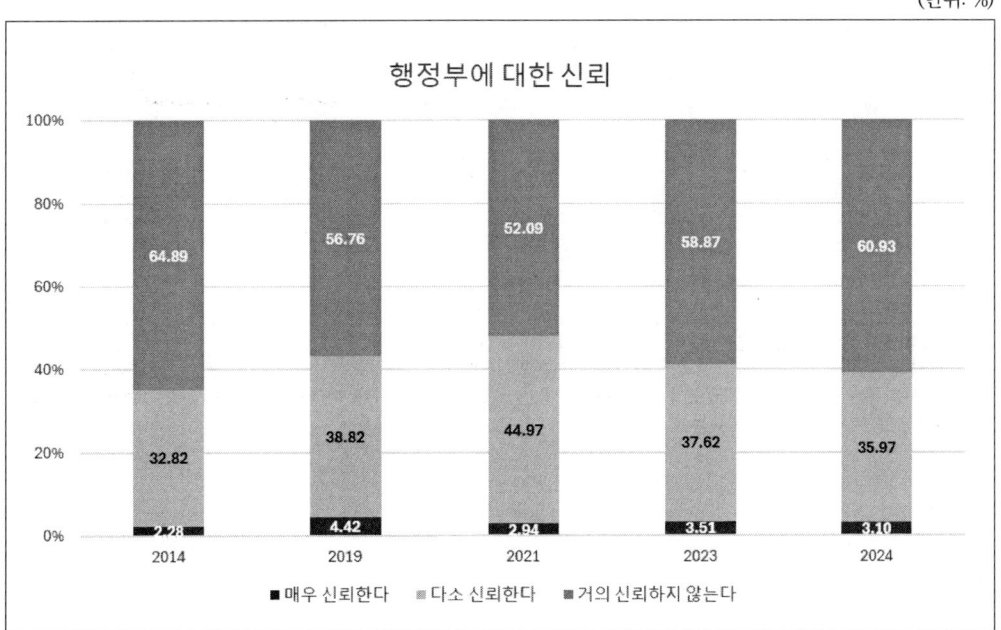

출처: "사회통합 및 국민행복 인식조사," 한국보건사회연구원, 2014; "사회통합 상태 진단을 위한 실태조사," 한국보건사회연구원, 2019; "사회경제적 위기와 사회통합 실태조사," 한국보건사회연구원, 2021; "2023년 사회갈등과 사회통합 실태조사," 한국보건사회연구원, 2023; "2024년 사회통합 실태조사," 한국보건사회연구원, 2024; 원자료 저자 분석.

입법부에 대한 신뢰는 전체적으로는 우상향 추세에서 소폭의 증감을 반복하고 있는 것으로 분석됐다. 일례로, 2024년에 입법부를 신뢰한다는 응답은 2014년 대비 6.12% 증가한 24.59%였다. 그러나 입법부에 대한 신뢰는 행정부와 사법부에 비해 전반적으로 가장 낮은 수준인 20%에 머무르고 있다. 끝으로, 사법부에 대한 신뢰는 2024년에 2014년보다 11.15%가 상승한 43.65%로 입법부, 행정부와 비교하여 가장 높은 것으로 나타났다.

[그림 3-6] 입법부에 대한 신뢰

(단위: %)

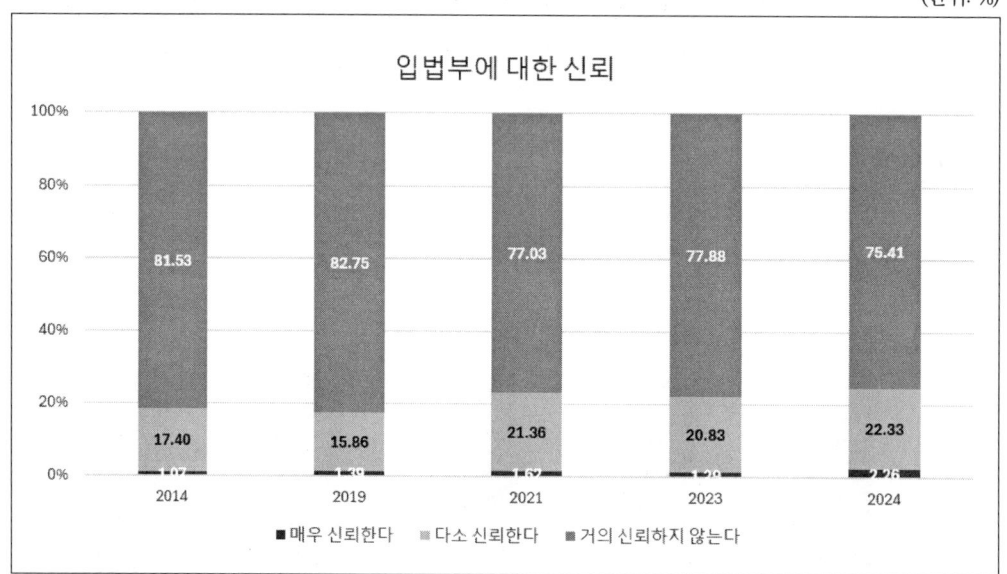

출처: "사회통합 및 국민행복 인식조사," 한국보건사회연구원, 2014; "사회통합 상태 진단을 위한 실태조사," 한국보건사회연구원, 2019; "사회경제적 위기와 사회통합 실태조사," 한국보건사회연구원, 2021; "2023년 사회갈등과 사회통합 실태조사," 한국보건사회연구원, 2023; "2024년 사회갈등과 사회통합 실태조사," 한국보건사회연구원, 2024; 원자료 저자 분석.

[그림 3-7] 사법부에 대한 신뢰

(단위: %)

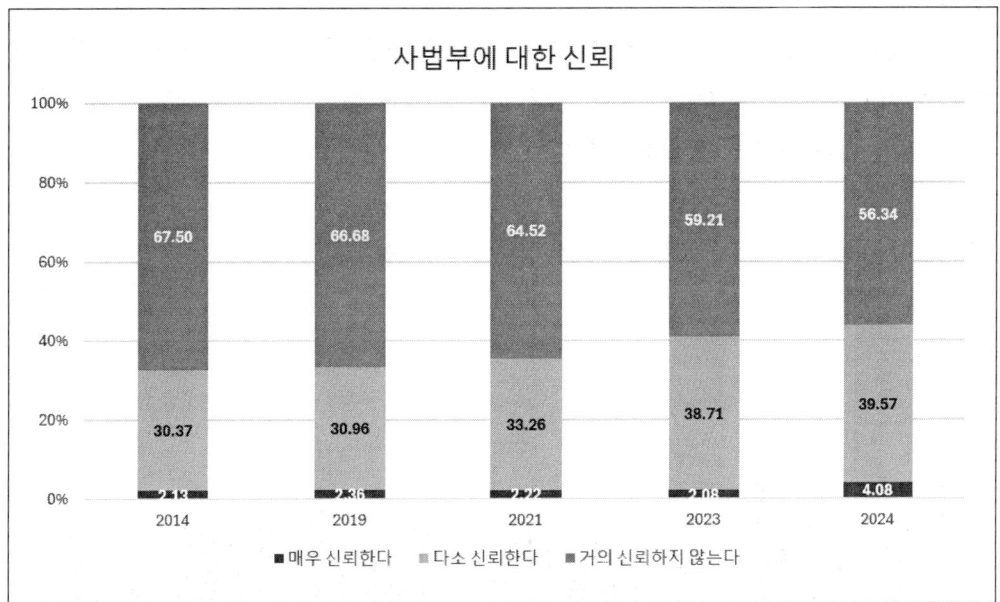

출처: "사회통합 및 국민행복 인식조사," 한국보건사회연구원, 2014; "사회통합 상태 진단을 위한 실태조사," 한국보건사회연구원, 2019; "사회경제적 위기와 사회통합 실태조사," 한국보건사회연구원, 2021; "2023년 사회갈등과 사회통합 실태조사," 한국보건사회연구원, 2023; "2024년 사회통합 실태조사," 한국보건사회연구원, 2024; 원자료 저자 분석.

입법부, 행정부, 사법부에 대한 신뢰 수준의 차이는 OECD(2024b)의 연구 결과에서도 확인된다. OECD(2024b)에 따르면, 일반적으로 법과 질서를 담당하는 공공기관에 대한 신뢰 수준이 행정부(executive government)나 정당에 비해 높고, 입법부는 행정부에 비해 신뢰 수준이 낮다. 단, 우리 조사와 OECD(2024b)의 조사는 범주에 약간씩 차이가 있다는 점도 염두에 두어야 한다. OECD(2024b) 연구에서는 중앙정부(National government), 국회(National Parliament), 법원/사법제도(Courts and Judicial System)로 구분하고 있어 행정부와 사법부의 포괄 범위가 완전히 일치하지 않을 수 있기 때문이다. 이러한 차이들은 국가에 대한 신뢰 수준을 조사하여 해석함에 있어 주의가 필요함을 시사하기도 한다. 추상적인 '국가'에 대한 신뢰를 질문하게 되면, 누군가는 입법부를, 또 다른 누군가는 행정부를 떠올릴 수 있고, 이와 같이 조사자와 조사 대상자 간 의도한 주체가 다르다면, 조사 결과 또한 오역될 가능성이 있기 때문이다.

한편, 다음 그림에서 노르웨이, 덴마크와 핀란드는 국회보다 법원 및 사법 시스템을 더 신뢰한다는 응답 비율이 유난히 더 높게 나타남을 확인할 수 있다. 그리고 그 차이는 노르웨이와 핀란드에 비해 작지만 이와 같은 경향은 덴마크, 스웨덴에서도 동일하게 확인된다. 이러한 국가들은 사회 신뢰 수준이 높은 북유럽 복지국가로 일컬어지는 국가들임에 대해 숙고해 볼 필요가 있다.

[그림 3-8] OECD(2024) 회원국의 정부, 국회, 법원 및 사법 시스템에 대한 신뢰

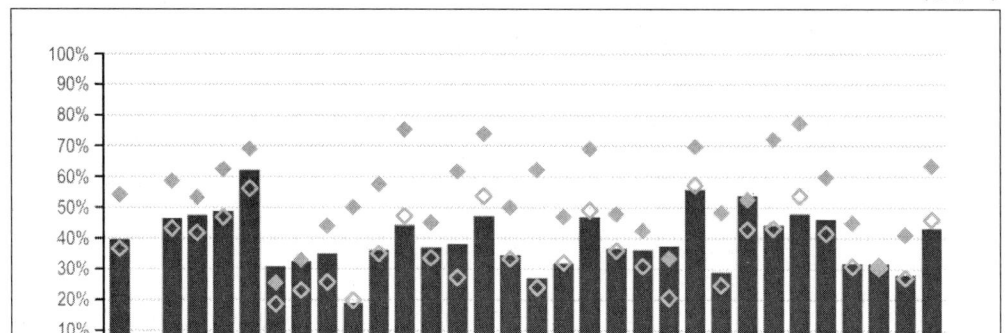

주: "0~10점 척도(0은 전혀 신뢰하지 않음, 10은 완전히 신뢰함)에서 해당 기관을 얼마나 신뢰하십니까?"라는 질문에 6~10점을 선택한 사람의 비율.
출처: "OECD Survey on Drivers of Trust in Public Institutions - 2024 Results: Building Trust in a Complex Policy Environment, OECD Publishing, Paris," OECD, 2024b, p.27, https://doi.org/10.1787/9a20554b-en.

나. 인구사회학적 특성, 차별/소수자로서의 경험과 정부 신뢰

'매우 신뢰한다'와 '다소 신뢰한다'를 합했을 때를 기준으로 살펴본 인구사회학적 특성별 정부 신뢰는 다음과 같다. 먼저, 행정부에 대한 신뢰는 성별에 따라서는 여성(40.29%)이 남성(37.90%)에 비해 높았고, 지역별로는 중소도시(41.77%)가 가장 높고 농어촌(36.45%), 대도시(36.23%)의 순이었으며, 이념 성향별로는 보수(46.74%)가 가장 높고 중도(39.11%), 진보(31.03%)의 순으로 분석되었다.

입법부의 경우에는 성별로는 여성(26.43%)이 남성(22.84%)에 비해 높았고, 지역별로

는 중소도시(27.49%), 대도시(21.68%), 농어촌(20.86%) 순으로 나타났다. 소득별로는 5분위(28.52%), 4분위(26.34%), 1분위(23.33%), 3분위(23.17%), 2분위(22.09%)의 순서로 분석됐다.

사법부에 대한 신뢰는 성별로는 행정부, 입법부와 마찬가지로 여성(45.60%)이 남성(41.81%)에 비해 높았다. 지역의 경우, 중소도시(48.34%)가 가장 높았고, 다음으로는 대도시(39.07%), 농어촌(36.75%) 순이었다. 이념 성향의 경우, 정치적 이념 성향이 중도라 응답한 응답자들의 신뢰 수준이 가장 높았으며(46.18%), 다음으로는 보수(45.72%), 진보(36.00%)의 순이었다.

선행연구에서는 차별 경험이 있으면, 공정한 대우에 대한 기대치가 평균보다 낮아지고, 이는 곧 낮은 수준의 정부 신뢰로 이어질 수 있다고 밝힌 바 있다(OECDb, 2024). 이러한 경향이 있는지를 확인하기 위해 지난 1년간 차별의 대상이나 소수자가 된 경험 여부와 정부 신뢰의 관계에 대해 분석하였다. 분석 결과, 차별이나 소수자로서의 경험이 없다고 응답한 경우, 행정부와 사법부의 신뢰 수준은 높았다. 차별이나 소수자로서의 경험이 있다고 응답한 경우는 입법부에 대한 신뢰 수준이 높았다. 이러한 분석 결과는 행정부, 사법부, 입법부에 대한 서로 다른 기대가 반영됐을 가능성이 있으며, 추후 좀 더 상세한 분석이 수행될 필요가 있을 것으로 보인다.

<표 3-7> 인구사회학적 특성에 따른 정부 신뢰

(단위: %)

		행정부			입법부			사법부		
		매우 신뢰	다소 신뢰	거의 신뢰하지 않음	매우 신뢰	다소 신뢰	거의 신뢰하지 않음	매우 신뢰	다소 신뢰	거의 신뢰하지 않음
전체		3.10	35.97	60.93	2.26	22.33	75.41	4.08	39.57	56.34
성별	남성	2.62	35.28	62.10	1.73	21.11	77.17	3.46	38.35	58.20
	여성	3.60	36.69	59.72	2.81	23.62	73.57	4.74	40.86	54.39
연령	20대 이하	2.79	39.22	57.99	1.32	28.06	70.62	4.70	44.10	51.20
	30대	2.67	32.03	65.30	1.82	16.73	81.45	2.56	39.04	58.39
	40대	2.48	37.05	60.47	1.87	26.29	71.84	4.21	39.45	56.34
	50대	2.31	33.04	64.64	1.99	22.50	75.51	2.79	35.92	61.29
	60대 이상	4.71	38.09	57.20	3.66	19.20	77.14	5.68	40.16	54.17
지역	대도시	2.57	33.66	63.77	0.98	20.70	78.33	2.59	36.48	60.93
	중소도시	3.38	38.39	58.23	3.35	24.14	72.50	5.45	42.89	51.66
	농어촌	4.30	32.15	63.56	2.04	18.82	79.14	3.07	33.68	63.24
가구 균등화 소득	1분위	4.13	33.96	61.91	2.84	20.49	76.67	5.47	36.21	58.33
	2분위	2.16	36.50	61.35	0.70	21.39	77.92	3.40	40.36	56.25
	3분위	1.65	35.05	63.31	1.21	21.96	76.83	2.22	41.76	56.02
	4분위	3.68	36.34	59.98	4.51	21.83	73.67	3.92	42.54	53.55
	5분위	3.97	38.12	57.90	2.12	26.40	71.48	5.53	36.80	57.68
학력	중졸 이하	4.24	36.02	59.74	3.37	20.07	76.57	6.41	36.14	57.45
	고졸	3.19	34.70	62.11	2.42	19.34	78.24	3.74	37.24	59.02
	대졸 이상	2.81	36.90	60.29	1.92	24.97	73.11	3.89	41.93	54.18
경제 활동 상태	상용직	2.49	38.94	58.57	1.66	24.29	74.06	3.42	41.21	55.37
	임시, 일용, 특고	3.36	32.83	63.81	2.62	18.64	78.74	4.98	39.24	55.77
	고용주, 자영자	2.36	29.52	68.13	2.71	18.45	78.85	3.20	36.25	60.55
	무급가족종사자	0.00	59.45	40.55	0.00	29.35	70.65	0.00	45.84	54.16
	실업자	6.88	23.96	69.15	6.53	17.38	76.09	6.58	26.81	66.60
	비경제활동인구	4.02	38.83	57.15	2.04	24.46	73.50	5.25	41.83	52.92
이념적 성향	보수적	2.74	44.00	53.26	2.16	21.53	76.31	4.81	40.91	54.27
	중도적	3.76	35.35	60.90	2.64	22.66	74.70	4.57	41.61	53.82
	진보적	1.98	29.05	68.97	1.51	22.43	76.06	2.28	33.72	63.99
차별/ 소수자 경험	있음	0.00	33.57	66.43	0.46	25.90	73.65	1.04	28.80	70.16
	없음	3.21	36.06	60.73	2.32	22.20	75.47	4.20	39.97	55.84

출처: "2024년 사회통합 실태조사," 한국보건사회연구원, 2024, 원자료 저자 분석.

5. 사회통합 인식

가. 시계열 변화로 살펴본 사회통합 인식: 국가 자부심, 전반적 사회통합도

국가 자부심을 사회통합을 이루는 기반 요소로 볼 수 있는 것인가에 대해서는 사회통합을 어떻게 정의하는지에 따라 다툴 여지가 있을 수도 있다. 그러나 이 연구에서는 뒤르켐이 공유하고 있는 충성심과 연대를 사회통합의 핵심 요소로 보고 있다는 점(여유진 외, 2015), 복잡한 환경하에서 다양한 사회문제를 해결해 나가는 것이 현재 전 세계 국가들에게 주어진 핵심 과업이라는 점을 염두에 둘 때, 국가 자부심은 정책 추진의 중요한 동력이 될 수 있다는 점을 근거로 국민으로서 갖는 자부심을 사회통합의 요소로써 바라보고자 한다. 선행연구에서도 해당 문항은 사회통합의 한 부분으로 포함된 바 있다(예: 여유진 외, 2015).

여유진 외(2015)는 해당 문항을 국민으로서의 자부심이라 명명한 바 있다. 그러나 학문적으로는 국가 자부심(national pride)이 더 빈번하게 사용되며, 다른 조사들에서는 해당 문항을 국가 자부심으로 명명하여 사용하고 있다는 점 등을 고려하여 이 연구에서도 국가 자부심으로 이름 짓고자 한다.

국가 자부심은 개인이 국가 정체성을 기반으로 국가에 대해 갖는 긍정적인 감정을 의미하며(Smith & Kim, 2006), Rose(1985)는 개인의 복지와 국가를 동일시하는 경향이 복지국가의 성장으로 더욱 확대되었다고 보았다. 이러한 관점은 코로나19에 대한 한국의 대처가 긍정적 평가를 받은 2021년 이전 해에 비해 국민으로서의 자부심이 크게 향상되었음을 설명할 수도 있다.

분석 결과를 살펴보면, 2021년에 상승한 자부심은 2022년, 2023년에도 약 1% 상승한 86%대에서 유지되고 있음을 알 수 있다. 또한 한국인인 것이 자랑스럽다는 2024년의 응답 84.48%는 10년 전인 2014년 72.90%에 비하면 11.58% 상승한 것으로 분석됐다. 이와 같은 결과는 다른 조사에서도 발견된다. 대한민국 국가 정체성 조사에서도 2005년에 비해 2020년 조사에서 국가 일체감이 급격히 상승한 것으로 나타난 것이다(강원택, 2020).

국가 자부심, 국민으로서의 자부심을 거시적 시각에서 살펴본 최근의 국내 연구는 생각보다 찾아보기 어렵다. 오유선 외(2023)의 연구에 따르면, 국가 동일시 정도가 높은 경우, 또는 소위 '국뽕'으로 일컬어지는 콘텐츠에 노출이 될 경우 국가 자부심과 국가 애착이 높았다. 노출된 콘텐츠의 성격에 초점을 두어 수행된 연구라는 한계가 있지만 해당 연구 결과는 국민으로서의 자부심이 디지털 매체의 발달에 상당한 영향을 받고 있을 가능성을 시사한다. 일찍이 Anderson(1983)이 근대의 인쇄 매체가 국민 공동체의 일부임을 인지하게 만드는 요소라 지목한 바를 염두에 두면(오유선 외 2023에서 재인용), 유튜브, SNS, OTT와 같이 다양하게 진화한 디지털 매체의 급속한 발달과 확산이 국가 자부심을 고양하는 촉매제로 기여하고 있을 가능성이 높다고 볼 수 있는 것이다. 그 외에, 다른 연구에서는 국가에 대한 높은 자부심의 근거로써 높은 기술 수준, 공산품의 품질 수준, 대중문화를 꼽은 바 있다(예: 박종선, 2023).

[그림 3-9] 사회통합 수준 인식_국가 자부심

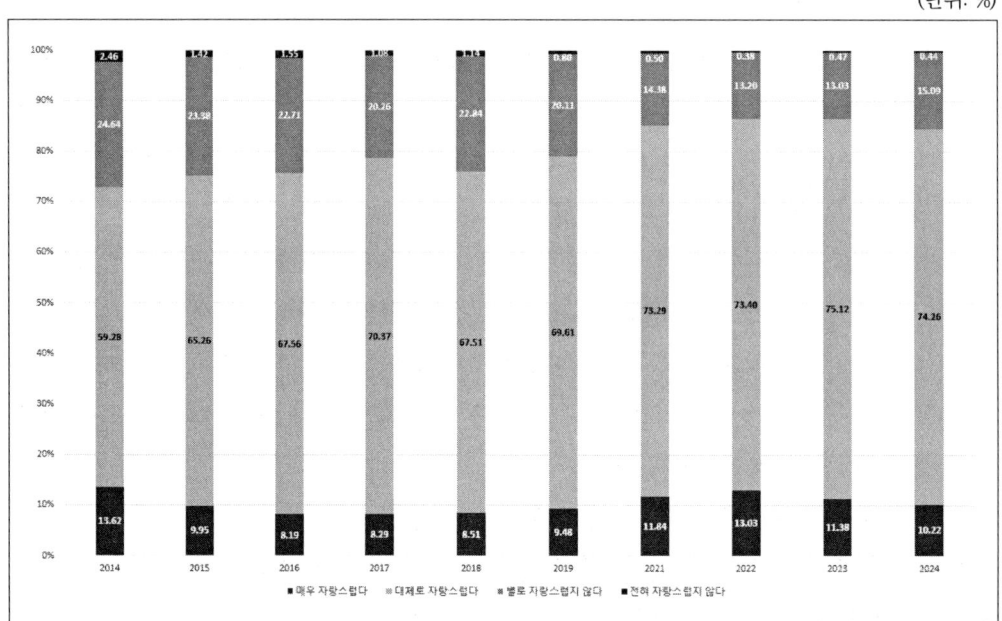

출처: "사회통합 및 국민행복 인식조사," 한국보건사회연구원, 2014; "사회이동과 사회통합 실태조사," 한국보건사회연구원, 2015; "사회통합 실태 및 국민인식 조사," 한국보건사회연구원, 2016; "사회문제와 사회통합 실태조사," 한국보건사회연구원, 2017; "사회갈등과 사회통합 실태조사," 한국보건사회연구원, 2018; "사회통합 상태 진단을 위한 실태조사," 한국보건사회연구원, 2019; "사회경제적 위기와 사회통합 실태조사," 한국보건사회연구원, 2021; "코로나19의 영향과 사회통합 실태조사," 한국보건사회연구원, 2022; "2023년 사회갈등과 사회통합 실태조사," 한국보건사회연구원, 2023; "2024년 사회통합 실태조사," 한국보건사회연구원, 2024; 원자료 저자 분석.

다음으로 전반적 사회통합도를 시계열로 분석한 결과를 살펴봤다. 분석에 따르면, 코로나19 전국 확산기였던 2021년에 최고점을 기록했던 사회통합 인식은 이후에 감소 추세를 보이다 2024년에 이르러 다시 소폭 회복하여 증가세로 돌아섰음을 알 수 있다.

[그림 3-10] 사회통합 수준 인식_전반적 사회통합도

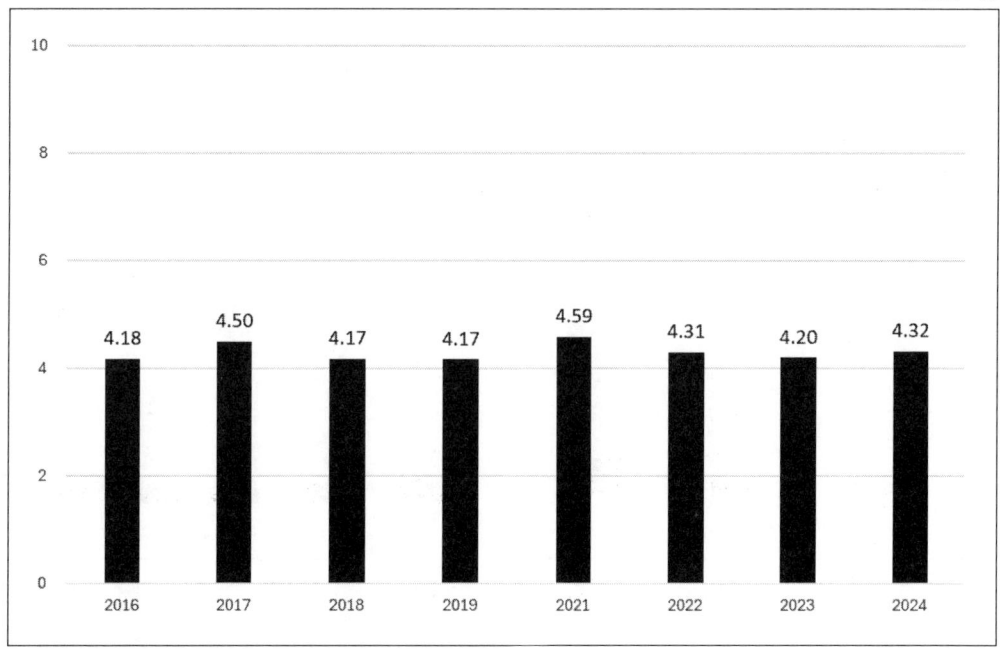

주: ① 전혀 이뤄지지 못하고 있다~⑩ 매우 잘 이뤄지고 있다
출처: "사회통합 실태 및 국민인식 조사," 한국보건사회연구원, 2016; "사회문제와 사회통합 실태조사," 한국보건사회연구원, 2017; "사회갈등과 사회통합 실태조사," 한국보건사회연구원, 2018; "사회통합 상태 진단을 위한 실태조사," 한국보건사회연구원, 2019; "사회경제적 위기와 사회통합 실태조사," 한국보건사회연구원, 2021; "코로나19의 영향과 사회통합 실태조사," 한국보건사회연구원, 2022; "2023년 사회갈등과 사회통합 실태조사," 한국보건사회연구원, 2023; "2024년 사회통합 실태조사," 한국보건사회연구원, 2024; 원자료 저자 분석. .

나. 인구사회학적 특성, 차별/소수자로서의 경험과 사회통합 인식

인구사회학적 특성, 차별/소수자로서의 경험에 따른 국가 자부심을 살펴보면 다음과 같다. 먼저, 성별에 따라서는 여성(86.47%)이 남성(82.56%)에 비해 자부심이 높았고, 지역별로는 농어촌(88.13%) 〉 대도시(86.69%) 〉 중소도시(82.21%)의 순으로, 학력에 따라서는 학력이 높을수록 국가 자부심이 높게 분석됐다. 이념별로는 보수와 중

도는 85%대였으며, 진보는 81%대로 보수와 중도에 비해 사회통합 수준을 낮게 평가한 것으로 분석됐다. 끝으로 차별/소수자 경험이 없는 경우(84.92%)가 있는 경우(72.39%)에 비해 국가 자부심이 높은 것으로 나타났다.

[그림 3-11] 인구사회학적 특성, 차별/소수자로서의 경험 여부에 따른 국가 자부심

(단위: %)

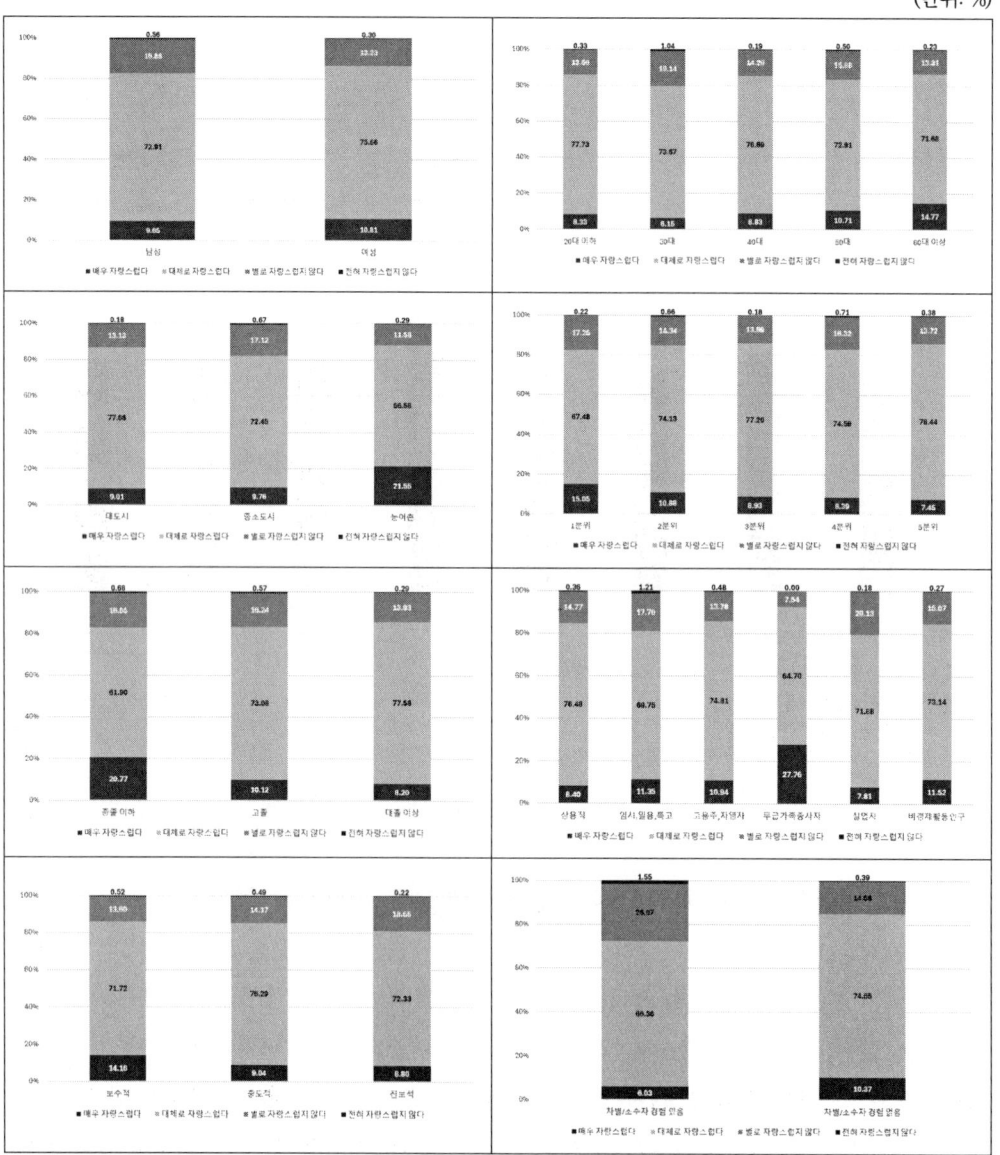

출처: "2024년 사회통합 실태조사," 한국보건사회연구원, 2024, 원자료 저자 분석.

다음 그림은 주요 집단별 전반적 사회통합도를 나타낸다. 주로 취약할 가능성이 높은 집단에서 사회통합 수준을 낮게 평가했는데, 농어촌(3.99)이 중소도시(4.30)나 대도시(4.39)에 비해, 소득분위별로는 1분위(4.01)가 5분위(4.67)에 비해, 학력별로는 중졸 이하(4.01)가 고졸(4.19)과 대졸 이상(4.48)에 비해 사회통합 수준을 낮게 인식하고 있었다. 또한 지난 1년간 차별과 소수자로서의 경험이 있는 경우, 사회통합 수준을 낮게 평가하는 것으로 분석됐다. 이러한 분석 결과는 집단들 간에 처한 상황이 다르고 또 그에 따라 사회통합에 대해 떠올리는 이미지, 사회통합을 위한 조건 인식이 다를 수 있을 가능성을 시사한다고도 볼 수 있다. 이를테면, 농어촌이나 낮은 소득 분위의 경우, 중소도시나 대도시 또는 높은 소득 분위에 비해 각각 지역 격차, 소득 불평등 문제 해결이 사회통합의 중요한 조건이라 인식할 가능성이 있는 것이다.

그 외에 성별에 따라서는 남성(4.23)이 여성(4.41)에 비해 사회통합 수준을 낮게 인식하고 있었고, 연령별로는 60대 이상이 가장 낮게 인식하고 있었고, 30대(4.27), 40대(4.39), 50대(4.34), 60대 이상(4.13)의 순서로 나타났다.

[그림 3-12] 인구사회학적 특성, 차별/소수자로서의 경험 여부에 따른 전반적 사회통합도

(단위: 점)

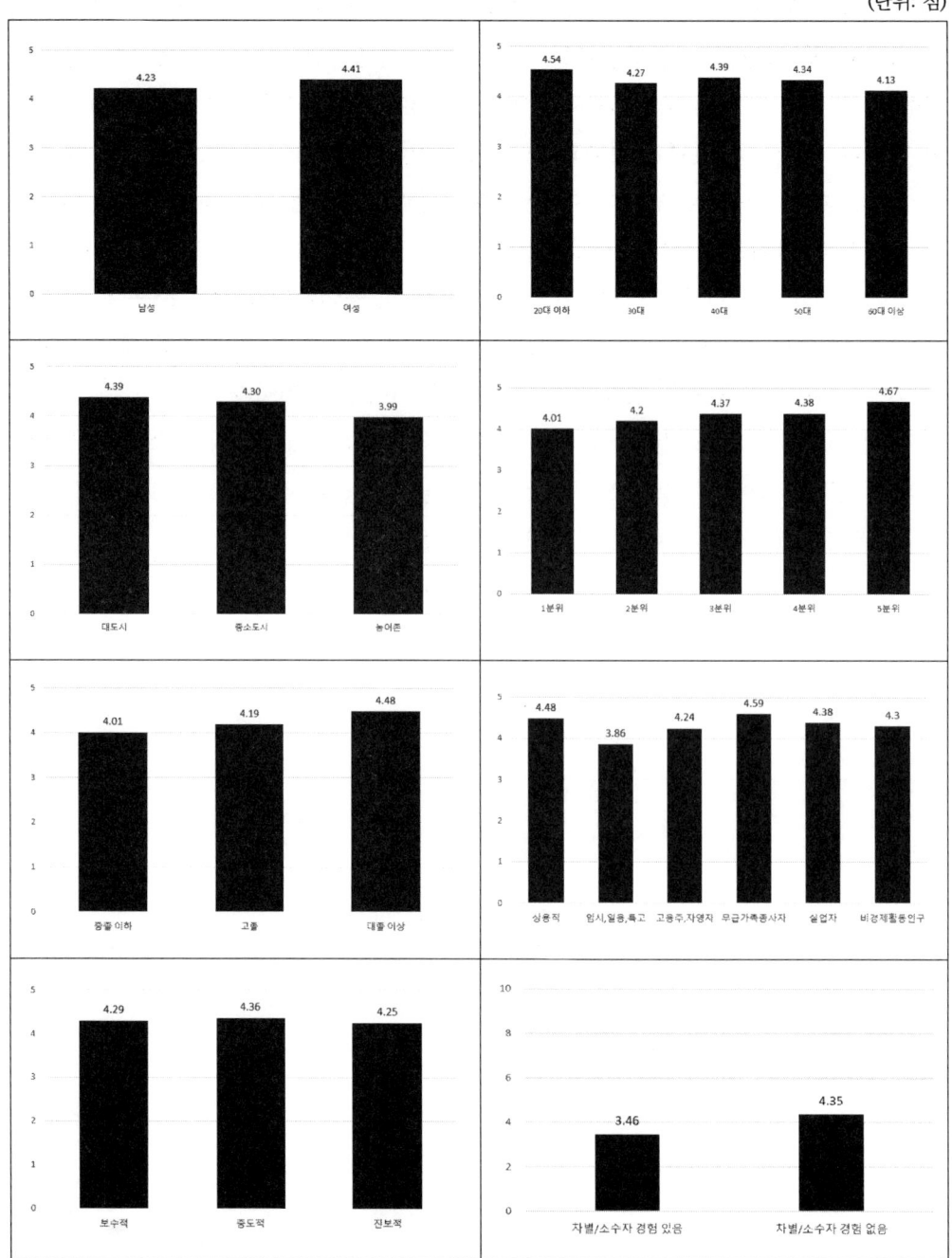

출처: "2024년 사회통합 실태조사," 한국보건사회연구원, 2024; 원자료 저자 분석.

<표 3-8> 인구사회학적 특성에 따른 국가 자부심

(단위 : %, 점)

전체		국가 자부심				전반적 사회통합도
		매우 자랑스럽다	대체로 자랑스럽다	별로 자랑스럽지 않다	전혀 자랑스럽지 않다	
전체		10.22	74.26	15.09	0.44	4.32
성별	남성	9.65	72.91	16.88	0.56	4.23
	여성	10.81	75.66	13.23	0.30	4.41
연령	20대 이하	8.33	77.73	13.60	0.33	4.54
	30대	6.15	73.67	19.14	1.04	4.27
	40대	8.83	76.69	14.29	0.19	4.39
	50대	10.71	72.91	15.88	0.50	4.34
	60대 이상	14.77	71.68	13.31	0.23	4.13
지역2	대도시	9.01	77.68	13.13	0.18	4.39
	중소도시	9.76	72.45	17.12	0.67	4.30
	농어촌	21.55	66.58	11.58	0.29	3.99
가구 균등화 소득	1분위	15.05	67.48	17.25	0.22	4.01
	2분위	10.88	74.13	14.34	0.66	4.20
	3분위	8.93	77.20	13.69	0.18	4.37
	4분위	8.39	74.59	16.32	0.71	4.38
	5분위	7.45	78.44	13.72	0.38	4.67
학력	중졸 이하	20.77	61.90	16.65	0.68	4.01
	고졸	10.12	73.08	16.24	0.57	4.19
	대졸 이상	8.20	77.58	13.93	0.29	4.48
경제활동 상태	상용직	8.40	76.48	14.77	0.36	4.48
	임시, 일용, 특고	11.35	69.75	17.70	1.21	3.86
	고용주, 자영자	10.94	74.81	13.78	0.48	4.24
	무급가족종사자	27.76	64.70	7.54	0.00	4.59
	실업자	7.81	71.88	20.13	0.18	4.38
	비경제활동인구	11.52	73.14	15.07	0.27	4.30
이념적 성향	보수적	14.16	71.72	13.60	0.52	4.29
	중도적	9.04	76.29	14.17	0.49	4.36
	진보적	8.80	72.33	18.65	0.22	4.25
차별/ 소수자 경험	있음	6.03	66.36	26.07	1.55	3.46
	없음	10.37	74.55	14.68	0.39	4.35

출처: "2024년 사회통합 실태조사," 한국보건사회연구원, 2024; 원자료 저자 분석.

제3절 소결

이번 장에서는 사회통합 인식과 관련한 문항에 대해 전반적으로 살펴보았다. 먼저, 행복도와 삶의 만족도는 2014년 이래 등락을 거듭하다가 2022년을 기점으로 반등하여 상승하였다. 우울감 역시 등락을 거듭하다, 2023년부터 소폭 상승하고 있다. 반면, 사회 신뢰도 역시 등락을 거듭하다가, 2023년부터 소폭 감소하는 것을 확인할 수 있다. 사회적 지지도 등락을 거듭하다가, 올해 2024년은 작년 대비 소폭 하향하였다.

사회적 지지 유형별로 살펴보면, '가족'에게 집안일을 부탁할 것이라는 응답이 제일 많았고, 이는 작년 대비 소폭 상승한 것으로 나타났다. 큰돈을 빌릴 때 '가족'에게 요청할 것이라는 응답이 가장 많았고, 이는 작년 대비 소폭 감소하였다. 우울하거나 스트레스를 받을 때는 '주위의 지인'과 대화를 하겠다는 응답이 가장 많았다. 이는 작년 대비 소폭 상승하였다.

사회갈등 인식에 대해서도 살펴보았다. 전반적인 사회갈등도는 2022년을 기점으로 점진적으로 상승하는 추세이다. 사회갈등 유형별 수준을 살펴보면, 진보와 보수 간의 갈등이 가장 심각한 것으로 나타났고, 지역 간 갈등, 정규직과 비정규직 간의 갈등, 노사갈등, 빈부갈등 등의 순으로 나타났다. 인구사회학적 특성별 사회갈등도를 살펴보면, '지역'과 '주관적 소득계층'이 통계적으로 유의한 것을 확인할 수 있다. 지역의 경우, 2018년에는 중소도시 거주자가 사회갈등도 수준이 높았으나, 2024년은 농어촌 거주자가 사회갈등도 수준이 높은 것을 확인할 수 있다.

정부 신뢰와 사회통합 인식에 대해 살펴보았다. 먼저, 행정부에 대한 신뢰를 살펴보면, 지난 10년간 행정부를 신뢰한다는 응답은 2014년 35.10%에서 2021년 최고치인 47.91%를 기록하다 2023년, 2024년 감소 추세를 보였다. 입법부에 대한 신뢰는 행정부와 사법부에 비해 전반적으로 가장 낮은 수준인 20%에 머무르고 있었다. 끝으로, 사법부에 대한 신뢰는 2014년에 비해 2024년 11.15%가 상승한 43.65%로 2024년 기준 입법부, 행정부와 비교하여 가장 높은 것으로 나타났다. 이는 OECD(2024b)의 보고와도 일맥상통하는데, 즉 입법부는 상대적으로 신뢰 수준이 낮다는 것이다. 그러나 OECD 회원국 중에서도 우리에게 복지국가로 잘 알려진 노르웨이와 핀란드, 덴마크, 스웨덴은 입법부에 대한 신뢰 수준이 사법부보다 높게 나타났음은 주목해 볼 필요가 있다.

한편, 지난 1년간 차별의 대상이나 소수자가 된 경험이 있는 사람은 정부 신뢰 수준이 낮아진다고 주장한 OECD(2024b)의 주장을 확인하기 위해, 이 둘 간의 관계성을 살펴보았다. 그 결과, 차별이나 소수자로서의 경험이 없는 경우는 행정부와 사법부의 신뢰가 그렇지 않은 경우보다 높은 것으로 나타났다. 차별이나 소수자로서의 경험이 있다고 응답한 경우, 입법부에 대한 신뢰 수준은 높았다. 이러한 분석 결과는 행정부, 사법부, 입법부에 대한 서로 다른 기대가 반영됐을 가능성을 시사하며, 추후 더 상세한 분석을 수행할 필요가 있을 것으로 보인다.

사회통합 인식은 국가 자부심, 전반적 사회통합도로 살펴보았다. 국가 자부심은 개인이 국가 정체성을 기반으로 국가에 대해 갖는 긍정적인 감정을 의미하며(Smith & Kim, 2006), Rose(1985)는 개인의 복지와 국가를 동일시하는 경향이 복지국가의 성장으로 더욱 확대되었다고 보았다. 이러한 관점으로 보면, 코로나19에 대한 한국의 대처가 긍정적 평가를 받은 2021년 이전 해에 비해 국민으로서의 자부심이 크게 향상되었음을 설명할 수도 있다. 분석 결과를 살펴보면, 2021년에 상승한 자부심은 2022년, 2023년에도 약 1% 상승한 86%대에서 유지되고 있음을 알 수 있다.

다음으로 전반적 사회통합도를 시계열로 분석한 결과를 살펴보면, 코로나19 전국 확산기였던 2021년에 최고점을 기록했던 사회통합 인식은 이후에 감소 추세를 보이다 2024년에 이르러 다시 소폭 회복하여 증가세로 돌아선 것으로 나타났다. 주로 취약할 가능성이 높은 집단에서 사회통합 수준을 낮게 평가했는데, 농어촌(3.99)이 중소도시(4.30)나 대도시(4.39)에 비해, 소득분위별로는 1분위(4.01)가 5분위(4.67)에 비해, 학력별로는 중졸 이하(4.01)가 고졸(4.19)과 대졸 이상(4.48)에 비해 사회통합 수준을 낮게 인식하고 있었다. 또한 지난 1년간 차별과 소수자로서의 경험이 있는 경우, 사회통합 수준을 낮게 평가하는 것으로 분석됐다.

OECD(2024b)는 신뢰를 높이기 위해서는 국민과의 상호작용에 있어 공정성 제고, 혁신에 있어 국민으로부터의 피드백의 적극적 활용과 참여를 통한 목소리를 반영해야 한다고 설명한 바 있다. 복잡한 환경 속에서 적극적 정책을 추진하기 위해서는 한국 사회 또한 이러한 점들을 유의할 필요가 있을 것으로 보인다. 또한 향후 연구에서는 사회통합 수준을 낮게 평가한 집단을 대상으로 어떤 사회가 사회통합도가 높은 사회인지 분석할 수 있도록 문항을 구성할 필요가 있을 것으로 보인다.

제4장

다양성과 이주민 수용성

제1절 들어가며
제2절 연구 방법
제3절 다양성 인식
제4절 이주민 수용성 인식
제5절 소결 및 함의점

제4장 다양성과 이주민 수용성

제1절 들어가며

한국에서 다양한 문화적 및 역사적 배경을 가진 이주민들과 조화롭게 어울려 살아가는 것이 중요해지고 있지만, 몇몇 선행연구를 살펴보면, 한국인의 이주민에 대한 수용성은 그리 긍정적이지만은 않아 보인다. 제1장에서 살펴본 바와 같이, 국가인권위원회의 '2022년 인권의식실태조사'에 따르면, 이주민의 인권이 존중받는다는 응답은 다른 취약 집단에 비해 상대적으로 매우 저조하였다(한준 외, 2022). 또한, 국민 다문화 수용성 조사에서는 2015년 이래로 성인의 다문화 수용성 정도가 계속 하락하고 있다(김이선 외, 2021). 그뿐만 아니라, [그림 4-1]에서 소수집단에 대한 사회적 거리감을 살펴보면, 전과자와 동성애자를 제외하고, 한국인은 북한이탈주민과 외국인 이주민/노동자 등의 순으로 거리감을 느끼고 있었다(김석호, 2019).

[그림 4-1] 소수집단에 대한 사회적 거리감 변화, 2012-2018

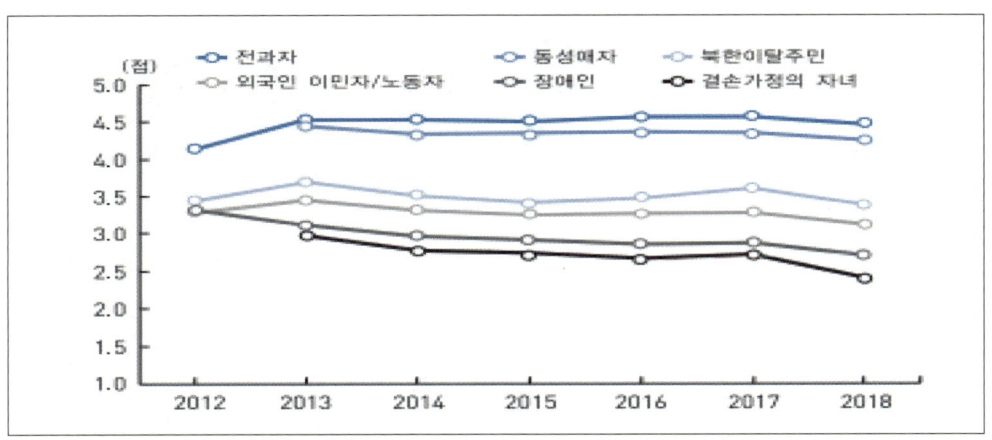

주: 1) 전국 만 19~69세 성인남녀를 대상으로 함.
　 2) 사회적 거리감 점수는 해당 소수집단의 사람들을 어느 정도의 관계까지 받아들일 수 있는지 묻는 질문에 '나의 배우자가 되는 것'에 1점, '나의 절친한 친구가 되는 것'에 2점, '나의 직장동료가 되는 것'에 3점, '나의 이웃에 되는 것'에 4점, '받아들일 수 없음'에 5점을 부여하여 산출한 평균 점수임. 즉, 점수가 높을수록 해당 집단에 대해 사회적으로 더 멀게 느끼고 있다는 것을 의미함.
　 3) 2012년의 경우 '동성애자'와 '결손가정의 자녀'는 조사되지 않았음.
출처: "한국인의 이주민에 대한 사회적 거리감," 김석호, 2019, 통계청 통계개발원. 한국의 사회동향 2019, p.349.

이주민 수용성을 살펴보기 위해, 이주민을 하위 집단으로 구분하여 살펴본 다양한 연구들도 있다. 우선, 외국인 국적별 사회적 거리감을 2008년과 2018년 비교한 연구가 있다(그림 4-2). 그 결과, 2018년 한국인은 기타 국적자인 동남아인, 대만인, 일본인, 북미인, 유럽인에 대한 사회적 거리감이 2008년에 비해서 좁혀진 것으로 나타났다(김석호, 2019). 다만, 2018년 한국인의 중국인에 대한 사회적 거리감은 2008년에 비해 더욱 나빠졌다(김석호, 2019). 또한, 이주민 국적별 수용성을 살펴본 연구들이 있다. 구체적으로, 2023년 통일의식조사에 따르면, 한국인은 중국인(조선족)과 고려인에 친근감이 그리 높지 않은 반면, 미국인과 일본인에 대한 친근감은 상대적으로 높은 수준으로 나타났다(김범수 외, 2023). 종합하면, 비록 한국인이 아시아인에 대한 거리감이 10년 전에 비해 좁혀졌지만, 아직도 대만인, 일본인, 북미인, 유럽인 등에 비해서는 덜 수용적임을 확인할 수 있다.

〔그림 4-2〕 국적별 사회적 거리감 변화 수준 비교, 2008, 2018

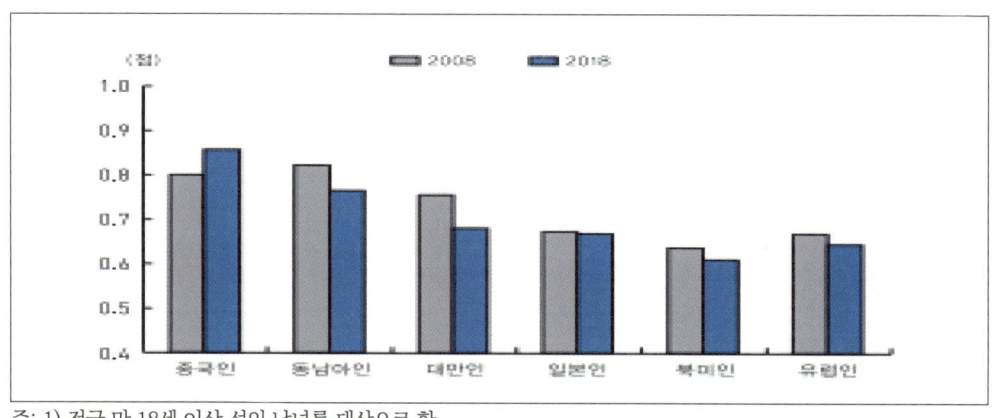

주: 1) 전국 만 18세 이상 성인 남녀를 대상으로 함.
2) 사회적 거리감 점수는 해당 국가나 지역의 사람들을 '직장동료', '동네 이웃', '친척' 등으로 각각 받아들일 수 있는지를 묻는 질문에 '그렇다'에 0점, '아니다'에 1점을 부여하여 합산한 후 이를 평균한 점수임. 즉, 점수가 높을수록 해당 집단에 대해 사회적으로 더 멀게 느끼고 있다는 것을 의미함.
출처: "한국인의 이주민에 대한 사회적 거리감," 김석호, 2019, 통계청 통계개발원. 한국의 사회동향 2019, p.349.

다음으로, 이주민의 체류자격 및 대상별 인식과 수용성을 살펴본 연구가 있다. 구체적으로, 장주영(2021)의 연구에서는 체류자격별 한국인의 인식과 태도가 다름을 살펴본 바 있다. 구체적으로, 한국인은 영주권자, 귀화자, 그리고 결혼이주민에 대한 정책은 관대해야 한다고 보는 반면, 비숙련 이주노동자 관련 정책에 대해서는 상대적으로 관대하지 못하였다. 따라서 한국인은 (잠재적) 장기 거주자에게 상대적으로 수용적이나, 상대적으로 단기 체류할 것으로 여겨지는 집단에 대한 수용도는 낮은 것을 확인할 수 있다. 그뿐만 아니라, 한국인은 이주민을 직장 등 공적 영역에서 조우하고 받아들이는 것에 대해서는 상대적으로 포용적이나, 가족 등의 사적 영역에서는 아직 그 수용성이 높지 않고, 다소 폐쇄적임을 알 수 있다. 구체적으로, 곽윤경 외(2019)의 연구에서 한국인은 이주노동자를 직장동료로 받아들일 수는 있으나, 배우자 등의 가족으로 받아들이는 것은 상대적으로 수용성이 낮은 것을 확인한 바 있다. 하상응(2023)의 연구에서도 한국인은 외국인 이주민·노동자에 대해 직장동료, 이웃 등 공적 영역에서 받아들이는 수용도는 크나, 배우자 및 친한 친구 등 사적 영역에서는 수용도가 그리 높지 않음을 확인할 수 있다(그림 4-3).

[그림 4-3] 외국인 이주민·노동자 수용 인식, 2013-2022

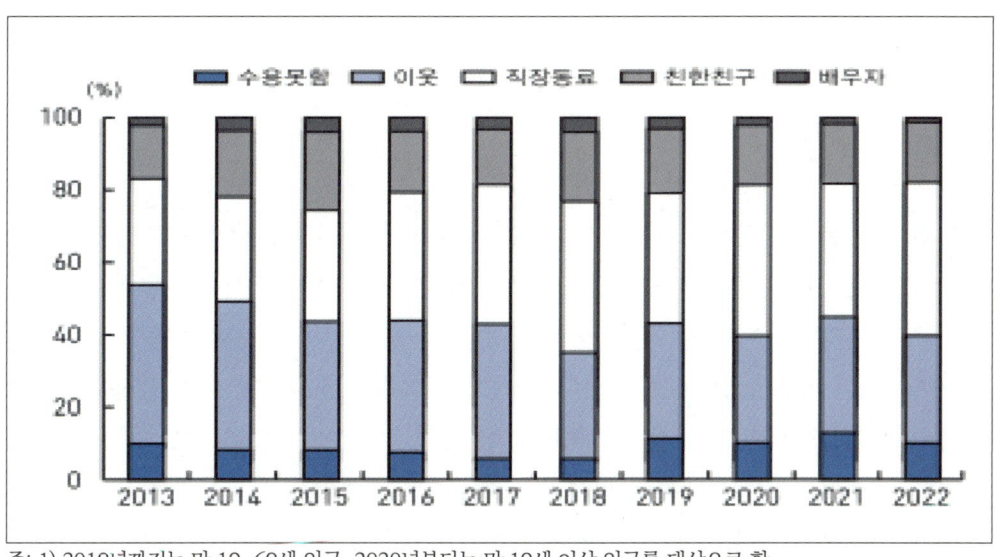

주: 1) 2019년까지는 만 19~69세 인구, 2020년부터는 만 19세 이상 인구를 대상으로 함.
   2) 통계치는 "귀하는 다음과 같은 사람들을 어느 정도 관계까지 받아들일 수 있습니까"라는 질문에 대해 '1=받아들일 수 없다', '2=나의 이웃이 되는 것', '3=나의 직장동료가 되는 것', '4=나의 절친한 친구가 되는 것', '5=나의 배우자가 되는 것' 중 한 범주에 응답한 사람들의 비율임.
출처: "한국인의 소수자 포용에 대한 인식," 하상응, 2023, 통계청 통계개발원, 한국의 사회동향, 2023, p.342.

선행연구들을 종합하면, 이주민의 이질성과 다름에 대한 고려 없이, 하나의 집단으로 보고 분석을 진행하였다는 점을 한계점으로 꼽을 수 있다. 최근에는 난민, 유학생 등 이주민의 하위 집단이 매우 다양해지고 있는 데 반해, 아직까지 이주민 체류자격별, 국적별 혹은 대상별 수용성에 대한 인식과 태도를 살펴본 연구는 매우 부족한 실정이다.

　따라서 이번 장에서는 한국인의 다양성에 대한 인식과 이주민 수용성에 대한 인식과 태도에 대해 살펴보고자 한다. 우선, 다문화 시대에 적응하며 살아가기 위해서는 다양성을 존중하고 이해하는 것이 선결되어야 한다. 여기서 '다양성 인식'은 문화 개방성, 국민 정체성, 고정관념 및 차별로 구분하여 세부 항목을 구성하였다. 각각의 세부 항목에 대한 인식과 태도를 살펴보고, 집단 간의 차이를 살펴보고자 한다. 다음으로, '이주민 수용성'에 대해 살펴보고자 한다. 특히, 이번 연구에서는 기존 연구들의 한계를 보완하고자, 이주민 집단을 대상, 유형, 체류자격 등으로 더욱 세분화하여 한국인의 인식을 다층적 및 다각적으로 살펴보고자 한다.

제2절 연구 방법

　이번 장의 분석 자료는 2024년 사회통합 실태 진단 및 대응방안 연구의 일환으로 실시한 2024년 사회통합 실태조사를 활용하고자 한다. 분석의 순서는 다음과 같다. 우선, 국민 다문화 수용성 조사 문항 중 다양성 영역9)을 참고하여 문화 개방성, 고정관념 및 차별, 국민 정체성으로 분류하였다. 다음으로 이주민 수용성에 대한 인식을 살펴보았다. 이를 위해, 이주민 대상별(이주노동자, 난민, 결혼이주민, 유학생, 재외동포, 북한이탈주민) 그리고 체류자격별(영주권자, 미등록 체류 외국인)로 결과를 분석하였다. 필요시, 일부 문항은 유사 문항 값을 활용하기도 하였다. 이를 위해 이 장에서 분석하는 주요 설문 문항은 〈표 4-1〉에 정리하였다.

---

9) 다문화 수용성은 다양성, 관계성, 보편성으로 구성됨. 여기서 하위 문항인 다양성은 문화 개방성, 국민 정체성, 고정관념 및 차별로 구성됨. 관계성은 일방적 동화 기제, 거부 및 회피 정서, 상호교류 행동 의지로 구성됨. 보편성은 이중적 평가와 세계시민 행동 의지로 구성됨.

〈표 4-1〉 분석 문항

구분		문항	척도
다양성 인식	문화 개방성	외국인에 대한 다음 진술문에 대해 귀하는 어느 정도 동의하십니까? 1) 우리나라에 다양한 인종, 종교, 문화가 많이 들어올수록 좋다 2) 피부색이 다르고 문화가 다르더라도 앞으로 더 많은 외국인이 들어와서 사는 것이 좋다 3) 우리 동네에 피부색이나 문화적 배경이 다른 외국인이 많이 들어와 살아도 전혀 이상하지 않다 4) 다른 동네는 몰라도 바로 이웃에 생소한 문화를 가진 외국인이 사는 것은 싫다	4점 척도(매우 동의한다, 약간 동의한다, 별로 동의하지 않는다, 전혀 동의하지 않는다)
	국민 정체성	진정한 한국 사람이 되기 위해서는 다음의 사항들이 어느 정도 중요하다고 생각하십니까? 1) 한국어를 말할 수 있는 것 2) 한국의 정치제도와 법을 존중하는 것 3) 한국인임을 느끼는 것 4) 한국문화와 전통을 잘 이해하는 것 5) 한국에서 태어나는 것 6) 한국 국적을 갖는 것 7) 생애 대부분을 한국에서 사는 것 8) 한국인 조상을 가지고 있는 것	4점 척도(매우 중요하다, 약간 중요하다, 별로 중요하지 않다, 전혀 중요하지 않다)
	고정관념 및 차별	이주민에 대한 다음 진술문에 대해 귀하는 어느 정도 동의하십니까? 1) 이주민의 증가는 우리 사회의 사회적 비용을 증가시킨다 2) 이주민이 늘면 범죄율이 증가한다 3) 이주민의 유입은 내국인의 일자리를 위협한다 4) 내국인이 기피하는 일자리들을 이주민들이 채우고 있다	4점 척도(매우 동의한다, 약간 동의한다, 별로 동의하지 않는다, 전혀 동의하지 않는다)
수용성 인식	접촉 빈도	귀하는 일상생활(대중교통, 쇼핑센터, 길거리, 학교, 직장 등)에서 외국인을 얼마나 자주 마주치십니까?	4점 척도(자주 만난다, 가끔 만난다, 거의 만날 일이 없다, 한 번도 만난 적이 없다)
	전반적 수용성	귀하는 이주민을 어느 정도까지 받아들일 수 있습니까?	척도(① 나의 배우자 혹은 가족이 되는 것, ② 나의 절친한 친구가 되는 것, ③ 나의 직장동료가 되는 것, ④ 나의 이웃이 되는 것, ⑤ 받아들일 수 없음)
	이주민 대상별 수용성	귀하는 다음에 해당하는 사람들을 어느 정도 관계까지 받아들일 수 있습니까? 1) 이주노동자 2) 난민 3) 결혼이주민 4) 유학생 5) 재외동포(고려인, 조선족 등) 6) 북한이탈주민 7) 대한민국 영주권을 취득한 외국인 8) 미등록 체류 외국인	척도(① 나의 배우자 혹은 가족이 되는 것, ② 나의 절친한 친구가 되는 것, ③ 나의 직장동료가 되는 것, ④ 나의 이웃이 되는 것, ⑤ 받아들일 수 없음)

출처: 저자 작성.

제3절 다양성 인식

1. 문화 개방성

문화 개방성 관련 문항으로 조사한 결과는 [그림 4-4]와 같다. 그 결과, 우리 동네에 피부색이나 문화적 배경이 다른 외국인이 살아도 이상하지 않다는 응답은 61.49%로 절반 이상을 차지하였다. 다른 동네는 몰라도 바로 이웃에 생소한 문화를 가진 외국인이 사는 것이 싫지 않다는 응답은 55.46%로 절반 이상을 넘었다. 우리나라에 다양한 인종, 종교, 문화가 많이 들어올수록 좋다는 응답은 44.31%, 그리고 피부색이 다르고 문화가 다르더라도 앞으로 더 많은 외국인이 들어와서 사는 것이 좋다는 응답은 44.09%를 차지하였다.

[그림 4-4] 문화 개방성 인식

(단위: %)

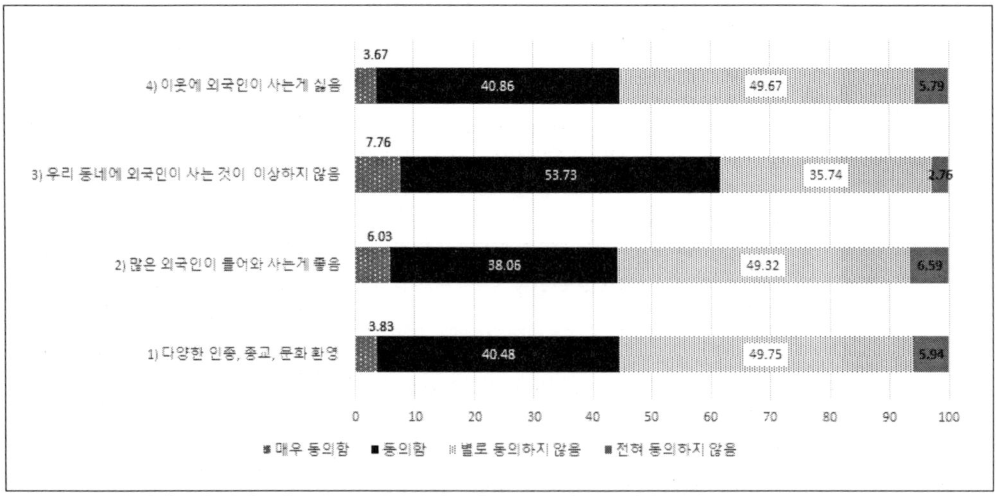

문항	매우 동의함	동의함	별로 동의하지 않음	전혀 동의하지 않음
4) 이웃에 외국인이 사는게 싫음	3.67	40.86	49.67	5.79
3) 우리 동네에 외국인이 사는 것이 이상하지 않음	7.76	53.73	35.74	2.76
2) 많은 외국인이 들어와 사는게 좋음	6.03	38.06	49.32	6.59
1) 다양한 인종, 종교, 문화 환영	3.83	40.48	49.75	5.94

출처: "2024년 사회통합 실태조사," 한국보건사회연구원, 2024, 원자료 저자 분석.

인구사회학적 특성을 살펴본 결과는 <표 4-2>에 있다. 공통적인 결과로는 청년이 중장년 및 노년층에 비해 문화 개방성이 높은 것으로 나타났다. 흥미로운 점은 중소도시 거주자들은 다양한 인종, 종교, 문화 그리고 동네에 더 많은 외국인이 들어와 사는 것에 대해 대도시 및 농어촌 거주자들에 비해서는 긍정적인 태도를 보였다. 또한, 접촉 빈도가 있는 집단이 그렇지 않은 집단에 비해 문화 개방성 정도가 상대적으로 높은 것으로 나타났다.

〈표 4-2〉 문화 개방성 - 인구사회학적 특징

(단위: %)

구분	항목	다양한 인종, 종교, 문화 환영		더 많은 외국인이 들어와서 사는 게 좋음		우리 동네에 외국인이 사는 것이 이상하지 않음		이웃에 외국인이 사는 게 싫음	
		긍정 비율	유의도	긍정 비율	유의도	긍정 비율	유의도	부정 비율	유의도
전체	전체	44.31		44.09		61.49		55.46	
성별	남성	46.38	*	45.82	*	63.28	*	55.97	
	여성	42.15		42.31		59.65		54.94	
세대	청년	52.62		53.20		71.09		59.08	
	중장년	41.42	***	42.27	***	58.99	***	56.05	**
	노년	40.19		34.48		53.56		46.65	
거주 지역	대도시	41.76		40.21		63.06		59.25	
	중소도시	47.64	***	48.80	***	61.17	***	53.71	**
	농어촌	34.42		31.94		54.01		57.84	
주관적 소득 계층	하층	42.91		39.83		47.47		49.05	
	중하층	39.08	***	40.98	***	60.83	***	56.36	
	중간층	47.15		46.69		64.48		55.65	
	중상층 이상	58.43		50.36		66.61		61.34	
소득 5분위	1분위	41.64		40.31		54.03		53.70	
	2분위	39.94		43.04		58.84		55.47	
	3분위	44.01	*	42.14	*	62.47	***	53.67	
	4분위	47.31		46.17		66.27		57.49	
	5분위	49.34		49.16		66.46		56.89	
접촉 빈도	있음	45.85	***	44.62	**	63.24	***	56.23	
	없음	39.22		42.36		55.76		52.93	

주: 1) F값의 유의도 * p<0.05, ** p<0.01, *** p<0.001
 2) 긍정 비율은 '매우 동의한다 + 동의한다'를 합한 값임.
 3) 부정 비율은 '별로 동의하지 않는다 + 전혀 동의하지 않는다'를 합한 값임.
출처: "2024년 사회통합 실태조사," 한국보건사회연구원, 2024, 원자료 저자 분석.

2. 고정관념 및 차별

이주민에 대한 고정관념 및 차별과 관련해서 살펴보았다. 먼저, [그림 4-5]에서 보는 바와 같이, '내국인이 기피하는 일자리를 이주민이 채우고 있다'라는 입장에 동의하는 의견이 88.17%에 달했다. 다음으로 '이주민 증가는 우리 사회의 사회적 비용을 증가시킨다'는 진술문에 대해 76.80%가 동의하였다. '이주민이 늘면 범죄율이 증가한다'는 진술문에는 66.81%가 동의하였다. 마지막으로, '이주민의 유입은 내국인의 일자리를 위협한다'에 동의하는 의견은 52.23%로 나타났다.

[그림 4-5] 고정관념 및 차별 인식

(단위: %)

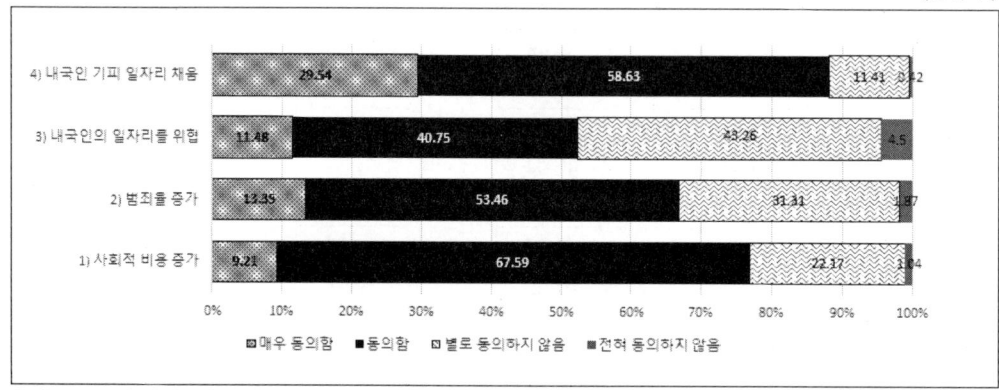

출처: "2024년 사회통합 실태조사," 한국보건사회연구원, 2024, 원자료 저자 분석.

아시아 지역 내에서도 이주민에 대한 부정적 인식이 그동안 주목을 받지 못했을 뿐 어느 정도 존재하는 듯 보인다. 다음 그림은 태국, 말레이시아, 싱가포르, 그리고 일본에서 이주노동자에 대한 인식이 어떠한지를 보여준다. '이주노동자가 자국의 문화와 전통적 유산을 위협한다'에 대해 말레이시아(68%)의 동의 비율이 가장 높았고, 다음으로는 태국(58%), 싱가포르(53%), 그리고 일본(41%)의 순으로 나타났다. 다음으로, '이주노동자는 직업윤리 의식이 부족하여 그들을 신뢰할 수 없다'라는 입장에 대해서는 태국(60%)이 동의하는 비율이 가장 높았으며, 다음으로는 말레이시아(44%), 일본(34%), 그리고 싱가포르(32%) 순으로 답하였다. 여기서 태국인의 동의 비율이 유달리 높은 것은 과거 조사에서도 드러난 바 있다. 구체적으로, 한 조사에서 응답자의 상당수가 미얀마 이주노동자들은 태국 사회에 위협이 된다고 보고 자국 정부가 이들을 더 이상 수용해서는 안 된다는 입장을 드러낸 바 있다(Sunpuwan & Niyomsilpa, 2014).

물론, 이들 결과를 앞선 한국의 결과와 엄밀하게 비교하기 어려운 것이 사실이다. 나라마다 상황 및 맥락도 다르고, 조사 방식, 그리고 조사 시점 등이 다르기 때문이다. 그럼에도 불구하고 우리가 유추할 수 있는 점은 앞에서 언급한 바와 같이, 이주민(이주노동자)를 수용하는 국가에서는 이주노동자을 둘러싼 다소 불편한 인식들이 어느 정도 존재한다는 점이다.

[그림 4-6] 아시아 국가의 이주노동자에 대한 태도

(단위: %)

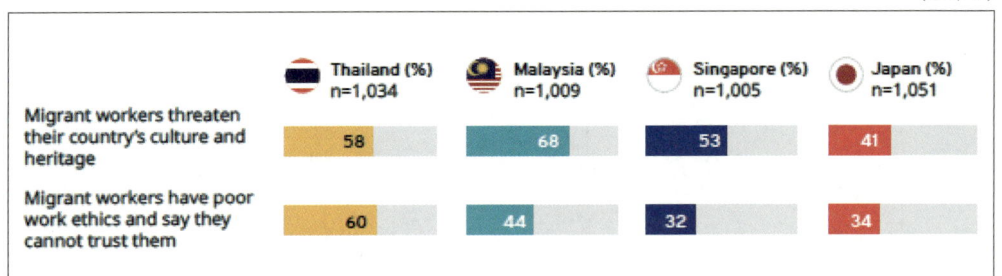

출처: "Public attitudes towards migrant workers in Japan, Malaysia," ILO, UN WOMENS, 2020, p.26.

고정관념 및 차별 인식에 대한 인구사회학적 특성을 살펴본 결과는 〈표 4-3〉과 같다. 이주민의 증가가 범죄율 증가를 가져온다는 진술문에 대해, 세대별로 통계적으로 유의미하였다. 즉, 노년층이 중장년 및 청년층에 비해 해당 진술문에 동의하는 정도가 높은 것으로 나타났다. 또한, '이주민 유입은 내국인의 일자리를 위협한다'라는 진술문에 성별, 세대별, 주관적 소득계층별, 소득분위별, 접촉 빈도별로 통계적으로 유의미한 차이가 있는 것으로 나타났다. 구체적으로, 주관적 소득계층이 하층인 집단(54.61%)과 소득 1분위 집단(55.72%)에서 높은 반면, 주관적 소득계층이 중상층 이상인 집단(45.88%)과 소득 5분위 집단(46.44%)은 상대적으로 낮았다. 또한, 일상생활에서 외국인을 마주친 적이 없는 집단에서 그렇지 않은 집단보다 이주민 유입이 내국인 일자리를 위협할 것이라고 인식하였다.

<표 4-3> 고정관념 및 차별 인식('매우 동의한다 + 동의한다' 비율)

(단위: %)

구분	항목	사회적 비용 증가		범죄율 증가		내국인 일자리 위협		내국인이 기피하는 일자리 채움	
		긍정 비율	유의도	긍정 비율	유의도	긍정 비율	유의도	긍정 비율	유의도
전체	전체	76.79		66.82		52.23		88.17	
성별	남성	75.87		67.26		49.89	*	87.47	
	여성	77.75		66.35		54.66		88.90	
세대	청년	78.20		64.05		46.36		87.58	
	중장년	75.86		67.04	**	53.87	**	88.42	
	노년	77.77		70.97		56.68		88.32	
주관적 소득계층	하층	75.77		66.05		54.61		86.44	
	중하층	76.62		68.10		54.52	**	88.93	
	중간층	77.30		66.42		50.64		87.80	
	중상층 이상	74.82		62.57		45.88		90.41	
소득 5분위	1분위	75.72		67.84		55.72		86.14	
	2분위	75.94		68.06		50.15		89.39	
	3분위	77.06		71.19		53.38	**	90.07	
	4분위	78.45		64.84		55.08		87.60	
	5분위	76.83		62.02		46.44		87.72	
접촉 빈도	있음	77.96		68.08		50.90	*	89.62	
	없음	72.94		62.65		56.63		83.41	

주: F값의 유의도 * p<0.05, ** p<0.01, *** p<0.001
출처: "2024년 사회통합 실태조사," 한국보건사회연구원, 2024. 원자료 저자 분석.

3. 국민 정체성

국민 정체성, 즉 진정한 한국 사람이 되기 위해서 중요한 요소가 무엇인지에 대해 물어보았다. [그림 4-7]에서 보는 바와 같이, 진정한 한국 사람이 되기 위해서 '한국어'가 중요하다는 입장은 94.39%로 가장 많았다. 다음으로, 한국인 됨에 한국의 정치제도와 법을 존중하는 것(93.03%)은 근소한 차이로 2위를 차지하였다. 또한, 한국문화와 전통을 잘 이해(89.94%), 본인 스스로가 한국인임을 느끼는 것, 즉 소속감(83.09%), 그리고 한국 국적을 갖는 것(80.47%)은 한국인이 되기 위해 중요한 요소라고 답하였다. 다만, 겨우 절반 이상(57.19%)만 생애 대부분을 한국에서 사는 것이 한국 사람이 되기 위해 중요하다고 보았다. 마지막으로 절반 이하(48.30%)의 응답자만 한국인 조상이 있는 것이 진정한 한국 사람이 되기 위해 중요한 요건이라고 보았다.

[그림 4-7] 국민 정체성

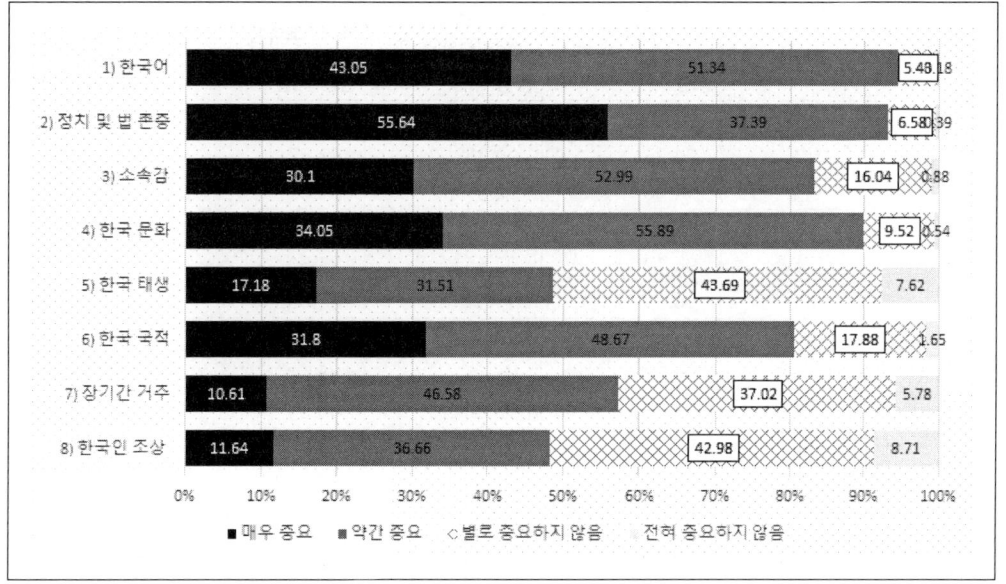

출처: "2024년 사회통합 실태조사," 한국보건사회연구원, 2024, 원자료 저자 분석.

국민 정체성 인식에 대한 인구사회학적 특성을 살펴본 결과는 〈표 4-4〉와 같다. 공통적으로 주관적 소득계층이 통계적으로 유의한 차이를 보였다. 소속감의 경우, 세대와 주관적 소득계층이 유의한 것으로 나타났다. 구체적으로 노년층이 청년 및 중장년층보다 그리고 주관적 소득계층이 하층인 집단에서 소속감이 중요한 요건이라고 보았다. 한국문화 및 전통 이해의 경우, 세대, 주관적 소득계층 그리고 접촉 빈도가 유의한 것으로 드러났다. 구체적으로, 노년층이 청년 및 중장년층보다 한국 문화 및 전통에 대한 이해를 매우 중요한 요소로 보았다. 주관적 소득계층이 중하층 및 하층인 집단에서 다른 계층보다 한국 문화 및 전통에 대한 이해를 한국 사람이 되기 위한 중요한 요건으로 보았다. 마지막으로, 일상생활에서 외국인과 접촉 빈도가 있는 집단(90.78%)에서 그렇지 않은 집단에 비해 한국문화 및 전통에 대한 이해를 한국인으로 거듭나기 위해서 중요한 부분이라고 보았다.

〈표 4-4〉 국민 정체성 인식('매우 동의한다 + 동의한다' 비율)

(단위: %)

구분	항목	한국어		한국 정치제도와 법		소속감		한국문화 및 전통 이해	
		긍정 비율	유의도	긍정 비율	유의도	긍정 비율	유의도	긍정 비율	유의도
전체	전체	94.40		93.03		83.09		89.94	
성별	남성	94.23		93.38		82.87		89.52	
	여성	94.56		92.67		83.31		90.37	
세대	청년	93.93		93.78		79.91		87.67	
	중장년	94.17		92.55		83.56	*	90.26	*
	노년	96.09		93.51		87.08		92.81	
주관적 소득계층	하층	94.08		92.66		87.01		91.70	
	중하층	95.78	***	96.13	***	85.49	***	92.69	***
	중간층	93.23		90.88		80.53		88.30	
	중상층 이상	97.11		92.94		83.08		81.68	
소득 5분위	1분위	95.35		95.04		84.42		91.94	
	2분위	93.68		93.19		82.32		90.93	
	3분위	95.20		91.84		83.54		90.46	
	4분위	93.93		92.79		82.61		89.66	
	5분위	93.91		92.10		82.62		86.32	
접촉 빈도	있음	94.47		93.77		82.09		90.78	**
	없음	94.16		90.60		86.39		87.16	

주: F값의 유의도 * p<0.05, ** p<0.01, *** p<0.001
출처: "2024년 사회통합 실태조사," 한국보건사회연구원, 2024. 원자료 저자 분석.

공통적으로 세대와 주관적 소득계층이 통계적으로 유의한 차이를 보였다. 구체적으로, 노년층이 한국 태생, 한국 국적, 장기 거주, 그리고 한국인 조상을 갖는 것이 한국 사람이 되기 위해 중요한 요소라고 보았다. 다만, 주관적 소득계층별로는 다소 다른 경향성을 보였다. 중상층 이상 집단은 한국 태생과 한국인 조상을 갖는 것인 국민 정체성에 있어 중요하다고 보는 반면, 하층인 집단은 한국 국적과 장기 거주가 중요하다고 보았다. 소득분위의 경우, 1분위 집단(53.27%)과 소득 4분위 집단(52.77%)에서 다른 소득분위 집단보다 한국 태생이 한국 사람됨에 중요하다고 보았다. 또한 소득 4분위 집단(55.28%)과 소득 1분위 집단(51.25%)은 한국인 조상을 갖는 것이 중요하다는 입장이었다. 그리고 일상생활에서 외국인과 접촉이 없는 집단이 그렇지 않은 집단보다 한국 태생, 한국 국적, 그리고 한국인 조상이 있는 것이 진정한 한국 사람이 되기 위해서 중요하다고 보았다.

〈표 4-5〉 국민 정체성 인식('매우 동의한다 + 동의한다' 비율) (계속)

(단위: %)

구분	항목	한국 태생		한국 국적		장기 거주		한국인 조상	
		긍정 비율	유의도	긍정 비율	유의도	긍정 비율	유의도	긍정 비율	유의도
전체	전체	48.68		80.47		57.19		48.30	
성별	남성	48.06		79.53		56.10		47.21	
	여성	49.33		81.43		58.32		49.44	
세대	청년	44.56		77.30		50.00		41.56	
	중장년	47.20	***	80.19	***	57.70	***	48.26	***
	노년	61.81		87.26		68.33		60.74	
주관적 소득계층	하층	58.77		86.49		68.08		59.62	
	중하층	50.05	***	81.37	***	58.70	*	49.45	**
	중간층	44.57		78.39		54.28		43.99	
	중상층 이상	60.39		82.27		51.84		61.17	
소득 5분위	1분위	53.27		84.16		60.51		51.25	
	2분위	43.16		78.35		50.84		42.36	
	3분위	47.03	*	82.21		58.97		44.67	*
	4분위	52.77		78.85		59.49		55.28	
	5분위	47.2		78.99		56.68		47.82	
접촉 빈도	있음	46.54	**	79.32	**	55.64		46.33	*
	없음	55.74		84.24		62.30		54.82	

주: F값의 유의도 * p<0.05, ** p<0.01, *** p<0.001
출처: "2024년 사회통합 실태조사," 한국보건사회연구원, 2024, 원자료 저자 분석.

한국인 됨에 어떤 요소가 중요하다고 생각하는지 2003년과 2024년의 변화를 비교하여 살펴보았다. 그 결과는 [그림 4-8]과 같다. 우선, 한국어와 한국의 정치 및 법 존중이 중요하다고 여겼고, 그 비율은 상승하였다. 반면, 한국인 됨에 관하여 한국에서 태어나는 것과 한국인 조상을 가지고 있는 것이 중요하다는 비율은 크게 감소하여 2024년 기준 절반에 못 미쳤다. 그 외 요소로는 한국 국적 취득, 한국에서 장기 거주하는 것, 그리고 한국인임을 느끼는 것이 한국인 됨에 중요한 요소로 여겨지지만, 2003년 대비 2024년에 응답 비중이 소폭 감소했는데, 이는 주목할 만하다.

[그림 4-8] 국민 정체성 비교, 2003, 2024

(단위: %)

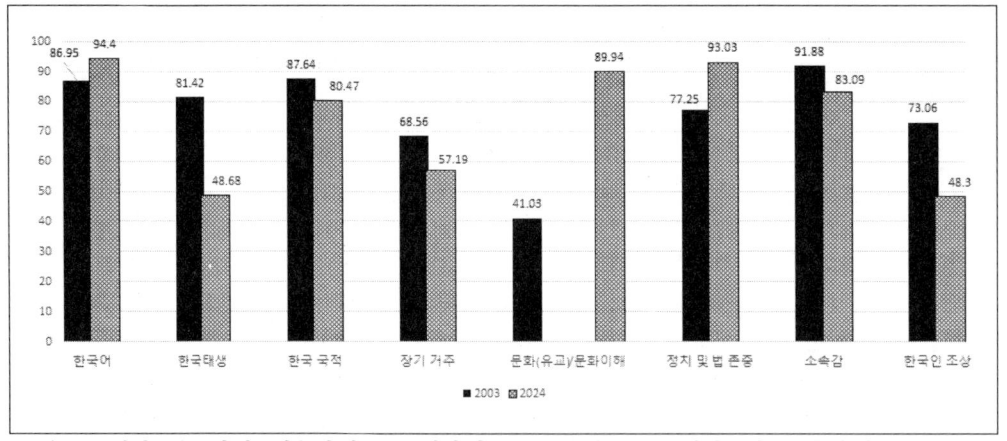

주: 1) 2003년에는 유교의 가르침을 잘 따르는 문화적 전통을 물어보았고, 2024년에는 한국문화 및 전통을 잘 이해하는 것에 대해 물어봄.
    2) 2024년 자료는 사회통합 실태조사를 활용한 값임.
출처: "한국종합사회조사," 석현호, 2003, 성균관대학교 서베이리서치센터. 원자료 저자 분석.
    https://doi.org/10.22687/KOSSDA-A1-2003-0006-V1.0.

제4절 이주민 수용성 인식

1. 일상생활에서의 접촉

응답자에게 일상생활(대중교통, 쇼핑센터, 길거리, 학교, 직장 등)에서 외국인을 마주치는 정도에 대해 물어보았다. 그 결과, 응답자의 절반 이상(53.96%)이 일상생활에서 이주민을 가끔 만난다고 답하였고, 이주민을 자주 만난다는 비율은 22.76%였다. 반면, 이주민을 거의 만나지 않는 경우는 20.54%로 적지 않았고, 일상생활에서 이주민을 본 적 없다는 비율은 2.74%로 매우 적었다. 이 결과를 '2021년 다문화 수용성 조사'와 비교해 보면, '일상생활에서 이주민을 자주 본다'는 감소하는 추세인 반면, 가끔 조우하는 경우는 지속적으로 상승하는 추세임을 확인할 수 있다. 다만, 이주민을 본 적 없는 경우, 응답에 대한 경향성이 따로 보이지는 않는데, 이는 조사 방식이나 기타 요인에 의한 차이인 것으로 추정된다.

[그림 4-9] 일상생활에서 외국인 접촉

(단위: %)

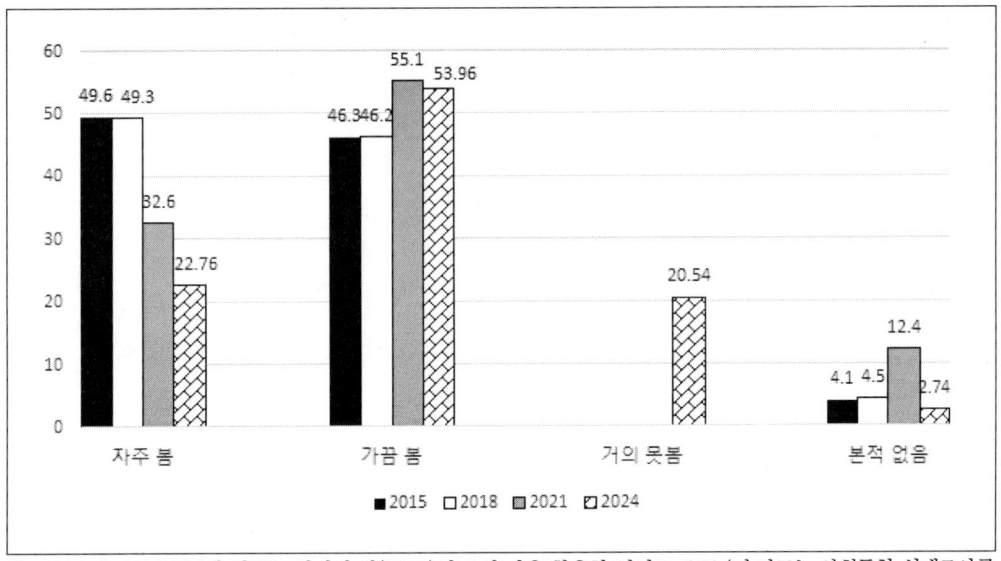

주: 2015, 2018, 2021년 연구는 김이선 외(2022)의 조사 값을 활용한 것이고, 2024년 자료는 사회통합 실태조사를 활용한 값임.
출처: "2021년 국민 다문화 수용성 조사," 김이선 외, 2022, p.97.

인구사회학적 특성을 살펴본 결과는 〈표 4-6〉과 같다. 성별의 경우, 남성은 일상생활에서 외국인을 자주 만나는 반면, 여성은 외국인을 가끔 만난다는 비율이 조금 더 높았다. 세대의 경우, 청년 집단에서 중장년 및 노년 집단보다 일상생활에서 외국인을 빈번히 조우하는 것으로 나타났다. 주관적 소득계층의 경우, 중간층이 외국인을 자주 만나는 반면, 중하층은 외국인을 가끔 만나는 것으로 나타났다. 소득분위의 경우, 5분위는 일상생활에서 외국인을 자주 만나는 반면, 소득 2분위와 3분위 집단에서는 외국인을 가끔 만난다는 비율이 상대적으로 더 높았다.

<표 4-6> 일상생활에서 접촉 수준별 인구사회학적 특징('자주 만난다 + 가끔 만난다' 비율)

(단위: %)

구분	항목	긍정 비율		유의도
		자주 만난다	가끔 만난다	
전체	전체	22.76	53.96	
성별	남성	24.41	52.08	*
	여성	21.04	55.91	
세대	청년	26.40	56.62	***
	중장년	22.34	53.95	
	노년	17.72	49.21	
주관적 소득계층	하층	22.79	50.97	***
	중하층	20.20	56.98	
	중간층	24.63	52.86	
	중상층 이상	22.33	48.83	
소득 5분위	1분위	21.60	48.53	***
	2분위	20.65	58.22	
	3분위	22.81	56.41	
	4분위	22.37	55.30	
	5분위	26.95	50.88	

주: F값의 유의도 * p<0.05, ** p<0.01, *** p<0.001
출처: "2024년 사회통합 실태조사," 한국보건사회연구원, 2024. 원자료 저자 분석.

2. 이주민에 대한 전반적 수용성

이주민을 어느 정도 관계까지 받아들일 수 있는지를 물어본 결과는 <표 4-7>과 같다. 이주민을 이웃으로 수용할 수 있다는 응답은 무려 38.7%로 가장 많았다. 다음으로는 이주민을 직장동료(30.51%), 절친한 친구(18.35%), 배우자 혹은 가족(8.37%), 받아들일 수 없음(4.07%) 순이었다. 이러한 응답은 앞에서 언급한 선행연구(곽윤경 외, 2019; 하상응, 2023)의 연구 결과와 궤를 같이 한다.

인구사회학적 특성별 이주민 수용성 인식을 살펴본다. 성별의 경우, 남성은 이주민을 직장동료(33.64%)와 이웃(33.63%)으로 받아들일 수 있다고 답한 비중이 높은 반면, 여성은 이웃(43.94%)으로 받아들일 수 있다는 비중이 높았다. 세대의 경우, 절반 이상의 노년층(57.89%)은 이주민을 이웃으로 받아들인다는 반면, 청년층은 직장동료(32.01%)와 절친한 친구(30.17%)로, 중장년층은 이웃(39.43%) 및 직장동료(32.35%)로 받아들일 수 있다는 비중이 높았다. 주관적 소득계층이 하층인 집단에서 절반 가까이(44.41%)가 이주민을 이웃으로 받아들일 수 있다고 답하였다. 소득분위의 경우의 경우, 4분위 집단은 이주민을 직장동료(35.58%)와 이웃(36.45%)으로 받아들일 수 있다는 응답이 상대적으로 높았다. 접촉 빈도의 경우, 일상생활에서 외국인을 접촉할 기회가 없는 집단은 이주민을 이웃(48.86%)으로, 그리고 접촉할 기회가 많은 집단은 이웃(35.62%)과 직장동료(32.68%)로 받아들일 수 있다는 비중이 더 높게 나타났다.

〈표 4-7〉 이주민 수용성 인식

(단위: %)

구분	항목	배우자 혹은 가족	절친한 친구	직장동료	이웃	받아들일 수 없음	유의도
전체	전체	8.37	18.35	30.51	38.70	4.07	
성별	남성	9.38	19.31	33.64	33.63	4.03	***
	여성	7.32	17.35	27.27	43.94	4.12	
세대	청년	8.61	30.17	32.01	26.62	2.59	***
	중장년	9.13	15.21	32.35	39.43	3.88	
	노년	5.05	8.81	20.76	57.89	7.49	
주관적 소득계층	하층	7.83	14.27	23.74	44.41	9.75	***
	중하층	8.25	16.28	32.04	39.35	4.08	
	중간층	8.47	19.96	31.35	37.14	3.08	
	중상층 이상	9.47	26.8	24.47	37.5	1.76	
소득 5분위	1분위	7.83	17.61	19.99	47.3	7.27	***
	2분위	11.35	17.16	28.74	38.58	4.17	
	3분위	5.5	20.44	34.65	37	2.4	
	4분위	7.79	16.18	35.58	36.45	4	
	5분위	8.98	20.95	34.26	33.62	2.19	
접촉 빈도	있음	8.98	19.35	32.68	35.62	3.37	***
	없음	6.35	15.04	23.36	48.86	6.4	

주: F값의 유의도 * p<0.05, ** p<0.01, *** p<0.001
출처: "2024년 사회통합 실태조사," 한국보건사회연구원, 2024, 원자료 저자 분석.

3. 이주민 대상별 및 체류자격별 수용성

이주민을 대상별 및 체류자격별로 구분하여 수용성에 대해 분석한 결과는 〔그림 4-10〕, 〈표 4-8〉과 같다. 이주민을 이웃으로 그리고 직장동료로 받아들일 수 있다는 응답이 대체로 많았다. 특히, 이웃으로 받아들일 수 있는 집단은 난민(45.08%), 북한이탈주민(41.20%), 이주노동자(37.93%), 재외동포(37.33%)인 것으로 나타났다. 직장동료로 받아들일 수 있는 집단은 이주노동자(38.74%), 결혼이주민(36.97%), 재외동포(36.53%), 영주권자(34.61%), 북한이탈주민(34.04%), 유학생(31.18%) 등이었다. 절친한 친구로서 수용할 수 있다는 응답은 유학생(26.23%), 영주권자(28.17%), 그리고 결혼이주민(24.27%)이었다. 다만, 이주민을 배우자 혹은 가족으로 받아들일 수 있다는 응답은 전체적으로 저조한 가운데, 그나마 영주권자(9.53%)가 상대적으로 높았다.

〈표 4-8〉 이주민 대상별 및 체류자격별 수용성

(단위: %)

	이주노동자	난민	결혼이주민	유학생	재외동포	북한이탈주민	영주권
배우자 혹은 가족	4.38	1.94	5.5	6.37	3.39	3.72	9.53
절친한 친구	15.73	9.04	24.27	26.23	17.5	15.54	28.17
직장동료	38.74	24.05	36.97	31.18	36.53	34.04	34.61
이웃	37.93	45.08	30.7	33.38	37.33	41.20	26.74
받아들일 수 없음	3.21	19.89	2.56	2.85	5.25	5.51	0.95

출처: "2024년 사회통합 실태조사," 한국보건사회연구원, 2024, 원자료 저자 분석.

[그림 4-10] 이주민 대상별 및 체류자격별 수용성

(단위: %)

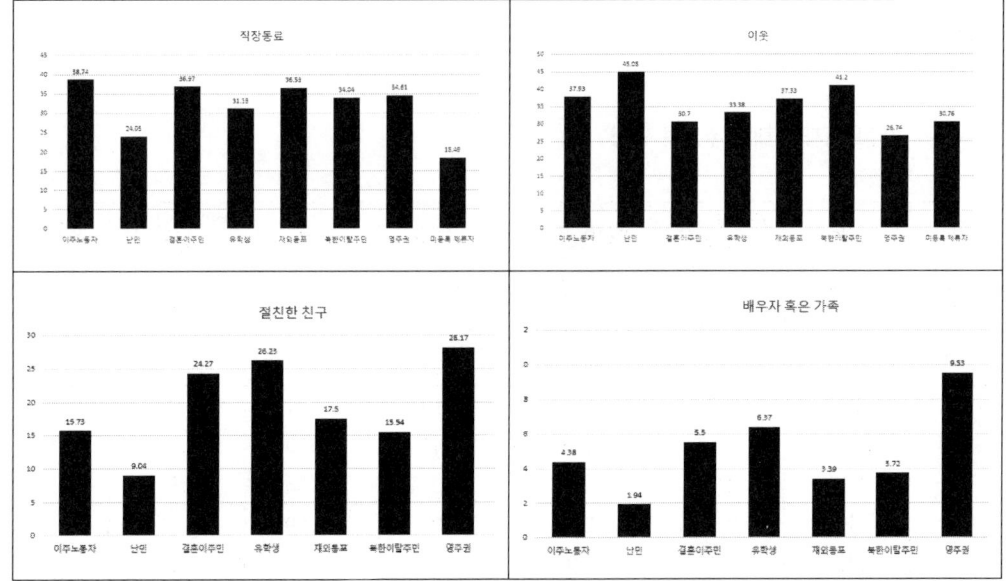

출처: "2024년 사회통합 실태조사," 한국보건사회연구원, 2024, 원자료 저자 분석.

가. 이주노동자 수용성

이주노동자를 직장동료(38.74%), 이웃(37.93%), 절친한 친구(15.73%) 등의 순으로 수용할 수 있다고 답하였다. 이주노동자에 대한 인구사회학적 특성별 수용 정도는 〈표 4-9〉와 같다. 성별, 세대별, 주관적 소득계층별, 소득분위별, 그리고 접촉 빈도별로 차이가 있었다. 성별의 경우, 남성(41.97%)은 이주노동자를 직장동료로서 수용할 수 있는 반면, 여성(42.32%)은 이주노동자를 이웃으로서 수용할 수 있다는 응답이 상대적으로 높았다. 세대의 경우, 청년(41.13%)과 중장년(40.41%)은 이주노동자를 직장동료로서 수용할 수 있는 반면, 노년층(56.26%)은 이주노동자를 이웃으로서 수용할 수 있다는 경향이 높았다. 주관적 소득계층의 경우, 하층(44.59%)인 집단은 이주노동자를 이웃으로 받아들일 수 있는 반면, 중하층(41.5%), 중간층(38.67%) 그리고 중상층 이상(42.78%) 집단에서는 이주노동자를 직장동료로 받아들일 수 있었다. 소득분위의 경우, 소득 1분위 집단(48.26%)에서는 이주노동자를 이웃으로 수용할 수 있는 반면, 그 외 집단에서는 직장동료로 수용할 수 있다는 응답이 상대적으로 더 많았다. 접촉 빈도의 경우, 일상생활에서 외국인을 접촉할 기회가 많이 있는 집단에서는 이주노동자를 직장동료(39.92%)로, 그렇지 않은 집단에서는 이웃(44.43%)으로 받아들일 수 있다.

〈표 4-9〉 이주노동자에 대한 수용성 인식

(단위: %)

구분	항목	배우자 혹은 가족	절친한 친구	직장동료	이웃	받아들일 수 없음	유의도
전체	전체	4.38	15.73	38.74	37.93	3.21	
성별	남성	5.23	15.98	41.97	33.7	3.11	***
	여성	3.5	15.47	35.41	42.32	3.31	
세대	청년	3.84	23.91	41.13	29.21	1.91	***
	중장년	5.17	13.59	40.41	37.29	3.54	
	노년	2.36	9	28.07	56.26	4.31	
주관적 소득계층	하층	5.57	11.94	27.93	44.59	9.96	***
	중하층	4.25	12.97	41.5	38	3.28	
	중간층	4.23	18.37	38.67	36.87	1.85	
	중상층 이상	4.31	17.4	42.78	33.51	2	
소득 5분위	1분위	5.04	15.62	24.85	48.26	6.22	***
	2분위	4.73	13.15	40.22	38.97	2.93	
	3분위	3.36	16.36	41.71	35.79	2.78	
	4분위	3.42	13.46	46.16	34.74	2.22	
	5분위	5.37	20.9	40.85	31.1	1.78	
접촉 빈도	있음	4.78	16.61	39.92	35.96	2.73	***
	없음	3.07	12.83	34.86	44.43	4.8	

주: * $p<0.05$, ** $p<0.01$, *** $p<0.001$
출처: "2024년 사회통합 실태조사," 한국보건사회연구원, 2024, 원자료 저자 분석.

나. 결혼이주민 수용성

결혼이주민을 직장동료(36.97%), 이웃(30.70%), 절친한 친구(24.27%) 등의 순으로 받아들일 수 있다고 답하였다. 〈표 4-10〉에 따르면, 성별, 세대별, 주관적 소득계층별, 소득분위별, 그리고 접촉 빈도별로 통계적으로 유의한 차이가 있었다. 성별의 경우, 여성(38.8%)과 남성(35.08%) 모두 결혼이주민을 직장동료로 수용할 수 있다는 비중이 높았다. 주관적 소득계층의 경우, 하층(38.75%)과 중상층 이상(35.23%) 집단은 결혼이주민을 이웃으로, 중하층(39.67%)과 중간층 집단(36%)에서는 직장동료로 받아들일 수 있다고 답하였다. 접촉 빈도의 경우, 일상생활에서 외국인을 접촉할 기회가 많이 있는 집단에서는 결혼이주민을 직장동료(38.42%)로, 그렇지 않은 집단에서는 이웃(42.22%)으로 받아들일 수 있다는 비중이 더 높게 나타났다.

〈표 4-10〉 결혼이주민에 대한 수용성 인식

(단위: %)

구분	항목	배우자 혹은 가족	절친한 친구	직장동료	이웃	받아들일 수 없음	유의도
전체	전체	5.50	24.27	36.97	30.70	2.56	
성별	남성	6.83	22.45	38.8	29.01	2.91	**
	여성	4.12	26.15	35.08	32.45	2.2	
세대	청년	4.77	31.2	37.97	24.63	1.43	***
	중장년	6.36	23.1	38.51	29.4	2.63	
	노년	3.51	16.1	29.31	46.7	4.37	
주관적 소득계층	하층	4.25	17.46	33.14	38.75	6.4	***
	중하층	6.3	21.44	39.67	29.12	3.46	
	중간층	5.27	27.81	36.00	29.76	1.16	
	중상층 이상	4.49	23.36	34.92	35.23	1.99	
소득 5분위	1분위	5.12	22.9	29.07	39.15	3.74	***
	2분위	7.91	21.09	36.35	31.41	3.24	
	3분위	2.77	27.26	39.63	28.86	1.47	
	4분위	5.21	22.77	41.55	28.59	1.88	
	5분위	6.11	28.26	38.51	24.79	2.33	
접촉 빈도	있음	6.12	25.99	38.42	27.21	2.26	***
	없음	3.45	18.57	32.19	42.22	3.57	

주: * p<0.05, ** p<0.01, *** p<0.001
출처: "2024년 사회통합 실태조사," 한국보건사회연구원, 2024, 원자료 저자 분석.

다. 유학생 수용성

유학생을 이웃(33.38%), 직장동료(31.18%), 절친한 친구(26.23%) 등의 순으로 받아들일 수 있다고 답하였다. 흥미로운 점은, 청년(39.6%)이 유학생을 절친한 친구로 수용할 수 있다는 비중이 상대적으로 높은 반면, 중장년(35.26%)과 노년층(48.85%)은 이웃으로 수용할 수 있다는 비중이 높았다. 소득분위의 경우, 1분위(44.24%)와 2분위 집단(33.86%)은 유학생을 이웃으로 받아들일 수 있다는 비중이 상대적으로 높은 반면, 3분위(34.94%)와 4분위 집단(34.48%)은 직장동료로 받아들일 수 있고, 5분위 집단(33.15%)은 절친한 친구로 받아들일 수 있다는 비중이 상대적으로 높았다. 접촉 빈도의 경우, 일상생활에서 외국인을 접촉할 기회가 있는 집단에서는 유학생을 절친한 친구(28.03%)로 받아들일 수 있는 반면, 만남의 기회가 없는 집단은 이웃(38.23%)으로 수용할 수 있다는 응답이 높았다.

〈표 4-11〉 유학생에 대한 수용성 인식

(단위: %)

구분	항목	배우자 혹은 가족	절친한 친구	직장동료	이웃	받아들일 수 없음	유의도
전체	전체	6.37	26.23	31.18	33.38	2.85	
성별	남성	6.68	26.45	33.05	30.41	3.42	**
	여성	6.05	26	29.24	36.45	2.25	
세대	청년	7.2	39.6	31.86	20.94	0.4	***
	중장년	7.16	22.17	32.14	35.26	3.27	
	노년	1.86	17.37	26.24	48.85	5.67	
주관적 소득계층	하층	4.88	17.74	26.77	41.67	8.94	***
	중하층	6.85	24.32	33.15	32.75	2.92	
	중간층	5.91	29.85	30.44	32.27	1.54	
	중상층 이상	11.3	20.84	33.97	31.38	2.51	
소득 5분위	1분위	5.11	23.17	23.06	44.24	4.4	***
	2분위	6.86	23.39	30.88	33.86	5	
	3분위	5.37	27.78	34.94	30.2	1.71	
	4분위	7.04	24.73	34.48	32.29	1.47	
	5분위	7.42	33.15	32.91	25.25	1.27	
접촉 빈도	있음	6.79	28.03	30.81	31.91	2.47	***
	없음	5	20.3	32.38	38.23	4.1	

주: * p<0.05, ** p<0.01, *** p<0.001
출처: "2024년 사회통합 실태조사," 한국보건사회연구원, 2024, 원자료 저자 분석.

라. 재외동포 수용성

재외동포(조선족, 고려인 등)를 이웃(37.33%), 직장동료(36.53%), 절친한 친구(17.50%) 등의 순으로 받아들일 수 있다고 답하였다. 재외동포에 대한 인구사회학적 특성별 수용 정도는 〈표 4-12〉와 같다. 세대의 경우, 청년(40.24%)은 재외동포를 직장동료로서, 중장년(37.12%)과 노년층(45.78%)은 이웃으로서 받아들일 수 있는 것으로 나타났다. 주관적 소득계층이 중하층인 집단은 재외동포를 직장동료(39.09%)와 이웃(38.17%)으로 받아들일 수 있다고 답하였고, 이들 응답 간 큰 차이를 보이지 않았다. 접촉 빈도의 경우, 일상생활에서 외국인을 접촉할 기회가 있는 집단에서는 재외동포를 직장동료(36.98%)로, 그렇지 않은 집단에서는 이웃(38.93%)으로 받아들일 수 있다는 비중이 더 높게 나타났다. 그러나 일상생활에서 접촉 빈도 유무와 크게 상관없이 이들을 직장동료 및 이웃으로 받아들일 수 있다는 응답 비중의 차이는 크지 않았다.

〈표 4-12〉 재외동포(고려인, 조선족 등)에 대한 수용성 인식

(단위: %)

구분	항목	배우자 혹은 가족	절친한 친구	직장동료	이웃	받아들일 수 없음	유의도
전체	전체	3.39	17.50	36.53	37.33	5.25	
성별	남성	4.22	17.07	39.35	34.13	5.23	***
	여성	2.53	17.94	33.61	40.64	5.28	
세대	청년	2.45	19.61	40.24	33.14	4.56	***
	중장년	4.38	17.52	36.11	37.12	4.87	
	노년	1.33	13.57	31.37	45.78	7.95	
주관적 소득계층	하층	2.81	15.21	29.77	37.67	14.55	***
	중하층	3.47	14.87	39.09	38.17	4.4	
	중간층	3.11	19.45	36.55	36.89	3.99	
	중상층 이상	7.35	22.3	31.24	34.72	4.39	
소득 5분위	1분위	2.7	17.71	26.95	44.31	8.33	***
	2분위	3.48	15.07	37.74	38.44	5.26	
	3분위	3.67	16.39	40.44	33.35	6.15	
	4분위	3.65	16.29	38.36	38.81	2.89	
	5분위	3.45	22.68	39.63	30.61	3.63	
접촉 빈도	있음	3.12	18.56	36.98	36.85	4.5	***
	없음	4.28	14.02	35.05	38.93	7.72	

주: * p<0.05, ** p<0.01, *** p<0.001
출처: "2024년 사회통합 실태조사," 한국보건사회연구원, 2024, 원자료 저자 분석.

마. 북한이탈주민 수용성

북한이탈주민을 이웃(41.20%), 직장동료(34.04%), 절친한 친구(15.54%) 등의 순으로 받아들일 수 있다고 답하였다. 성별의 경우, 남성은 북한이탈주민을 직장동료(37.98%)로, 여성은 북한이탈주민을 이웃(46.05%)으로 수용할 수 있다는 비중이 상대적으로 더 높았다. 세대의 경우, 청년(38.09%)은 북한이탈주민을 직장동료로, 중장년층(40.91%)과 노년층(55.39%)은 이웃으로 수용할 수 있다는 비중이 상대적으로 더 높았다. 소득분위의 경우, 소득 1분위(48.18%), 2분위(43.87%), 그리고 3분위(40.41%) 집단은 이웃으로 수용하는 반면, 4분위(38.82%)와 5분위(37.86%)는 직장동료로서 수용할 수 있다는 비중이 더 높았다. 접촉 빈도의 경우, 일상생활에서 외국인을 접촉할 기회가 있는 집단과 없는 집단 모두 특이하게도 북한이탈주민을 이웃으로 받아들일 수 있다는 비중이 높게 나타났다.

〈표 4-13〉 북한이탈주민에 대한 수용성 인식

(단위: %)

구분	항목	배우자 혹은 가족	절친한 친구	직장동료	이웃	받아들일 수 없음	유의도
전체	전체	3.72	15.54	34.04	41.20	5.51	
성별	남성	5.06	14.83	37.98	36.51	5.62	***
	여성	2.32	16.27	29.97	46.05	5.39	
세대	청년	3.48	19.09	38.09	34.01	5.33	***
	중장년	4.46	14.84	34.39	40.91	5.4	
	노년	1.32	11.72	25.34	55.39	6.23	
주관적 소득계층	하층	5.01	9.88	29	41.51	14.6	***
	중하층	4.16	12.26	35.56	41.88	6.14	
	중간층	3.09	18.75	34.35	40.72	3.09	
	중상층 이상	4.15	19.4	30.06	40.34	6.06	
소득 5분위	1분위	3.79	14.99	24.68	48.18	8.37	***
	2분위	4.57	13.28	31.86	43.87	6.42	
	3분위	2.96	13.84	37.67	40.41	5.11	
	4분위	3.16	15.57	38.82	38.05	4.4	
	5분위	4.02	20.52	37.86	34.69	2.91	
접촉 빈도	있음	4.15	16.89	35.21	39.35	4.39	***
	없음	2.28	11.06	30.19	47.29	9.18	

주: * p<0.05, ** p<0.01, *** p<0.001
출처: "2024년 사회통합 실태조사," 한국보건사회연구원, 2024, 원자료 저자 분석.

바. 영주권자 수용성

〈표 4-14〉에 따르면, 영주권자를 직장동료(34.61%), 절친한 친구(28.17%), 이웃(26.74%) 등의 순으로 수용할 수 있다고 답하였다. 남녀 모두 영주권자를 직장동료로 받아들일 수 있다고 답하였다. 다만, 여성은 영주권자를 직장동료(31.85%) 및 이웃(30.73%)으로 받아들일 수 있다는 응답에서 큰 차이를 보이지 않았다. 세대의 경우, 청년(35.8%)과 중장년층(35.08%) 모두 영주권자를 직장동료로 수용 가능하다는 비중이 상대적으로 높은 반면, 노년층(44.13%)은 이웃으로 수용할 수 있다는 비중이 더 높았다. 주관적 소득계층의 경우, 하층(38.73%)은 영주권자를 이웃으로, 중하층(39.52%)과 중상층 이상(34.13%)은 직장동료로, 중간층(32.58%)은 절친한 친구로 받아들일 수 있다는 비중이 더 높았다. 소득분위의 경우, 1분위 집단(39.76%)은 영주권자를 이웃으로, 그 외 집단은 영주권자를 직장동료로 수용할 수 있다는 응답의 비중이 높았다.

〈표 4-14〉 영주권자에 대한 수용성 인식

(단위: %)

구분	항목	배우자 혹은 가족	절친한 친구	직장동료	이웃	받아들일 수 없음	유의도
전체	전체	9.53	28.17	34.61	26.74	0.95	
성별	남성	11.11	27.97	37.28	22.87	0.76	***
	여성	7.9	28.37	31.85	30.73	1.15	
세대	청년	10.73	35.15	35.8	18.09	0.23	***
	중장년	10.33	27.19	35.08	26.3	1.11	
	노년	4.36	19.22	30.64	44.13	1.65	
주관적 소득계층	하층	6.53	18.38	34.27	38.73	2.1	***
	중하층	10.16	25.11	39.52	24.22	0.99	
	중간층	9.71	32.58	31.18	25.78	0.75	
	중상층 이상	9.55	26.42	34.13	29.68	0.21	
소득 5분위	1분위	8.77	25.91	24.39	39.76	1.17	***
	2분위	9.53	29.14	35.33	24.77	1.23	
	3분위	10.36	27.05	37.71	24.27	0.59	
	4분위	9.2	29.65	38.78	21.6	0.76	
	5분위	9.94	28.95	37.11	23.04	0.96	
접촉 빈도	있음	10.42	30.74	34.68	23.58	0.58	***
	없음	6.63	19.69	34.38	37.13	2.18	

주: * p<0.05, ** p<0.01, *** p<0.001
출처: "2024년 사회통합 실태조사," 한국보건사회연구원, 2024, 원자료 저자 분석.

사. 난민 수용성

난민을 이웃(45.08%)으로 수용할 수 있다는 응답이 월등히 높았다(표 4-15). 성별의 경우, 여성(48.32%)과 남성(41.95%)은 난민을 이웃으로 받아들일 수 있다고 답하였다. 세대의 경우, 중장년층(46.53%), 청년(42.09%) 및 노년층(45.01%)은 난민을 이웃으로 받아들일 수 있다는 비중이 더 높았다. 주관적 소득계층의 경우, 중간층(47.50%)이 난민을 이웃으로 수용할 수 있다고 보는 비중이 높았다.

〈표 4-15〉 난민에 대한 수용성 인식

(단위: %)

구분	항목	배우자 혹은 가족	절친한 친구	직장동료	이웃	받아들일 수 없음	유의도
전체	전체	1.94	9.04	24.05	45.08	19.89	
성별	남성	2.12	9.15	26.97	41.95	19.82	***
	여성	1.75	8.94	21.03	48.32	19.96	
세대	청년	1.83	10.88	29.34	42.09	15.86	***
	중장년	2.35	8.45	23.39	46.53	19.27	
	노년	0.56	7.95	16.92	45.01	29.57	
주관적 소득계층	하층	2.18	8.14	16.92	35.53	37.23	***
	중하층	1.97	7.71	25.73	44.85	19.73	
	중간층	1.76	10.02	24.66	47.50	16.05	
	중상층 이상	3.08	11.04	20.24	42.19	23.46	
소득 5분위	1분위	2.26	9.64	17.11	42.18	28.8	***
	2분위	2.54	8.45	22.13	43.04	23.84	
	3분위	1.05	10.9	20.56	51.19	16.3	
	4분위	1.53	7.62	29.78	47.06	14	
	5분위	2.23	8.84	30.98	42.28	15.68	
접촉 빈도	있음	1.99	9.55	24.1	45.54	18.82	**
	없음	1.78	7.38	23.87	43.58	23.4	

주: * p<0.05, ** p<0.01, *** p<0.001
출처: "2024년 사회통합 실태조사," 한국보건사회연구원, 2024, 원자료 저자 분석.

4. 이주민에 대한 사회적 거리감

이주민을 대상별 및 체류자격별로 구분하여 한국인이 느끼는 사회적 거리감을 살펴보았다([그림 4-11]). 사회적 거리감 점수는 해당 소수집단의 사람들을 어느 정도의 관계까지 받아들일 수 있는지를 묻는 질문에 '나의 배우자가 되는 것'에 1점, '나의 절친한 친구가 되는 것'에 2점, '나의 직장동료가 되는 것'에 3점, '나의 이웃이 되는 것'에 4점, '받아들일 수 없음'에 5점을 부여하여 평균 점수를 산출하였다. 점수가 높을수록 해당 집단에 대해 사회적으로 더 멀게 느끼고 있다는 것을 의미한다.

그 결과, 한국인은 난민(3.72점)을 가장 멀리 인식하는 것으로 나타났고, 다음으로는 북한이탈주민(3.29점), 재외동포(3.24점), 이주노동자(3.2점), 결혼이주민(3.01점), 유학생(3점), 영주권자(2.81점) 순으로 나타났다.

[그림 4-11] 이주민 사회적 거리감

(단위: 점)

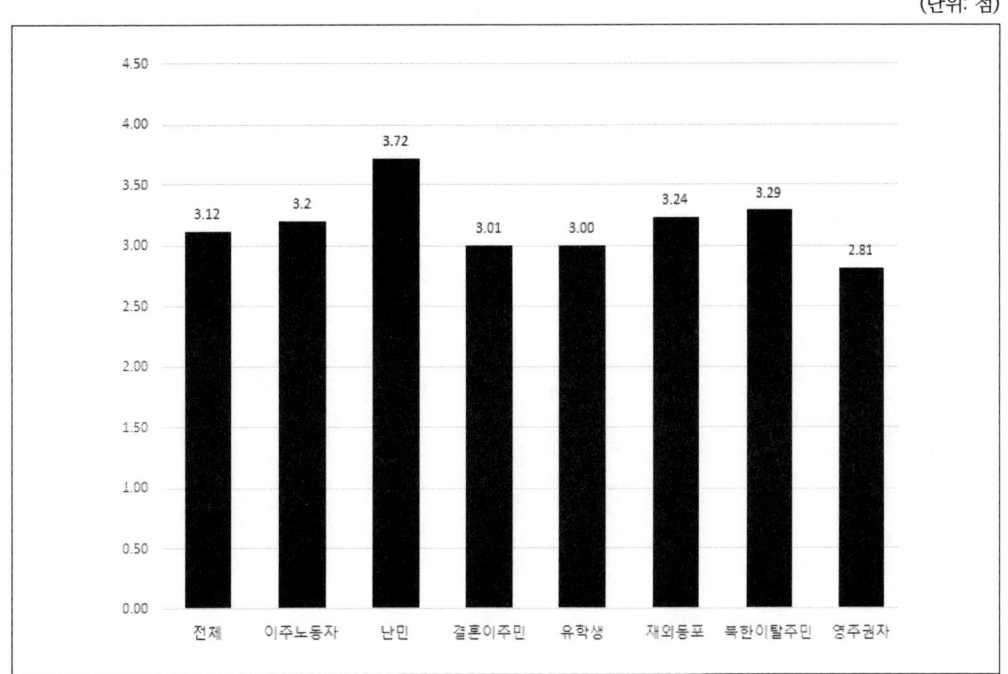

출처: "2024년 사회통합 실태조사," 한국보건사회연구원, 2024, 원자료 저자 분석.

이주민을 집단별로 구분하여 사회적 거리감에 대해 살펴보고자 한다. 〈표 4-16〉과 〔그림 4-12〕는 성별과 세대에 따른 이주민에 대한 인식의 차이를 보여준다. 그림은 여성이 남성보다 대체로 이주민을 멀게 느끼고 있음을 알 수 있다. 다만, 결혼이주민에 대한 인식의 차이는 다른 이주민 집단에 비해서는 다소 큰 차이를 보이지 않았다. 세대별 이주민에 대한 인식의 차이는 좀 두드러짐을 알 수 있다. 청년층이 중장년 및 노년층에 비해 대체로 이주민을 더 가깝게 느끼는 것을 알 수 있다. 특히, 청년층은 유학생과 영주권자에 매우 낮은 사회적 거리감을 가지는 것을 알 수 있다. 학력별로 살펴보면, 중졸 이하가 대체로 이주민에 대해 상대적으로 높은 사회적 거리감을 가지는 반면, 대졸 이상은 상대적으로 낮은 사회적 거리감을 가지는 것을 알 수 있다. 주관적 소득계층의 경우, 하층은 이주민에 대해 사회적 거리감이 상대적으로 높았지만, 중상층 이상 집단이라고 해서 반드시 사회적 거리감이 상대적으로 낮은 것만은 아니었다. 중상층 이상은 중간층 집단보다 난민, 결혼이주민, 북한이탈주민, 그리고 영주권자에 대해 상대적으로 사회적 거리감이 높게 나타났다. 소득분위별로 살펴보면, 소득 1분위, 즉 소득분위가 낮을수록, 이주민을 멀게 느끼고 있음을 알 수 있다. 다만 소득 5분위 집단은 상대적으로 이주민에 대한 사회적 거리감을 적게 느끼고 있는 것을 확인할 수 있다. 마지막으로 접촉 빈도에 따른 이주민에 대한 사회적 거리감의 인식 차이를 살펴보았다. 그 결과, 접촉 빈도가 있는 집단이 없는 집단보다 이주민에 대한 사회적 거리감이 상대적으로 낮은 것으로 드러났다.

[그림 4-12] 이주민에 대한 사회적 거리감 - 집단별 차이

(단위: 점)

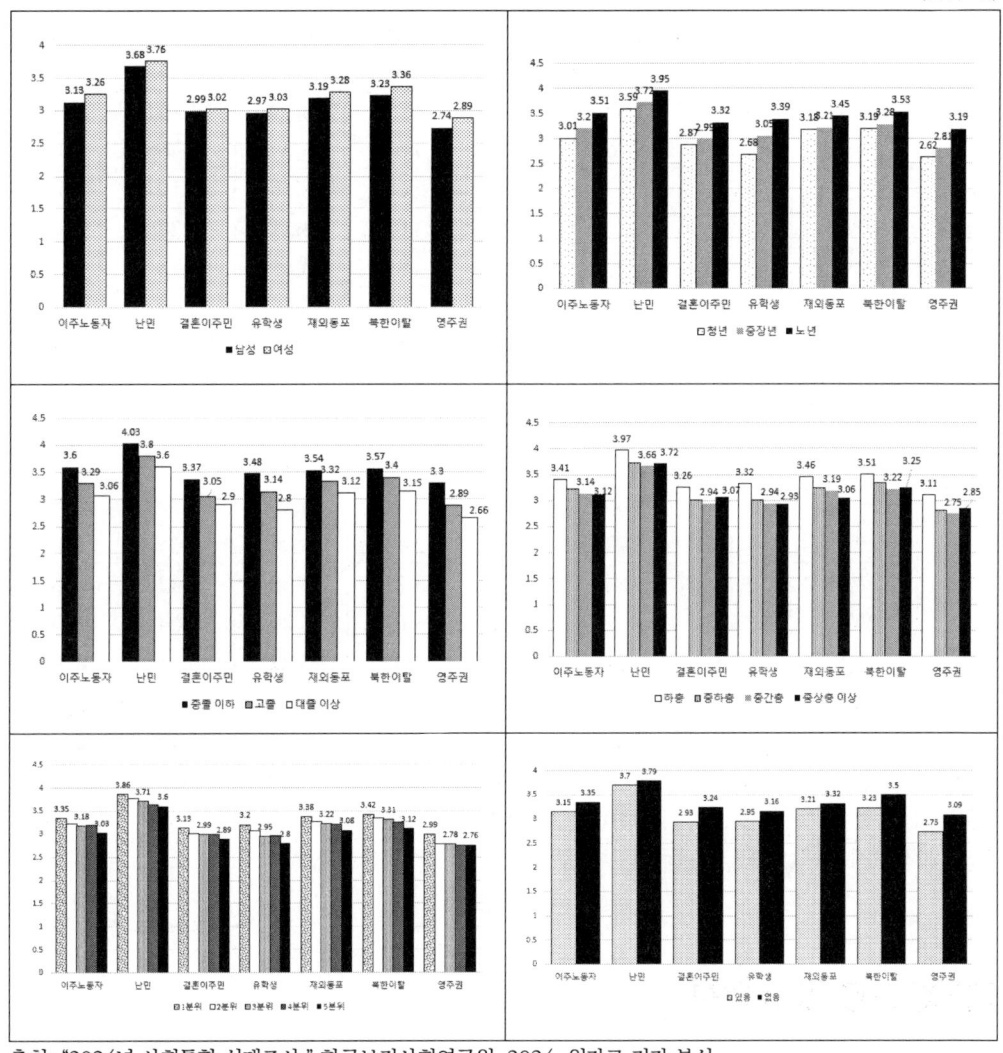

출처: "2024년 사회통합 실태조사," 한국보건사회연구원, 2024, 원자료 저자 분석.

〈표 4-16〉 이주민에 대한 사회적 거리감

(단위: 점)

구분	항목	이주노동자	난민	결혼이주민	유학생	재외동포	북한이탈	영주권
전체	전체	3.20	3.72	3.01	3.00	3.24	3.29	2.81
성별	남성	3.13	3.68	2.99	2.97	3.19	3.23	2.74
	여성	3.26	3.76	3.02	3.03	3.28	3.36	2.89
세대	청년	3.01	3.59	2.87	2.68	3.18	3.19	2.62
	중장년	3.20	3.72	2.99	3.05	3.21	3.28	2.81
	노년	3.51	3.95	3.32	3.39	3.45	3.53	3.19
학력	중졸 이하	3.60	4.03	3.37	3.48	3.54	3.57	3.30
	고졸	3.29	3.80	3.05	3.14	3.32	3.40	2.89
	대졸 이상	3.06	3.60	2.90	2.80	3.12	3.15	2.66
주관적 소득 계층	하층	3.41	3.97	3.26	3.32	3.46	3.51	3.11
	중하층	3.23	3.73	3.02	3.01	3.25	3.34	2.81
	중간층	3.14	3.66	2.94	2.94	3.19	3.22	2.75
	중상층 이상	3.12	3.72	3.07	2.93	3.06	3.25	2.85
소득 5분위	1분위	3.35	3.86	3.13	3.20	3.38	3.42	2.99
	2분위	3.22	3.77	3.01	3.07	3.27	3.34	2.79
	3분위	3.18	3.71	2.99	2.95	3.22	3.31	2.78
	4분위	3.19	3.64	2.99	2.96	3.21	3.25	2.75
	5분위	3.03	3.60	2.89	2.80	3.08	3.12	2.76
접촉 빈도	있음	3.15	3.70	2.93	2.95	3.21	3.23	2.73
	없음	3.35	3.79	3.24	3.16	3.32	3.50	3.09

출처: "2024년 사회통합 실태조사," 한국보건사회연구원, 2024, 원자료 저자 분석.

제5절 소결 및 함의점

이번 장에서는 이주민 다양성과 이주민 수용성에 대한 한국인의 인식을 분석하였다. 이를 위해, 다양성과 관련한 문항은 문화 개방성, 고정관념 및 차별 그리고 국민 정체성으로 구성하였다.

먼저, 다양성에 대한 인식을 살펴보면, '우리 동네에 외국인이 사는 것이 이상하지 않다'는 진술문에 절반 이상인 61.49%가 답함으로써, 한국 사회가 다문화 사회로 진입하였다는 것을 시민들이 생활 속에서 체감하고 있음을 알 수 있다. 인구사회학적 특성별로는 대도시 거주자들 그리고 중소도시 거주자들의 문화 개방성 정도가 상대적으로 높았다. 특히, 청년 집단이 중장년 및 노년층에 비해 문화 개방성이 높은 것이 특징이었다. 고정관념 및 차별에 있어서는 부정적인 진술문에 동의하는 정도가 다소 높았다. 예를 들어 내국인이 기피하는 일자리를 채우고 있다는 진술문에 동의하는 정도가 높아, 응답자인 한국인이 노동시장에서의 인력 부족 문제와 더불어 외국인력의 활용에 대해 잘 인지하고 있음을 확인할 수 있었다. 다만, 이주민 증가가 사회적 비용 상승, 범죄율 증가, 내국인의 일자리를 위협한다는 데 동의한다는 응답이 절반 이상을 차지한 점은 주목할 만하다. 국민 정체성에 있어서는 한국어와 한국 정치제도와 법 존중이 한국인 됨에 필요한 요소라고 보았다.

다음으로, 이주민 수용성 인식에 대해 살펴보았다. 이를 위해, 일상생활에서 접촉하는 정도, 이주민에 대해 어느 정도의 관계까지 수용할 수 있는지를 묻는 전반적 수용성, 그리고 대상별로 느끼는 수용성 인식에 대해 세부적으로 살펴보았다. 이주민을 자주 혹은 가끔 만난다는 응답이 3분의 2 이상을 차지하여, 우리 사회에서 이주민을 조우할 기회가 그만큼 늘어났다는 것을 알 수 있었다. 기존 연구(곽윤경 외, 2019; 하상응, 2023)와 마찬가지로, 이주민을 직장동료, 이웃 등 공적 영역에서 수용할 수 있다는 응답 비율이 높게 나왔다.

그뿐만 아니라, 이주민 대상별 그리고 체류자격별 수용성도 살펴보았다. 전자는 이주노동자, 난민, 결혼이주민, 유학생, 재외동포(고려인, 조선족 등) 그리고 북한이탈주민으로 세부 분류하였고, 후자는 대한민국 영주권을 취득한 외국인을 포함하였다. 그 결과를 종합한 것은 [그림 4-13]과 같다. 이웃으로 이주민을 받아들일 수 있다는 응답이 전반적으로 높은 가운데, 특히 북한이탈주민과 난민을 이웃으로 받아들일 수 있다는 응답이 상대적으로 높았다. 직장동료로 가장 잘 받아들일 수 있는 집단으로는 영주권자와 결혼이주민이었다. 배우자 혹은 가족, 그리고 친구로 받아들일 수 있다는 응답은 영주권자를 대상으로 높았다. 난민의 경우, 이들을 이웃으로 받아들일 수 있다는 응답이 가장 높았으나, 동시에 받아들일 수 없다는 응답 역시 높게 나와, 이에 대해 주목할 필요가 있다. 영주권자를 친구로서 받아들일 수 있다는 응답은 다른 체류자격 및 이주민 대상에 비해 높은 편이었다. 직장동료로 가장 잘 받아들일 수 있는 집단은 이주노동자로 나타났다.

[그림 4-13] 이주민 대상별 및 체류자격별 수용성 - 종합

(단위: %)

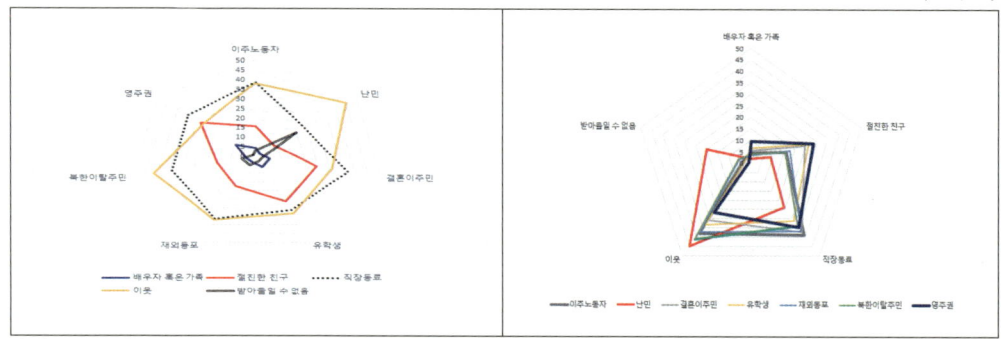

출처: "2024년 사회통합 실태조사," 한국보건사회연구원, 2024. 원자료 저자 그림.

이러한 결과들을 토대로 도출한 함의점은 다음과 같다. 첫째, 우리의 다양성 인식과 이주민 수용성에 대한 인식은 매우 다층적이고 복잡한 양상임을 확인할 수 있었다. 이번 연구 결과를 통해서, 이주민 대상별 그리고 체류자격별 수용성은 단순하지 않으며, 집단별로 수용성에 차이가 있는 것을 알 수 있었다. 특히, 주관적 소득계층, 소득분위, 접촉 빈도 등에 따른 인식과 수용성은 다소 복잡한 양상을 보였다. 따라서 이주민 수용성의 다층적 구조에 대한 복잡한 지형을 지속적으로 탐색할 필요가 있다.

둘째, 중장년층 및 노년층은 이주민에 대해 배타적이고 폐쇄적인 태도를 보이는 만큼, 이들을 대상으로 한 홍보 및 참여를 유도하는 것이 중요하다. 다만, 최근 유럽의 젊은 층에서 반이민정서가 더 두드러지게 나타나는 결과가 나온 바 있다. 구체적으로, 유로 바로미터(Euro-barometer) 조사 결과에 따르면, 슬로베니아, 폴란드, 헝가리 등의 동유럽에서 MZ세대가 X세대보다 이민에 대해 부정적인 태도를 갖는 것으로 나타난 바 있다(Clark & Duncan, 2024.05.28.). 따라서 집단별 이주민 수용과 배제에 대한 인식 구조 지형을 중장기적으로 파악하여, 관련 정책을 설계하고, 가장 배타적이고 불수용적인 집단을 타겟으로 하는 정책적 개입과 정교한 정책 설계가 필요하다. 이뿐만 아니라, 유럽, 즉 동유럽에서 분석되는 MZ세대의 태도 추이를 지속적으로 살펴보고, 이러한 원인을 분석하고, 유사한 경향이 국내에서 발생되지 않도록 하는 대비책이 필요해 보인다.

셋째, 국민 정체성, 즉 한국인 됨을 구성하는 요인의 변화에 주목할 필요가 있다. 앞의 분석 결과에서 제시한 바와 같이, 한국인 됨의 요소를 2003년 결과 값과 비교할 때,

한국어와 한국 정치제도와 법 존중에 대한 중요성이 크게 높아졌다. 즉, 종족적 요인보다는 시민적 요인의 중요성이 크게 상승한 점이 주목할 만하다. 한국은 단일민족 국가의 역사를 지닌 국가로서, 민족적 정체성이 매우 큰 것으로 잘 알려져 있다(원숙연, 2019). 그렇지만, 이번 실태조사를 통해서 나타난 바는, 국민이 생각하는 국민 됨의 기준, 한국 사람됨의 기준이 민족적 요인에서 시민적 요인으로 이행하고 있기에, 이를 전제로 한 정책적 개입이 요구된다.

셋째, 접촉 빈도에 따른 다양성과 이주민 수용성이 항상 비례하는 것은 아님을 알 수 있다. 앞의 연구 결과에서 살펴봤듯이, 접촉 빈도가 있다고 해서 반드시 이주민에 대한 수용성이 긍정적인 것만은 아니었고, 다양성 인식이 긍정적이지만은 않았다. 원숙연(2019, p.155)에 따르면, '접촉의 빈도가 높아도 접촉 과정에서 만나는 부정적인 정서가 축적된다면 오히려 대상 집단에 대한 평가가 부정적일 수 있다'고 주장한다. 따라서 단순한 접촉의 양과 경험을 늘리기보다는, 접촉의 질과 수준을 전략적으로 조절하는 방안에 대해 모색할 필요가 있다.

제5장

이민정책과 사회통합에 대한 태도

제1절 이민정책에 대한 인식
제2절 외국인력 유입에 대한 인식
제3절 사회통합 정책에 대한 인식
제4절 사회통합 정도에 따른 이민 및 외국인력 정책 태도
제5절 소결 및 함의점

제5장 이민정책과 사회통합에 대한 태도

제1절 이민정책에 대한 인식

한국 사회의 인구 변화를 반영하여 통계청(2024.4.11.)은 2022년부터 2042년까지의 인구 구조 변화를 예측하였다. 이 과정에서 2022년 기준 장래인구추계를 활용해 내국인과 외국인 인구를 세분화하고, 국적 변동을 반영하여 추계를 수행하였다. 그 결과, 내국인 비율은 2022년 96.8%에서 2042년 94.3%로 점차 감소할 것으로 예상되는 반면, 외국인 비율은 같은 기간 3.2%에서 5.7%로 증가할 것으로 전망되었다([그림 5-1]). 이에 따라 향후 20~30년 동안 인구의 자연 증가는 어려워질 것으로 보이며, 정책적 개입을 통해 이주민 수의 증가를 유도할 필요가 있다는 결론이 도출된다.

이러한 인구 변화 전망을 바탕으로, 이 연구의 조사 참여자들에게 "2022년 기준, 국내 거주 외국인은 총인구의 3.2%를 차지하고 있습니다. [그림 5-1]에 나타난 외국인 인구 비중의 증가 추세를 고려할 때, 귀하는 외국인 인구에 대한 한국 정부의 정책 방향이 어떠해야 한다고 생각하십니까?"라는 질문을 제시하였다.

조사 결과, 응답자의 53.83%가 현재 추세를 유지해야 한다고 답했으며, 외국인을 더 많이 받아들여야 한다는 응답은 21.17%, 더 적게 받아들여야 한다는 응답은 18.78%였다. "모르겠다"는 응답은 6.22%에 그쳤다.

[그림 5-1] 총인구 대비 외국인 구성비(2022~2042년)

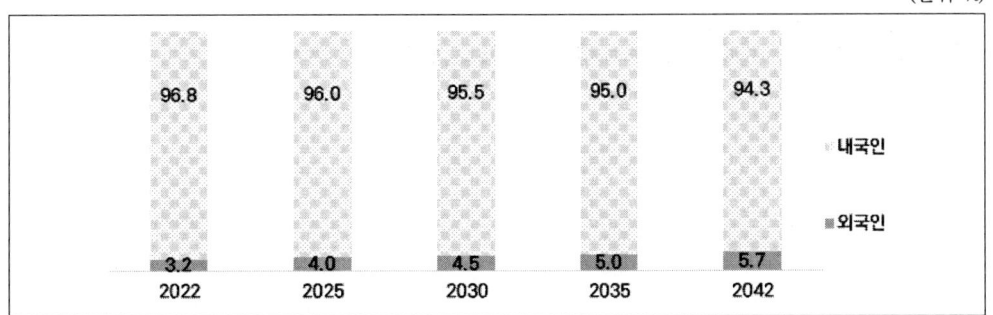

출처: "2022년 기준 장래인구 추계를 반영한 내·외국인 인구추계: 2022-2042년," 통계청, 2024, p.1.

인구사회학적 특성에 따른 차이를 분석한 결과는 다음과 같다([그림 5-2]). 그 결과, 성별, 세대, 거주지역, 주관적 소득계층, 그리고 학력에 따라 이민에 대한 태도가 통계적으로 유의한 차이를 보였다. 남성은 여성보다 이민에 대해 더 수용적인 태도를 보였다. 세대의 경우, 청년층이 중장년층과 노년층보다 이민에 대해 더 개방적인 것으로 나타났다. 거주지역별로는 중소도시 거주자는 이민에 대해 상대적으로 가장 수용적인 반면, 농어촌 거주자는 이민에 대해 다소 배타적이었다. 주관적 소득계층의 경우, 중상층 이상과 중간층 집단은 이민에 대해 개방적인 태도를 보인 반면, 하층 집단은 상대적으로 배타적이었다. 학력의 경우, 대졸 이상은 이민에 대해 더 수용적이고 포용적인 태도를 보인 반면, 고졸과 중졸 이하의 응답자는 대졸자에 비해 다소 배타적인 경향을 보였다.

[그림 5-2] 이민정책에 대한 태도

(단위: 점)

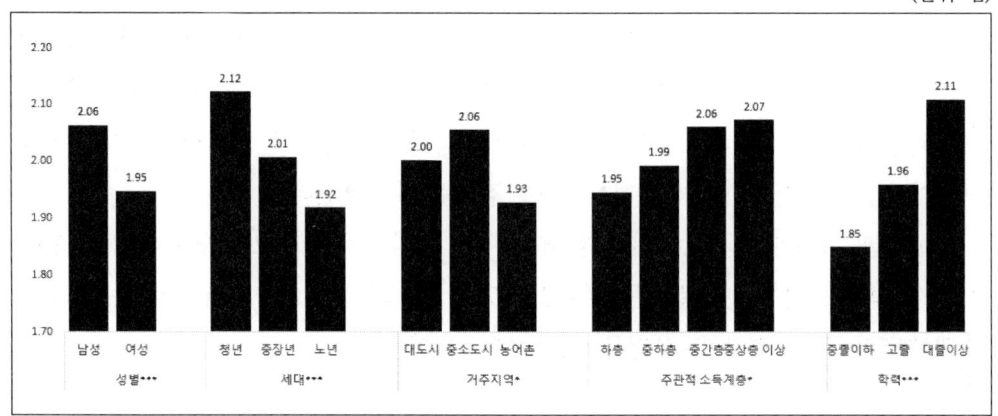

주: 1) "1 지금 추세보다 더 많이 받아들여야 한다, 2 지금 추세를 유지해야 한다, 3 지금 추세보다 더 적게 받아들여야 한다, 4 모르겠음"의 문항을 리코딩하고, '4-모르겠음'을 결측치로 처리한 후, 평균 점수를 계산했음. 점수가 높을수록, 이민에 대해 수용적인 태도임을 말해줌.
2) * p<0.05, ** p<0.01, *** p<0.001
출처: "2024년 사회통합 실태조사," 한국보건사회연구원, 2024, 원자료 저자 분석.

제2절 외국인력 유입에 대한 인식

1. 국가별 외국인력 유입에 대한 인식 비교

　세계 가치관 조사(World Value Survey)는 한국을 포함한 66개국을 대상으로 정기적으로 진행되며, 조사 문항 중에는 노동 이주 정책에 대한 선호도를 묻는 항목이 포함된다. 선택지로는 "누구나 일하러 올 수 있도록 허용할 것(let anyone come who wants to)", "일자리가 있는 한 이주민을 수용할 것(let people come as long as there are jobs available)", "노동자 수를 제한할 것(place strict limits on the number of foreigners who can come here)", "노동 이주를 금지할 것(prohibit people coming here from other countries)" 등이 제시되었다.

　조사 결과, "노동자 수를 제한할 것"이라는 응답이 46.45%로 가장 많았으며, "일자리가 있는 한 이주민을 수용할 것"이라는 응답은 33.24%, "누구든지 수용할 것"은 10.34%, "노동 이주를 금지할 것"은 9.97%로 나타났다. 국가별 응답 비교 결과는 [그림 5-3]에 제시되어 있다. 영국(58%), 독일(55%), 캐나다(52%)는 "일자리가 있는 한 이주민을 수용해야 한다"고 답한 비율이 높았으며, 한국(48%)도 상위권에 속했다. 반면, "노동자 수를 제한해야 한다"는 입장은 인도네시아(65%)에서 가장 높았고, 일본(53%), 미국(45%), 한국(42%) 순으로 나타났다.

　이를 통해 세계 각국에서 노동 이주에 대한 입장이 양분되어 있음을 알 수 있다. 즉, 일반적인 이주노동자에 대한 태도는 다소 배타적인 경향과 포용적인 경향이 혼재해 있지만, 인력이 부족한 분야에서 이주노동자를 수용하는 것에 대해서는 상대적으로 수용적인 입장을 보이는 경향이 크다는 점을 확인할 수 있다.

[그림 5-3] 국가별 이주정책 선호(immigration policy preference)

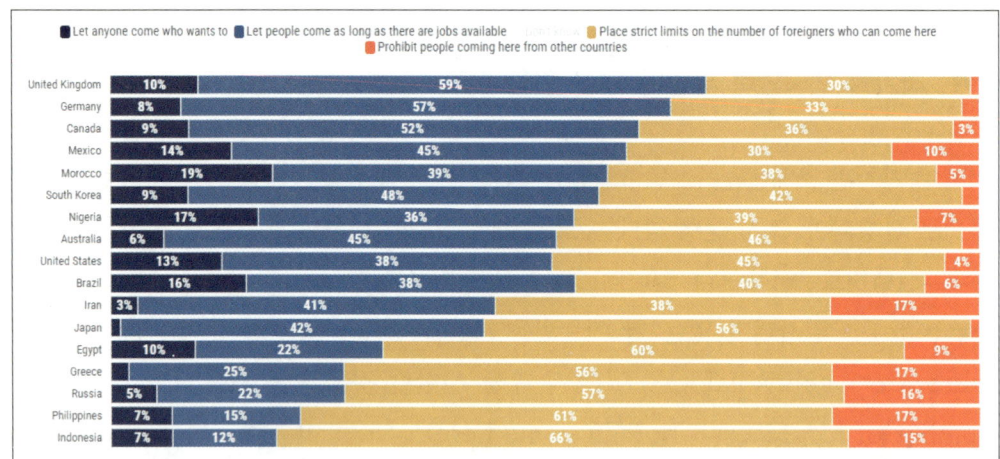

주: 1) 보기문항인 '모르겠음(don't know)' 문항을 삭제함.
2) 2018년부터 2023년까지 66개국을 대상으로 조사한 7차 조사임.
출처: "UK attitudes to immigration among most positive internationally," UK in the World Values Survey, 2023, 2024.10.09. 검색. https://www.uk-values.org/news-comment/uk-attitudes-to-immigration-among-most-positive-internationally-1018742/pub01-115 를 수정 보완

인구사회학적 특성에 따른 조사 결과는 〈표 5-1〉에 제시되어 있으며, 몇 가지 흥미로운 점이 나타난다. 먼저 남성은 "누구나 허용" 응답 비율(10.42%)이 여성보다 약간 높았고, 반면 "노동 이주 금지" 응답 비율은 여성(10.33%)이 남성(9.61%)보다 조금 높았다. 이는 남성이 여성보다 약간 더 이민에 대해 수용적인 태도를 보인다고 해석할 수 있다. 세대별로 살펴보면, 16~18세 응답자의 16.86%가 "일하기 원하는 사람은 누구든지 수용해야 한다"고 답해, 다른 연령층보다 더 포용적인 태도를 보였다. 반면 노년층(7.02%)은 가장 낮은 비율을 보였으며, "노동자 수 제한" 응답 비율이 높아 다소 보수적인 경향을 나타냈다. 주관적 사회계층이 상층인 집단에서는 "일을 원하는 사람은 누구든지 수용해야 한다"는 응답이 20.72%로 상대적으로 높았으나, 동시에 "노동 이주를 금지해야 한다"는 응답도 12.05%로 나타나, 상층 계층 내에서도 이주노동자에 대한 태도가 양분되어 있음을 시사한다. 하층에서는 "노동자 수 제한" 응답이 43.09%로 상대적으로 더 높았다. 중상위 소득국가(49.98%)와 고소득 국가(46.46%)에서 "노동자 수를 제한해야 한다"는 응답 비율이 가장 높았다. 고소득 국가에서는 "일자리가 있는 한 수용" 응답 비율도 41.22%로 높아, 경제 상황과 노동력 수요에 대한 민감한 태도를 반영하는 것으로 볼 수 있다.

<표 5-1> 노동 이주에 대한 의견 – 인구사회학적 특징

(단위: %)

구분	항목	노동 이주				
		누구나 허용	일자리가 있는 한 수용	노동자 수 제한	노동 이주 금지	
전체	전체	10.34	33.24	46.45	9.97	
성별	남성	10.42	33.10	46.87	9.61	**
	여성	10.26	33.34	46.06	10.33	
세대1)	16~18	16.86	34.87	39.44	8.83	***
	청년	12.98	33.37	44.03	9.62	
	중장년	8.83	32.07	48.59	10.50	
	노년	7.02	36.26	47.15	9.57	
주관적 사회 계층	상층	20.72	32.59	34.65	12.05	***
	중상층	10.47	34.67	46.73	8.13	
	중하층	9.9	33.66	47.4	9.04	
	노동계층	9.46	30.16	49.46	10.91	
	하층	11.18	29.32	43.09	16.42	
국가 소득별	저소득	16.66	33.07	38.5	11.77	***
	중하위소득	14.17	29.98	42.82	13.03	
	중상위소득	9.7	26.77	49.98	13.55	
	고소득국가	7.82	41.22	46.46	4.51	

주: 1) * p<0.05, ** p<0.01, *** p<0.001
　　2) 16~18세, 청년은 19~35세, 중장년은 36~64세, 노년은 65~103세로 분류함.
　　3) 2022년 3월 1일~9월 9일에 18세 이상 총 3,056명을 대상으로 한 7차 조사임.
출처: "World Valuye Survey Wave 7 (2017-2022)," World Value Survey, 2023. 원자료 저자 분석. https://www.worldvaluessurvey.org/WVSDocumentationWV7.jsp

2. 저출산·고령화 시대의 외국인력 유입에 대한 인식

　한국은 저출산·고령화로 인해 일부 산업에서 노동력 부족이 심각해지고 있으며, 특히 내국인의 인력 부족으로 인해 노동 기여도의 하락이 잠재성장률에도 부정적인 영향을 미치고 있다(한국경제연구원, 2024.8.28). 물론, 과학기술의 발전으로 일부 산업에서는 기계가 인간의 노동력을 대체하고 있지만, 일부 산업, 특히 농어업 지역은 여전히 노동집약적인 특성을 지녀 생산 인구의 고령화와 농어업 종사자의 감소가 인력 부족 문제를 더욱 악화시키고 있다. 이를 고려하여 이번 조사에서는 "한국 사회는 저출산·고령화로 인해 생산연령 인구가 감소하고 있으며, 이로 인해 일부 산업 분야에서는 인력 부족이 심각합니다. 귀하는 노동력이 부족한 산업 분야에 필요한 인력을 외국에서

들여오는 것에 대해 어떻게 생각하십니까?"라는 질문을 제시했다. 조사 결과, 56.06%가 인력 부족이 심각한 산업 분야에 대해 외국인 인력을 최대한 수용해야 한다고 답했으며, 29.03%는 인력 부족이 심각한 산업에 한정하여 외국인 수를 엄격히 제한하여 받아들여야 한다고 응답했다. 13.80%는 산업 분야에 제한 없이 원하는 외국인이 일하러 올 수 있도록 허용해야 한다고 답했고, 1.1%는 노동 이주를 금지해야 한다고 응답했다.

[그림 5-4] 외국인 인력 수용에 대한 의견

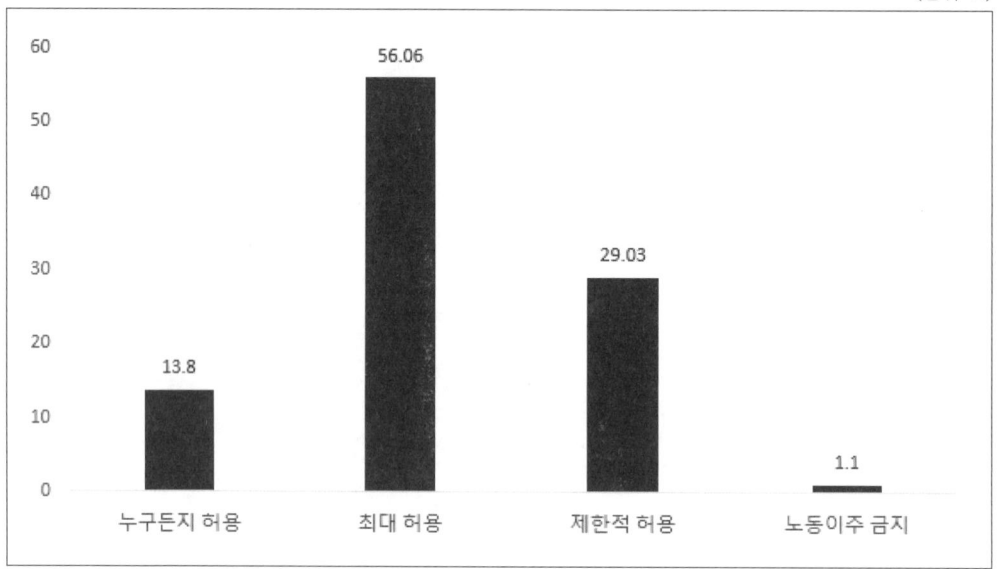

출처: "2024년 사회통합 실태조사," 한국보건사회연구원, 2024. 원자료 저자 분석.

인구사회학적 특성에 따른 차이를 살펴보면, 세대, 거주지역, 주관적 소득계층, 학력 등에 따라 통계적으로 유의미한 차이가 나타났다. 세대별로 보면, 노년층은 인력 부족 분야에서 외국인 수를 제한적으로 수용해야 한다는 응답이 다른 연령층에 비해 상대적으로 높았다. 반면, 청년층은 산업 분야에 제한 없이 외국인을 허용해야 한다는 응답이 17.71%로 상대적으로 많았다. 거주지역의 경우, 농어촌 거주자는 인력 부족 분야에서 외국인을 최대한 수용해야 한다는 응답 비율이 다른 지역 거주자보다 상대적으로 높았다. 주관적 소득계층을 살펴보면, 중상층 이상은 산업 분야에 제한 없이 외국인을 허용해야 한다는 응답이 25.45%로 상당히 높은 편이었다. 반면 중하층은 인력 부족 분야에 외국인을 최대한 수용해야 한다는 응답이 58.33%로 상당히 높았다. 일반적으로 저임금 노동자는 일자리와 생계에 대한 위협으로 인해 이주민에 대해 부정적인 태도를 갖는다고 알려져 있지만(Waisman & Larsen, 2016), 한국의 경우 반드시 그렇지 않다는 것을 유추할 수 있다. 학력 측면에서 대졸 이상 집단은 산업 분야에 제한 없이 누구나 허용해야 하고, 인력 부족 분야에서 최대한 수용해야 한다는 응답 비율이 상대적으로 높았다. 반면, 중졸 이하 집단은 인력 부족 분야에서 외국인 수를 제한해야 한다는 응답 비율이 고졸 및 대졸 이상 집단에 비해 상대적으로 많았다.

[그림 5-5] 외국인 인력 수용에 대한 의견 - 인구사회학적 특징

(단위: %)

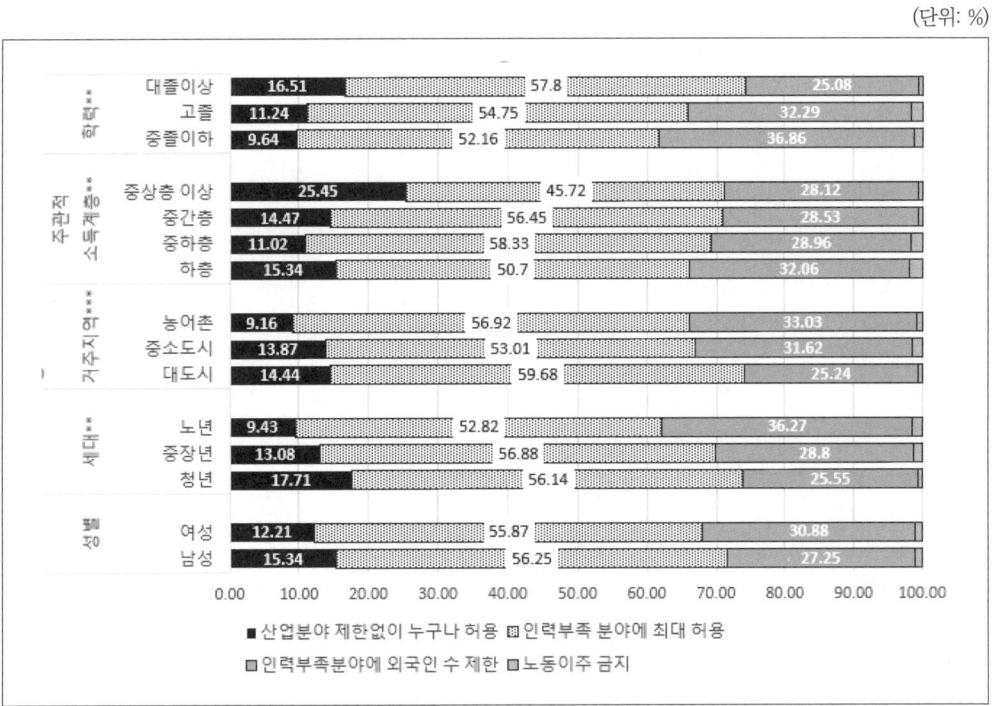

출처: "2024년 사회통합 실태조사," 한국보건사회연구원, 2024, 원자료 저자 분석.

3. 외국인 가사관리사에 대한 인식 10)

외국인 가사관리사 도입은 저출생 해결과 여성의 경제활동 참여율 진작, 그리고 맞벌이 부모의 가사와 돌봄 부담 경감을 위해 논의되었다. 현재, 서울시와 고용노동부는 2024년 9월부터 '외국인 가사관리사 시범사업'을 시행 중이다(이재헌, 2024.7.19.). 이들은 사회서비스 제공기관에 소속되어 가사근로자법의 적용을 받기 때문에, 최저임금이 보장되며, 4대 사회보험 가입할 수 있다(최영미, 2024, p.22). 또한, 야간 및 휴일 근무에 대한 추가 수당을 받을 수 있으며, 유급 휴일과 연차휴가도 사용할 수 있다(최영미, 2024, p.22). 법무부도 외국인 가사관리사 도입 시범사업을 실시할 예정임을 발표하였는데, 여기서 대상자는 비전문취업(E-9) 비자가 아닌 유학생(D-2) 비자와 이주노동자 배우자(F-3) 비자 소지자이다(이승윤, 2024). 이들은 민간 중개 기관을 통해 비자 소지자와 이용 가구가 사적 계약을 맺는 방식으로 진행될 예정이다(이승윤, 2024). 다만, 가사 사용인은 근로기준법에 따라 최저임금 적용 대상에서 제외된다는 점에서 앞서 언급한 시범사업 대상자들과 차이가 있다(이승윤, 2024).

이 시범사업 시행 전부터 외국인 가사관리사의 임금 문제는 뜨거운 논쟁거리였다. 이를 둘러싼 국민들의 인식을 파악하기 위해, 이번 연구에서 조사를 실시한 결과, 응답자들은 최저임금의 차등 적용에 동의하지 않는다는 응답이 더 많았다. 주요 이유로는 이주민이라는 이유로 저임금을 지급하는 것이 차별적이며 반인권적이라는 점이 꼽힌다. 또한, 최저임금 차등 적용이 국내 헌법의 평등권, 근로기준법 및 외국인 고용법과 배치되는 측면이 있다는 점도 문제로 지적된다(구미영, 2024). 이와 함께, 국제노동기구(ILO) 등 국제기구의 기준을 위반한다는 점도 반대의 근거이다. 실제로 고용부는 우리나라가 국제노동기구(ILO) 협약 비준국이며, 제111호 협약에 따라 '근로자의 인종, 피부색, 성별, 종교, 정치적 견해, 출신국 또는 사회적 신분에 근거한 고용 및 직업상의 차별 금지'를 명시하고 있다(최영미, 2024). 또한, 한국이 OECD 회원국으로서의 지위를 고려하여 공정한 노동환경을 조성하고 노동자들의 권익을 보호해야 한다는 주장도 제기된다. 최저임금위원회(2023)가 발간한 「2023년 주요 국가의 최저임금제도」에

---

10) 이번 조사는 가사관리사 시범사업이 도입되기 전에 실시되었으며, 국민들이 언론매체나 제한적인 정보에 기반하여 응답했을 가능성이 크다. 즉, 조사 대상자 중 누구도 해당 제도를 직접 경험한 적이 없으며, 실질적인 경험 없이 의견을 제시했다는 점을 감안할 필요가 있다.

따르면, OECD 회원국 26개국을 포함한 총 41개국(비회원국 15개국 포함) 중 내국인과 외국인의 최저임금을 다르게 지급하는 국가는 단 한 곳도 없는 것으로 나타났다.

한편, 시범사업이 진행 중인 가운데 실시된 한 조사에서는 국민들의 외국인 가사관리사 고용 의향을 살펴본 바 있다. 이 조사에 따르면, 응답자의 약 30%가 외국인 가사관리사를 고용할 의사가 있다고 답했으며, 특히 남성이 여성보다, 생활 수준이 높은 집단이 낮은 집단보다 고용 의향이 높은 것으로 나타났다(김지현, 2024.11.03.). 다만, 이 조사에서 임금 수준에 대한 문항은 포함되지 않았다. 향후 시범사업이 진행됨에 따라 고용 의향뿐만 아니라 임금 지불 의사 그리고 그 수준에도 인식의 변화가 있을 가능성이 있는 만큼, 시범사업 종료 후에는 외국인 가사관리사 고용 실태와 임금 수준에 대한 심층적인 연구가 필요하다.

제3절 사회통합 정책에 대한 인식

이번 절에서는 "귀하는 결혼이주자, 외국인 노동자, 북한이탈주민 등 이주민이 '그들의 고유한 문화와 관습을 버리고 한국의 문화와 관습을 수용해야 한다'는 입장과 '그들 고유의 문화와 관습을 유지하면서 한국 사회에 적응하는 것이 필요하다'는 입장 중 어느 쪽에 더 가깝습니까?"라는 질문을 활용하였다. 이 질문에 대한 응답을 제2장에서 설명한 동화주의, 차별적 배제, 다문화주의의 세 가지 유형으로 구분하였으며, 전자는 동화주의로, 후자는 다문화주의로, 그리고 양 입장의 중간 입장은 중도적 입장으로 정의하였다. 〔그림 5-6〕은 2019년 조사 결과와 2024년 결과를 비교한 것으로, 2024년에는 동화주의보다 다문화주의에 대한 지지가 증가하였고, 동화주의에 대한 지지는 2019년에 비해 감소한 것으로 나타났다.

[그림 5-6] 사회통합 정책에 대한 인식

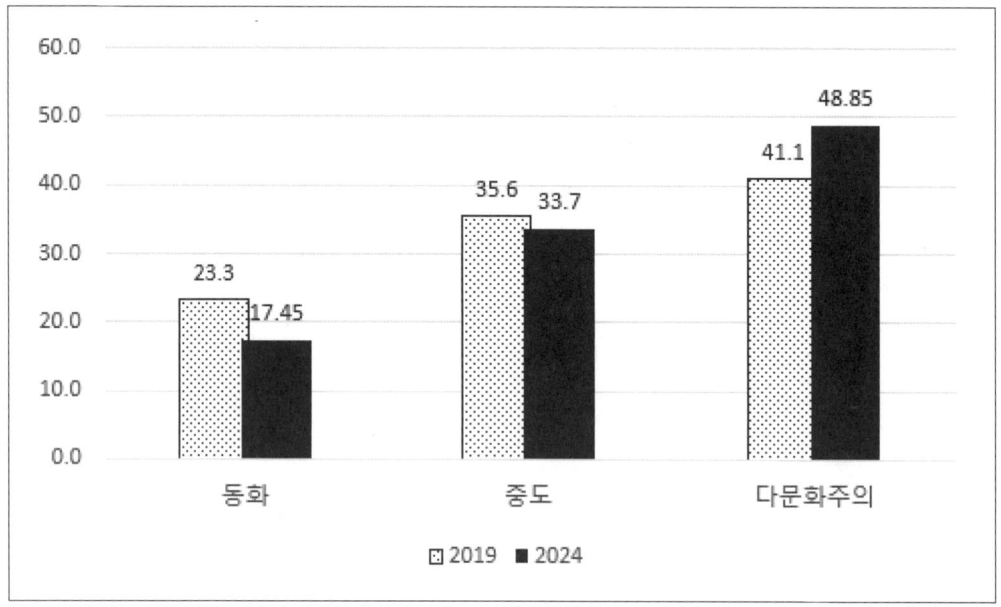

주: 조사에서는 1~10점 사이에서 응답하게 하였으며, 1~4점은 동화주의, 5~6점은 중도, 7~10점은 다문화주의로 코딩하여 분석하였음.
출처: "사회통합 상태 진단을 위한 실태조사," 한국보건사회연구원, 2019; "2024년 사회통합 실태조사," 한국보건사회연구원, 2024; 원자료 저자 분석.

집단별로 이주민 사회통합 정책에 대한 인식을 살펴보면, 청년은 중장년층 및 노년에 비해 다문화주의적 사회통합 정책을 지지하였다. 거주지역의 경우, 농어촌은 동화주의적 입장이 상대적으로 강한 반면, 대도시 및 중소도시는 다문화주의적 태도가 상대적으로 강하였다. 주관적 소득 계층별로는 중상층 이상이 하층보다 다문화주의적 태도가 상대적으로 높았다. 학력의 경우, 대졸 이상이 다문화주의적 태도가 상대적으로 강하였고, 중졸 이하는 동화주의적 태도에 좀 더 가까웠다.

[그림 5-7] 사회통합 정책에 대한 인식 - 인구사회학적 특징

(단위: 점)

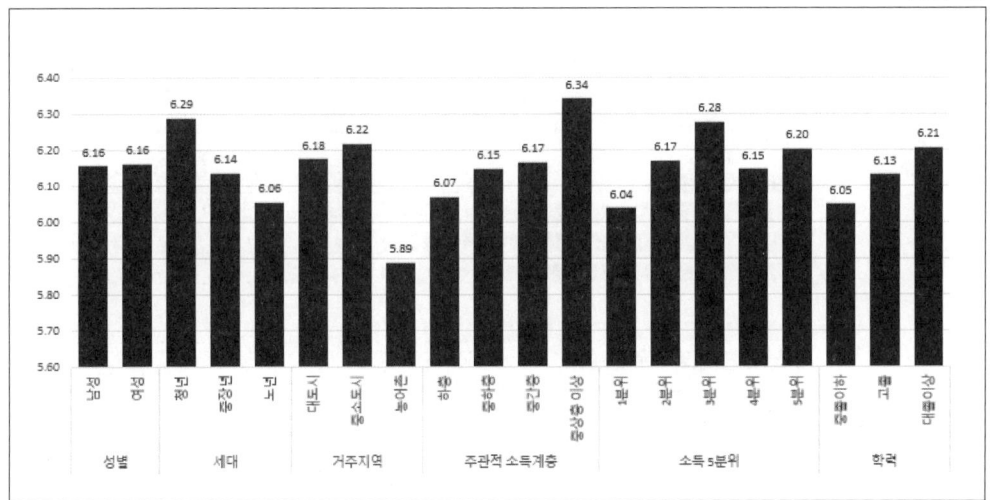

주: 조사에서는 1~10점 사이에서 응답하게 하였음. 점수가 높을수록, 다문화주의적 사회통합 정책에 찬성함.
출처: "2024년 사회통합 실태조사," 한국보건사회연구원, 2024, 원자료 저자 분석.

우선, 동화주의적 사회통합 정책에 찬성하는 이유는 다음과 같다. '다른 문화적 정체성으로 인한 갈등이 발생할 수 있으므로'(38.07%)가 1위를 차지했고, '이주민이 한국 사회에 빨리 적응할 수 있으므로'(25.57%)가 2위를, '한국 고유의 문화와 전통을 유지할 수 있으므로'(18.93%)가 3위를, 그리고 '한국 사회가 이주민에 대한 수용성이 부족하므로'(17.11%)가 4위를 차지하였다.

거주 지역에 따른 집단별 차이는 통계적으로 유의미하게 나타났다. 대도시 거주자들은 '다른 문화적 정체성으로 인한 갈등이 발생할 가능성이 있으므로' 동화주의적 입장에 찬성하는 비중이 상대적으로 높았다. 중소도시 거주자들은 '이주민이 한국 사회에 빨리 적응할 수 있으므로' 동화주의에 찬성하는 비중이 높았다. 농어촌 거주자들은 '한국 고유의 문화와 전통을 유지할 수 있기에' 동화주의적 입장에 찬성하였다. 즉, 거주 지역에 따라 동화주의적 사회통합 정책에 찬성하는 이유가 다름을 알 수 있다.

[그림 5-8] 사회통합 정책에 대한 인식 - 동화주의적 입장

(단위: %)

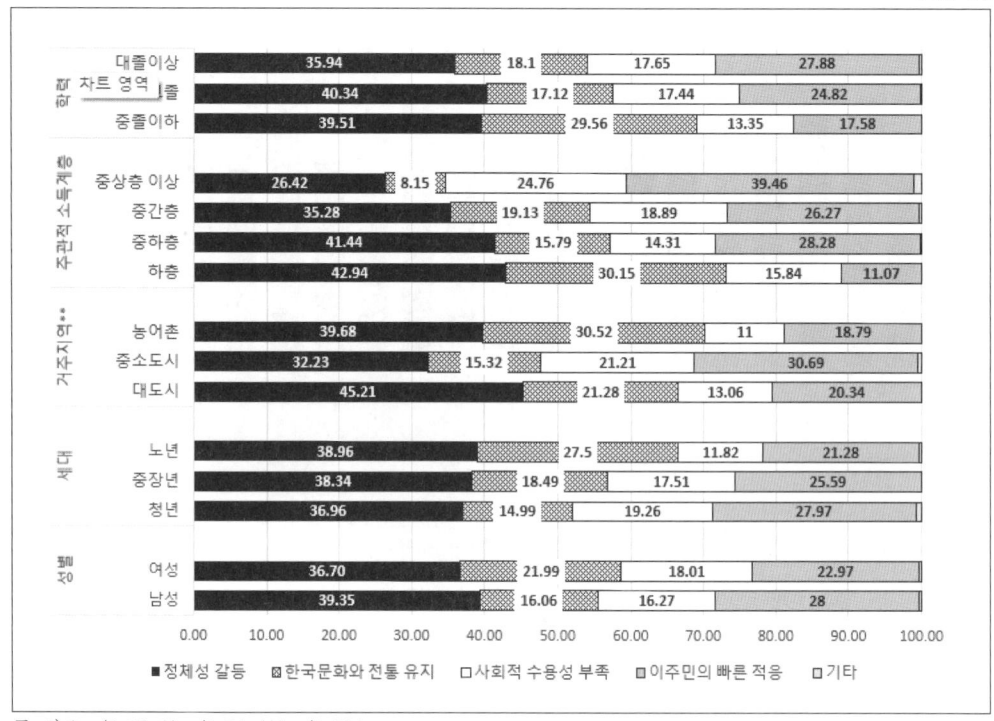

주: 1) * p<0.05, ** p<0.01, *** p<0.001
2) 조사에서는 1~10점 중, 1~5점을 답한 이들만, 해당 문항에 답하게 함.
3) '기타' 응답 제외.
출처: "2024년 사회통합 실태조사," 한국보건사회연구원, 2024, 원자료 저자 분석.

다음으로, 다문화주의적 사회통합 정책에 찬성하는 이유는 다음과 같다. '이주민 자신도 고유의 문화적 정체성을 존중받아야 하므로'(53.47%)가 1위를 차지하였고, '한국 사회의 문화적 다양성이 확산되므로'(18.70%)가 2위를, '한국 사회가 이주민에 대한 수용성이 충분하다고 보므로'(13.46%), '다문화의 경향은 이미 거부할 수 없는 대세이므로'(7.44%), '한국과 이주민 모국과의 교류에 도움이 되므로'(6.93%)로 나타났다.

주관적 소득 계층별 집단 간 차이는 통계적으로 유의미하게 나타났다. 중상층 이상은 이주민의 고유한 문화적 정체성이 존중받아야 한다는 이유로 다문화주의적 사회통합 정책을 지지하였다. 반면, 하층 집단과 중간층 집단은 다문화가 이미 거부할 수 없는 대세라고 인식하여 이에 지지하는 경향이 있었다. 특히, 하층과 중하층은 한국 사회의 문화적 다양성이 확산되기를 원한다는 응답 비율이 다른 계층에 비해 상대적으로 높았다.

[그림 5-9] 사회통합 정책에 대한 인식 - 다문화주의적 입장

(단위: %)

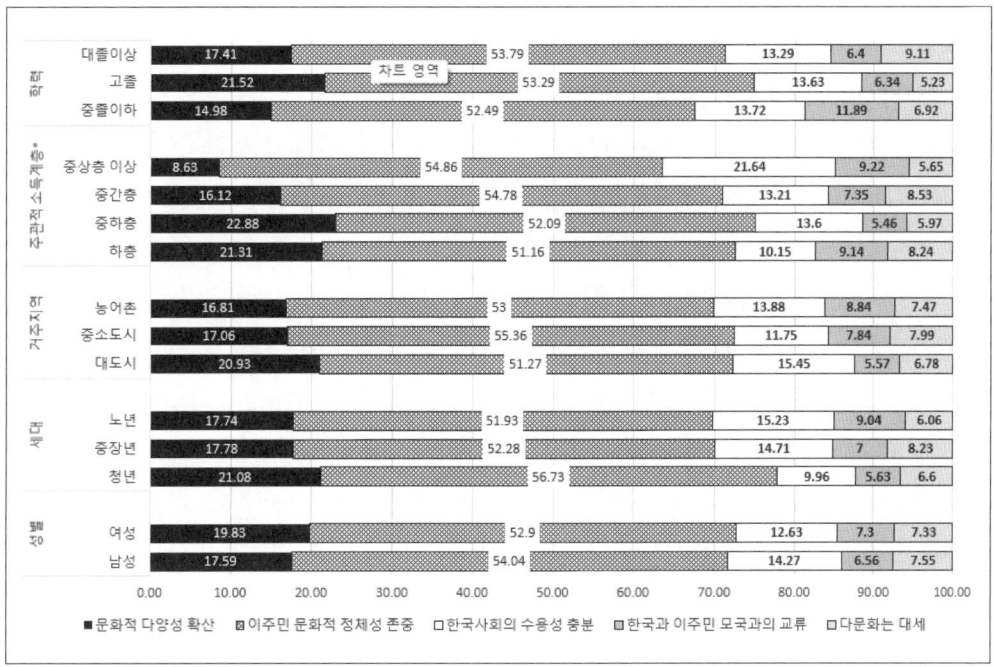

주: 1) * p<0.05, ** p<0.01, *** p<0.001
   2) 조사에서는 1~10점 중, 1~5점을 답한 이들만, 해당 문항에 답하게 함.
   3) '기타' 응답 제외.
출처: "2024년 사회통합 실태조사," 한국보건사회연구원, 2024, 원자료 저자 분석.

제4절 사회통합 정도에 따른 이민 및 외국인력 정책 태도

다양성 증가 시대에 사회통합의 개념과 그 속성은 변모하고 있다. 앞의 제2장에서 언급한 바와 같이, 최근 캐나다와 같은 전통적인 이민 국가에서는 이주민 증가와 함께 기존의 주류사회, 주류 민족, 주류문화의 경계가 더욱 다양해지고 점점 모호해지고 있다. 이로 인해 이제는 어떤 것이 주류이고 비주류인지에 대한 구분조차 원점에서 다시 해야 한다는 주장이 제기되고 있다. 물론 한국은 아직 캐나다와 유사한 상황에 직면하지는 않았지만, 올해 2024년 외국인 인구가 총인구의 5%를 넘을 것으로 예상되는 만큼, 이제 '다문화·다인종 국가'로 진입하는 단계에서, 우리 국민의 사회통합 수준과 이에 따른 관련 정책에 대한 태도가 어떤지 살펴볼 필요가 있다.

사회통합 수준을 살펴보기 위해서는, 제2장에서 언급한, 다양성 증가 시대의 다차원적인 사회통합도 유형을 살펴본 Crul(2023)의 다양성 매트릭스로의 통합(Integration into Diversity Matrix)을 차용하고자 한다. 그의 연구에 따라, X축은 다양성에 대한 태도, 그리고 다른 Y축은 다양성에 대한 실천으로 구성하였다(Crul, 2023). 다만, 이 조사에서는 Crul(2023)이 활용한 조사와 달리, 변수에 제한이 있다. 그렇기에 한 축으로는 다양성에 대한 태도를 보고, 다른 한 축으로는 다양성 실천의 한 방법인 수용성 태도로 이를 측정해 보고자 한다.

한 축인 다양성에 대한 태도 측면에는 '이주민을 어느 정도 받아들일 수 있는지' 묻는 문항을 활용하였다. 보기 문항으로는 '배우자 혹은 가족이 되는 것'과 '절친한 친구가 되는 것'은 사적 영역의 수용으로, '직장동료가 되는 것' 그리고 '나의 이웃이 되는 것'은 공적 영역의 수용으로, '받아들일 수 없음'은 수용성이 없는 것으로 분류하였다. 다른 한 축인, 다양성에 대한 실천에 대한 문항으로는, 우리나라에 다양한 인종, 종교, 문화가 많이 들어올수록 좋은지 묻는 다소 유사한 문항을 활용하였다. 보기 문항은 4점 척도로 구성되었지만, 여기서는 '매우 동의한다'와 '약간 동의한다'는 긍정으로, 그리고 '별로 동의하지 않는다'와 '전혀 동의하지 않는다'는 부정으로 분류하였다.

분포 결과를 살펴보면, 이주민을 사적으로 수용할 수 있으며 동시에 다양한 문화가 국내에 들어오는 것에 대해 긍정적으로 보는 집단은 '적극적 수용과 다양성 존중' 집단으로 명명하였다. 이들 집단은 전체의 35.26%로, 가장 통합된 집단으로 볼 수 있다. 반면에 이주민을 사적 혹은 공적으로도 수용할 수 없으며, 다양한 문화가 국내에 유입되는 것에 대해 부정적인 집단은 '폐쇄성과 다양성 배제' 집단으로 명명하였다. 이들 집단은 전체의 7.02%를 차지하고, 가장 덜 통합된 집단으로 볼 수 있다.

〈표 5-2〉 이주민 수용성 태도와 다양성 태도에 따른 분포

(단위: 명, %)

		수용성 태도(q35)		
		사적	공적	없음
다양성 태도 q33_1	긍정적	① 적극적 수용과 다양성 존중 469(35.26)	② 부분적 수용과 다양성 존중 837(62.93)	③ 폐쇄성과 다양성 존중 24(1.80)
	부정적	④ 적극적 수용과 다양성 부정 277(16.48)	⑤ 부분적 수용과 다양성 부정 1,286(76.50)	⑥ 폐쇄성과 다양성 배제 118(7.02)

출처: 저자 작성.

사회에서 가장 통합된 집단으로 여겨지는 '적극적 수용과 다양성 존중' 집단과 가장 덜 통합된 집단으로 여겨지는 '폐쇄성과 다양성 배제' 집단을 중심으로 이민정책, 외국인력 정책, 사회통합 정책에 대해 살펴보았다.

우선, 사회통합 정도별 이민정책에 대한 태도를 살펴보았다. 그 결과, 가장 통합된 집단인 적극적 수용과 다양성 존중 집단은 이민정책에 대한 태도에 있어 '지금 추세보다 더 많이 받아들여야 한다(46.16%)' 그리고 '지금 추세를 유지해야 한다(45.19%)'의 입장이 뚜렷하였다. 반면, 가장 덜 통합된 집단인 폐쇄성과 다양성 배제 집단의 절반 정도는 '지금 추세보다 더 적게 받아들여야 한다(49.74%)'로 답하였고, 다음으로는 '지금 추세를 유지해야 한다(25.50%)' 등의 순으로 나타났다.

[그림 5-10] 다양성 내 통합에 따른 이민정책에 대한 태도

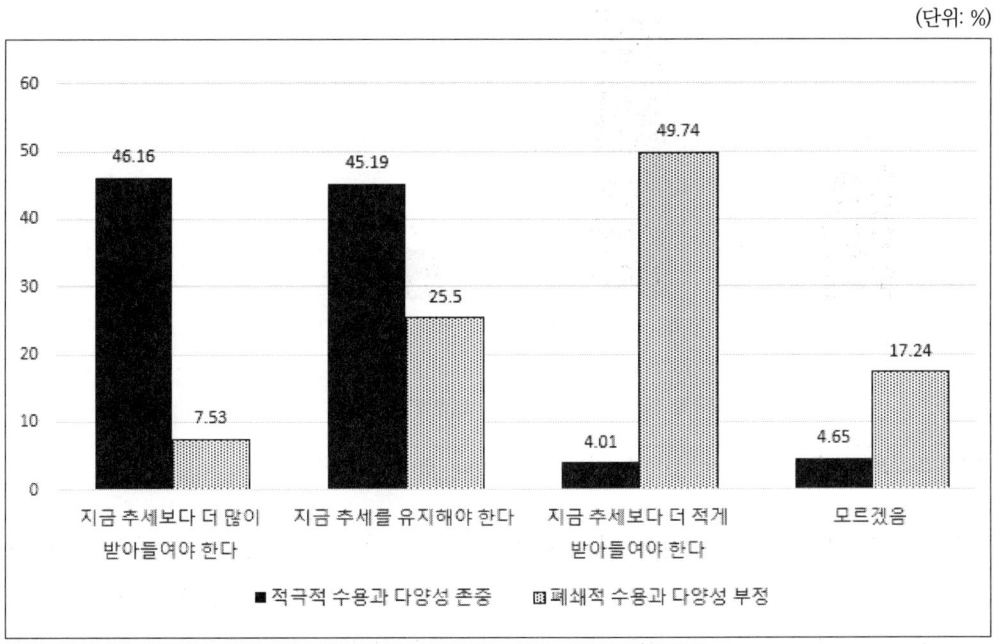

출처: "2024년 사회통합 실태조사," 한국보건사회연구원, 2024, 원자료 저자 분석.

사회통합 정도별 외국인력 유입에 대한 태도를 살펴보았다. 그 결과, 가장 통합된 집단인 적극적 수용과 다양성 존중 집단은 외국인력 정책 방향에 있어 '인력 부족이 심각한 분야에 대해 외국인 인력을 최대한 허용해야 한다'에 절반 이상(63.92%)이 응답하였다. 다음으로 '산업 분야에 제한없이 누구든지 허용해야 한다'에는 26.17%가 답하

였다. 반면, 통합이 가장 덜 된 집단인 폐쇄성과 다양성 배제 집단은 '인력 부족이 심각한 산업 분야로 제한하고 외국인 수도 엄격히 제한해야 한다'에 절반 이상인 55.66%가 응답하였다. 다음으로는 '인력 부족이 심각한 분야에 대해 외국인 인력을 최대한 허용해야 한다'에 32.69%인 전체 응답자의 약 3분이 1이 답하였다. 이들 집단은 적극적 수용과 다양성 존중 집단과 달리 외국인이 한국에 일하러 오는 것을 금지해야 한다고 6.46%가 응답하였다.

[그림 5-11] 다양성 내 통합에 따른 외국인력 유입에 대한 태도

(단위: %)

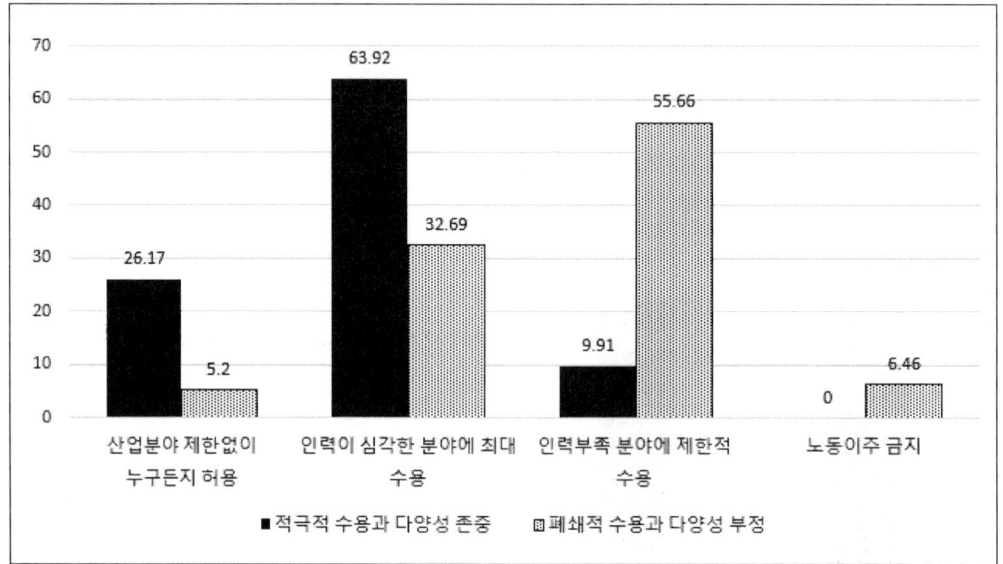

출처: "2024년 사회통합 실태조사," 한국보건사회연구원, 2024, 원자료 저자 분석.

동화주의-다문화주의적 사회통합 정책에 대한 태도를 살펴보았다. 그 결과, 가장 통합된 집단인 적극적 수용과 다양성 존중 집단(50.60%)과 가장 덜 통합된 폐쇄성과 다양성 배제 집단(45.22%) 모두 절반 정도가 다문화주의적 사회통합 정책을 지지하는 것으로 나타났다. 중도적 입장에서는 두 집단 모두 31% 정도의 비슷한 수치를 보였다. 동화주의적 사회통합 정책은 폐쇄성과 다양성 부정 집단이 23.68% 지지했고, 적극적 수용과 다양성 존중 집단은 17.43%로 나타나 적지 않은 수가 답한 것을 확인할 수 있다.

[그림 5-12] 다양성 내 통합에 따른 사회통합 정책 태도

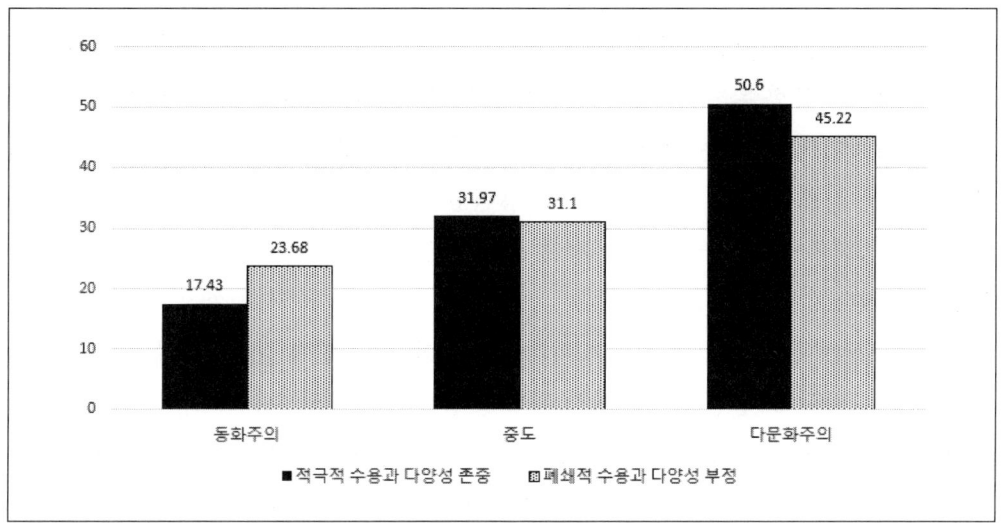

출처: "2024년 사회통합 실태조사," 한국보건사회연구원, 2024, 원자료 저자 분석.

제5절 소결 및 함의점

이번 장에서는 이민정책과 사회통합에 대한 인식 및 태도를 살펴보았다. 우선, 한국의 저출산과 고령화 시대에 따라 외국인 비중이 증가하는 것에 대해 과반수의 응답자는 현재의 추세를 유지해야 한다고 보았다. 특히 남성, 청년층, 대졸 이상, 중상층 이상 집단에서 포용적이고 수용적인 태도가 두드러졌다.

또한 저출산과 고령화는 생산 인구의 부족으로 인해 노동력 부족 현상을 만든다. 조사 결과, 대다수 응답자는 외국인 인력을 더 많이 받아들여야 한다고 보았으며, 특히 노동력이 부족한 산업 분야에서 외국인력을 수용해야 한다고 보았다. 세계 가치관 조사(World Value Survey, 2023)에서 한국은 영국, 독일, 캐나다와 함께 일자리가 있는 한 이주민을 수용해야 한다는 입장을 보인 바 있다. 다만, 한국은 일자리가 있는 한 이주민을 수용해야 한다는 입장과 이주노동자 수를 제한해야 한다는 입장이 팽팽히 맞섰다. 이것은 한국이 고소득 국가로서 경제 성장을 위해 노동력 수요를 충족해야만 하는 상황이면서, 동시에 자국민의 일자리 보호와 사회적 안정에 대한 우려가 반영된 결과로 해석해 볼 수 있다.

이주민 사회통합 정책에 대한 인식에 대해 물어보았다. 절반 가까이 다문화주의에 찬성하였고, 이는 2019년 결과와 비교하여 증가한 수치이다. 다문화주의적 사회통합 정책을 지지하는 이유로는 이주민도 고유의 문화적 정체성을 존중받아야 한다는 것이 주요 이유였다. 동화주의적 사회통합 정책을 지지하는 이유로는 다른 문화적 정체성으로 인한 갈등이 발생할 수 있다는 것이 주요 이유였다. 즉, 이주민의 문화적 정체성에 대한 인식은 사회통합 정책 방향에 있어 양면성을 띠는 것을 알 수 있으며, 이는 다문화주의와 동화주의 간의 균형을 어떻게 조정할 것인가에 대한 중요한 정책적 과제로 부상하고 있다.

개인이 생각하는 사회통합 정도에 따라 이민정책, 외국인력 정책과 사회통합 정책에 대한 태도는 달랐다. 공통적으로 가장 통합된 집단인 적극적 수용과 다양성 존중 집단은 이민과 외국인력 유입을 적극적으로 허용하고 다문화주의적 사회통합 정책을 지지하는 반면, 가장 덜 통합된 집단인 폐쇄성과 다양성 부정 집단은 이민을 제한하고 외국인력의 유입을 엄격히 통제하자는 입장이었다.

이러한 분석 결과에 근거하여 정책적 함의점을 도출하면 다음과 같다. 첫째, 한국인의 이주민에 대한 복잡한 속내와 양가적 감정을 심도 있게 이해할 필요가 있다. 저출산과 고령화로 인한 생산 인력 감소 때문에 농어업을 비롯한 여러 분야에서 인력 부족이 심각해지고 있다. 이에 따라 농어촌 지역에서 외국인 노동력은 선택이 아닌 필수적인 자원이며, 그 중요성은 점차 커지고 있다. 그러나 농어촌 거주자는 도시 거주자에 비해 이민에 대해 덜 수용적인 태도를 보이면서, 동시에 인력 부족 분야에서 외국인 노동력을 적극 수용해야 한다는 비율은 상대적으로 높은 것으로 나타났다. 2024년 농업 분야 외국인 근로자 배정 인원은 61,631명으로, 전년 대비 24% 증가하였으며, 이 중 16,000명은 고용허가제, 45,631명은 계절근로자로 수용될 예정이다(농림축산식품부, 2023). 즉 농촌지역에서 외국인력이 더욱 증가할 것으로 예상된다. 따라서 농촌 주민의 인식과 태도 변화를 면밀히 연구하고, 이를 바탕으로 갈등 완화를 위한 맞춤형 정책을 마련할 필요가 있다.

둘째, 이주민과 관련 정책에 대한 태도를 분석하여 정책의 우선순위를 정하고 효율성을 높일 수 있다. 분석 결과, 세대별로 태도의 차이가 뚜렷하게 나타났다. 청년층은 이주민의 문화적 다양성과 경제적 기여를 긍정적으로 평가하며, 이민자와의 사회적 교류에 개방적인 태도를 보였다. 반면, 노년층은 다소 보수적이고 배타적인 입장을 취하였다. 이러한 세대 간 차이는 글로벌 차원에서도 유사하게 나타났다. World Value Survey의 66개국 조사에서도 청소년(16~18세)과 청년층이 노동 이주에 대해 상대적으로 높은 수용성과 긍정적 태도를 보이는 것으로 확인되었다(표 5-1). 따라서, 노년층과 중장년층을 대상으로 이민정책에 대한 이해도를 높이고, 정책 실행의 효과성을 제고하기 위해 이들의 참여와 지지를 얻기 위한 노력이 필요하다. 이를 위해 이주민의 경제적 기여와 문화적 다양성의 가치를 강조하는 교육과 홍보 활동이 중요하다.

그뿐만 아니라, 주관적 소득계층에 따라서도 이민과 관련 이슈에 대한 태도 차이가 존재한다. 사회경제적 지위가 낮을수록 이주민에 대해 배타적인 경향이 두드러지는데, 이는 경제적 불안정성과 노동시장에서의 기회 부족과 밀접하게 연관되어 있다. 특히, 저소득층은 자신의 경제적 여건이 불안정한 상황에서 이주민을 경쟁 대상으로 인식할 가능성이 높으며, 이로 인해 이들을 위협으로 느낄 수 있다. 이러한 경향은 낮은 임금과 고용 불안이 심화된 산업 분야에서 더욱 뚜렷하게 나타난다. 또한, 제한된 사회적 자원의 분배에 대한 불안감도 작용하여, 이주민의 유입이 기존 자원에 대한 접근을 위협할 수 있다는 우려가 존재한다.

이와 같은 배경을 고려할 때, 이주민에 대한 부정적인 인식은 단순한 편견이 아니라, 경제적 안정성과 사회적 자원의 부족이라는 실질적 문제와 연결되어 있음을 알 수 있다. 따라서 이주민 문제를 해결하기 위해서는 이주민 당사자의 목소리를 듣는 것도 매우 중요하지만, 이에 못지 않게 취약계층과 저소득층의 의견을 경청하고 이들의 경제적 안정 등을 포함한 삶의 안정성을 도모하려는 정책적 노력을 기울여야 한다.

넷째, 외국인 가사관리사의 최저임금 차등 적용에 대해서는 뜨거운 논쟁에 앞서 우리 사회의 돌봄 시장의 현실과 개선점에 대해 먼저 살펴보아야 한다. 한국의 돌봄 노동 시장은 고령화와 저출산으로 인한 인력 부족 문제가 심화되고 있음에도 불구하고, 관련 연구가 부족해 정확한 수급 상황을 파악하기 어렵다. 정부는 산업별 인력 수급을 면밀히 분석해 돌봄 노동자 배치 정책을 세분화하고, 돌봄의 다양한 영역에서 인력 부족이 어느 정도인지, 수요자가 요구하는 돌봄 노동자의 특성이 무엇인지에 대한 심층 연구를 진행해야 한다. 또한, 서구권에서 활발히 연구 중인 AI와 로봇 등 기술변화에 따른 돌봄 노동의 대체 가능성을 한국의 상황에 맞춰 분석하고, 장기적인 대책을 마련할 필요가 있다. 돌봄은 사람 간의 관계를 기반으로 하는 영역이기에 다른 산업보다도 정교하고 세심하게 접근해야 하며, 돌봄 노동자가 고용 과정에서 권력을 갖는 갑-을 관계의 변화도 고려하면서 제도를 설계해야 한다. 이러한 분석과 연구를 통해 제도의 지속 여부를 판단하고, 근본적으로는 한국형 돌봄 제도의 개선 방안을 모색해야 한다. 따라서 돌봄 노동의 공공성을 확보하기 위해, 외국인력의 단기적 도입이 아닌 근본적인 돌봄 제도 개선 방안을 모색하는 것이 급선무이다.

마지막으로, 각 집단의 사회통합 수준에 따른 맞춤형 사회통합 정책을 마련할 필요가 있다. 앞선 분석에서 드러났듯이, 이번 조사의 응답자들은 적극적 수용과 다양성 존중에서부터 폐쇄성과 다양성 배제에 이르기까지 사회통합 수준이 다양했으며, 이에 따라 정책에 대한 태도의 차이를 보였다. 그러므로 상대적으로 가장 덜 통합된 집단부터 단계적으로 통합 정도를 높이는 정책적 방향성이 설정되어야 할 것이다. 예를 들어, 적극적 수용과 다양성 존중 집단을 대상으로는 이주민과의 긍정적인 상호작용을 촉진하는 정책과 프로그램을 강화해야 하며, 폐쇄성과 다양성 배제 집단에는 이주민에 대한 인식 개선과 소통을 위한 교육 및 정보 제공을 확대하는 것이 필요하다. 또한, 정책의 실효성을 높이기 위해 다양한 정책의 효과성을 모니터링하고, 지속적으로 피드백을 수집하는 시스템을 구축해야 한다. 정기적으로 시민들의 의견을 수렴하고, 사회통합 수준에 대한 조사 결과를 정책 개선에 반영함으로써 변화하는 사회적 요구에 적절히 대응할 수 있을 것이다. 다만, 사회구성원이 모두 적극적 수용과 다양성 존중 집단에 속하는 것을 목표로 할 필요는 없으며, 부분적 수용과 다양성 존중을 목표로 설정할 수도 있다. 우리 사회가 목표로 하는 사회통합 수준은 어디까지인지, 그리고 이를 통해 어떤 사회통합 수준을 갖춘 개인을 양성할 것인지에 대해 다양한 관점과 의견을 공유하는 과정이 필요하다.

제6장

이주민 사회권과 복지정책에 대한 태도

제1절 이주민 사회권에 대한 내국인 인식
제2절 이주민·복지제도 유형에 따른 이주민 사회권
제3절 이주민 사회권에 대한 인식 및 복지 태도
제4절 소결 및 함의점

제6장　이주민 사회권과 복지정책에 대한 태도

제1절 이주민 사회권에 대한 내국인 인식

　　Marshall(1950)은 복지국가에서 개인의 권리로 사회권(social right)을 명시했다. 한 국가의 시민권(citizenship)은 공민권(civil right), 정치적 권리(political right), 사회적 권리(social right)로 구분된다. 공민권은 자유와 평등에 관한 권리를, 정치적 권리는 개인의 참정권을, 마지막으로 사회권은 사회에서 개인의 일정 수준의 경제적 안녕과 안전을 보장하는 권리를 의미한다. 시민들은 사회권을 통해 교육을 받고, 노동시장에 참여하고, 치료를 받고, 빈곤할 경우에 급여를 받을 수 있는 등의 권리를 누리게 된다. 앞의 두 가지 권리에 비교하면 사회권은 한 국가의 자원을 배분하는 문제와 직접적으로 결부된다. 한 사회의 자원 총량이 한정됐다는 점을 고려하면, 사회권 행사의 주체를 어디까지 설정할지는 정치적으로 민감한 문제가 된다.

　　사회권 보장의 문제가 이주민에 이르면 당연하게도 이론적·정치적 긴장을 낳는다. 외국인에게는 시민권(citizenship)이 없기 때문이다. 국경의 외곽에서 어느 순간 공동체 성원으로 편입된 이들의 사회권 보장 문제는 복지국가에서 태동 때부터 숨겨온 난제였다. 서구 복지국가는 성립 이후 이주민의 사회권에 대해 대체로 포괄적인 보장을 했다(Koning, 2013). 복지국가가 팽창하던 1970년대까지는 사회권이 이주민들에게도 대체로 적용됐지만, 80~90년대의 경제 침체 및 복지 삭감을 거치면서 이주민은 복지국가의 주변부로 조금씩 밀려났다. 이를테면, 영국의 NHS는 1948년 출범기에 서비스 대상자를 국적과 무관한 "영국 거주자"로 호명했지만, 시간이 흐르면서 이주민 앞의 문턱은 높아지고 있다. 2024년 기준으로 영국에 비자를 신청하는 외국인은 인당 1년에 1,035파운드(약 180만 원)의 이민 건강 할증료(immigration health surcharge)를 내야 한다(Gower, McKinney, 2024). 2013년 영국에서 NHS의 이주민 대상에 관한 정책을 숙의하는 과정에서 당시 데이비드 캐머런 수상이 한 말은 영국의 정서를 반영한다. "우리가 가진 것은 무상 국가의료서비스이지, 무상 국제의료서비스가 아니다(What we have is a free national health service, not a free international health service)"(UK Government, 2013). 이러한 정서에서 복지국가들은 이주민의 사회권에 대해 점차 보수적 접근을 시도해 왔다. 복지국가의 후퇴기를 겪어온 서구와 달리, 한국은 이제 복지국가의 형성기를 지나 확장기를 거치고 있다. 이 과정에서 한국에서 이주민의 사회권 문제는 상대적으로 새롭게 부상하는 의제다. 이주민의 사회권 보장에 대한 한국인의 정서를 확인하고자 했다. 국내에 거주하는 이주민들의 기본적인 인권11) 및 사회권의 네 가지 영역(복지, 건강, 주거, 노동)이 얼마나 보장되고 있다고 생각하는지를 내국인들에게 물었다.

[그림 6-1] 이주민의 다섯 가지 인권 보장 수준에 대한 내국인 인식

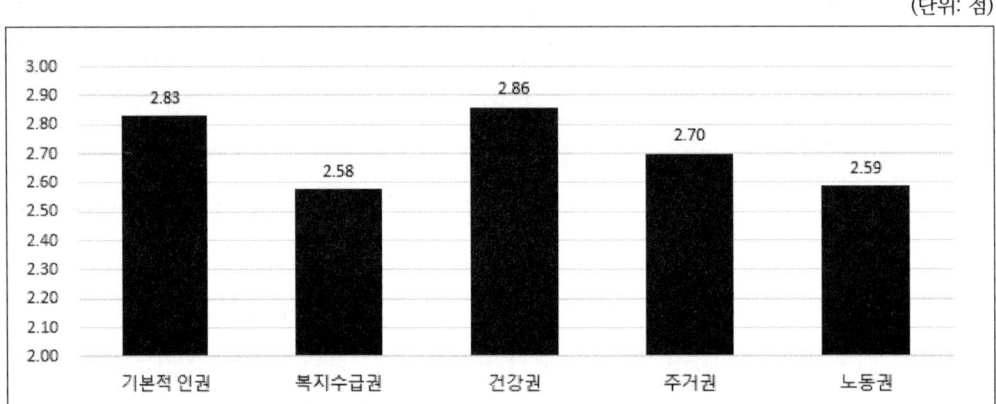

주: "우리 사회에서 국내 거주 이주민들에 대한 다음의 권리가 얼마나 존중된다고 생각하십니까?"에 대해 ① 매우 존중된다, ② 약간 존중되는 편이다, ③ 별로 존중되지 않는 편이다, ④ 매우 존중된다의 4점 척도를 역코딩한 평균값임. 즉 인권 보장 수준이 높다고 인식할수록 수치가 큼.
출처: "2024년 사회통합 실태조사," 한국보건사회연구원, 2024, 원자료 저자 분석.

이주민의 다섯 가지 인권 보장에 대해서, 내국인은 대체로 별로 존중되지 않는 편(2점)과 약간 존중되는 편(3점) 사이라고 인식했다. 대체로 2.58~2.86 정도로, 다섯 가지 인권 보장에 대한 인식 차이도 크지 않았다. 굳이 차이를 보자면, 건강권의 보장 수준이 가장 높다고 내국인들은 응답했다. 건강권에 대한 보장 수준(2.86)이 기본적인 인권에 대한 보장 수준(2.83)보다 미세하게나마 높았다. 다소 흥미로운 결과였다. 한국보

---

11) 기본적 인권에는 사회권이 포함된다는 법적인 해석도 있으나(허완중, 2010), 동시에 사회권이 전통적인 기본권인 자유권과 여러 가지 측면에서 성격을 달리한다는 의견(이성환, 2010)도 존재함을 고려해서 문항을 제시했음.

건사회연구원의 2024 사회통합 설문조사에서는 해당 응답에 대한 이유까지 묻지는 않았다. 다만, 국민건강보험에서 체류 외국인을 대상으로 하는 제도의 포괄성을 지속적으로 넓혀온 점이 영향을 미친 것으로 보인다. 지난 2019년 '이주민 체류실태 및 고용조사'를 분석한 곽윤경(2021)의 연구를 보면, 비전문취업(E9) 체류자격을 가진 이주노동자 가운데 91.2%가 건강보험에 가입한 것으로 나타났다. 지난 2019년 건강보험 법 개정으로 6개월 이상 체류 외국인의 경우, 지역가입자 당연적용 대상이 되면서 이주민 대상 포괄성이 확장됐다. 물론, 이주민의 지역가입자 보험료 계산 방식, 체납 시 이주노동자에게 가해지는 조치 등에서 이주민에 대해 차별적인 요소가 남아 있지만(곽윤경, 2021), 이주 집단을 대상으로 하는 건강보험 제도의 포괄성은 일정 수준 갖춰졌다는 평가를 받고 있다. 이런 상황이 내국인들의 긍정적인 평가와 연관된 것으로 보인다. 물론, 2.86이라는 수치가, 2점(별로 존중되지 않는 편)과 3점(약간 존중되는 편) 사이라는 점, 즉 이주민의 건강권이 높은 수준에서 보장된다고 평가한 것이 아니라는 점도 참고할 필요가 있다.

다른 인권에 비해서 복지수급권(2.58) 및 노동권(2.59)의 보장 수준은 상대적으로 낮았다. 노동 현장에서 이주민 대상 차별 및 복지 혜택에서 배제되는 것이 자주 확인됐기(유길상, 이규용. 2002; 김기태 외, 2020) 때문으로 추정된다. 이주민의 주거권에 대한 평가(2.70)가 미세하게라도 복지수급에 대한 권리보다 높게 나온 점이 눈에 띈다. 지난 2020년 캄보디아 출신 여성 노동자인 속헹 씨가 한파 속에서 비닐하우스에서 숨진 채 발견된 사건이 있었던 점을 고려하면 다소 뜻밖이다. 사건 직후, 정부에서 이주노동자의 숙소를 전수조사하겠다고 밝히는 등 조치를 취했지만, 이주노동자의 주거 환경에 대한 논란은 이어지고 있다(이기호, 2023).

이주민의 인권에 대한 내국인의 인식을 집단별로 나누어 보면, 전체적으로 성별과 연령, 지역에 따른 차이는 크게 부각되지 않는다. 대신, 주관적 소득계층, 경제활동 상태에 따라서는 차이가 나타난다. 지면의 한계를 고려해서, 다섯 가지 종류의 인권 가운데 복지와 노동에 대한 권리에 한정해서 집단별 차이를 살펴보겠다.

이주민의 복지수급권 보장에 대한 내국인 인식은 연령, 세대, 지역, 주관적 소득계층, 월평균 근로소득, 가구 균등화 소득, 학력, 경제활동 상태 등에 따라 차이가 났다. 그러나 성별, 이념적 성향에 따른 차이는 나타나지 않았다. 특히, 이념적 성향에 따른 차이가 없는 점은 눈에 띈다. 이는 이민 문제에 대해서 좌우 정당의 정책이 차이를 드러내기보다는 수렴한다는 Dancygier와 Margalit(2020)의 연구와도 다소 연관된 결과로 보인다. 반면, 분위별로 이주민의 복지수급권에 대한 인식의 차이가 컸다([그림 6-2] 참고). 1~4분위에서는 이주민의 복지수급권이 매우 존중된다는 응답 비율이 5~6%에 그친 반면, 5분위에서는 14.9%가 이주민의 복지에 대한 권리가 잘 보장됐다고 답했다. 이주민의 복지수급 권리가 전혀 보장되지 않았다는 비율은 1분위에서 7.37%로, 5분위의 3.15%보다 높았다. 부유한 집단에서 상대적으로 현재 이주민의 복지수급권이 잘 보장됐다고 인식한다는 점이 확인된다. 부유한 집단에서 이주민 권리 문제에서 상대적으로 보수적인 입장을 가진 것으로 해석된다.

[그림 6-2] 이주민의 복지수급권에 대한 내국인 분위별 인식

(단위: %)

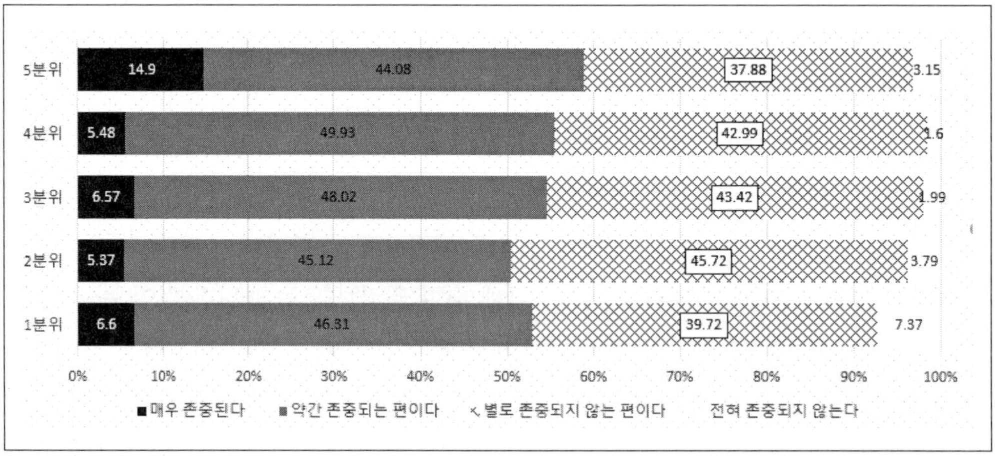

분위	매우 존중된다	약간 존중되는 편이다	별로 존중되지 않는 편이다	전혀 존중되지 않는다
5분위	14.9	44.08	37.88	3.15
4분위	5.48	49.93	42.99	1.6
3분위	6.57	48.02	43.42	1.99
2분위	5.37	45.12	45.72	3.79
1분위	6.6	46.31	39.72	7.37

주: "우리 사회에서 국내 거주 이주민들에 대한 다음의 권리가 얼마나 존중된다고 생각하십니까?"에 대한 답변
출처: "2024년 사회통합 실태조사," 한국보건사회연구원, 2024, 원자료 저자 분석.

복지수급권에 대한 응답인 ① 매우 존중된다, ② 약간 존중되는 편이다, ③ 별로 존중되지 않는 편이다, ④ 매우 존중된다를 4점 척도로 역코딩해서, 집단별 평균을 구해 보았다. 평균값이 높을수록 현재 이주민의 복지수급권이 한국에서 잘 존중되고 있다는, 다소 보수적인 입장으로 해석된다. 앞에서 살펴본 바와 같이, 5분위의 평균값이 2.71로 1~4분위의 평균(2.52~2.59)보다 높았다([그림 6-3] 참고). 다른 집단 범주로도 살펴보았다. 처지가 상대적으로 열악한 집단에서 이주민의 복지수급권에 대한 보장 수준이 낮다고 보는 경향이 나타난다. 주관적인 소득 기준으로 하층 집단(2.32), 비정

규직(2.52)에서 평균이 낮았다. 반면, 관리자 및 전문가(2.71), 대졸(2.61) 집단이 상대적으로 보수적이었다. 한편, 이주민에 대한 접촉 빈도를 기준으로 봤을 때, 자주 접촉한다는 집단(2.72)에서 복지수급권에 대해서 상대적으로 보수적이었다.

이주민의 복지수급권에 대해서 내국인들이 저임금·저학력·불안정 노동 집단에서 이주민의 복지수급권 현황에 대해서 상대적으로 부정적인 것으로 추정된다. 즉, 이들은 이주민들의 복지수급권이 잘 보장되지 않다고 보고 있다. 이주민의 복지수급 권리에 대해 중산층 이하 집단에서 전향적인 입장을 취한다는 점에서, 제2장에서 살펴본 연대 효과(solidarity effect)가 작동한 것으로 볼 여지가 있다. 서구 사회에서 저임금·저학력·불안정 집단에서 이주민에 대해서 상대적으로 적대적인 점을 고려하면(Larsen, 2020), 한국 국민의 정서는 서구와는 다른 것으로 볼 수도 있다. 물론, 아래 복지 태도로 가면 이러한 경향은 다시 반대로 나타난다.

[그림 6-3] 이주민의 복지수급권에 대한 내국인 집단별 인식

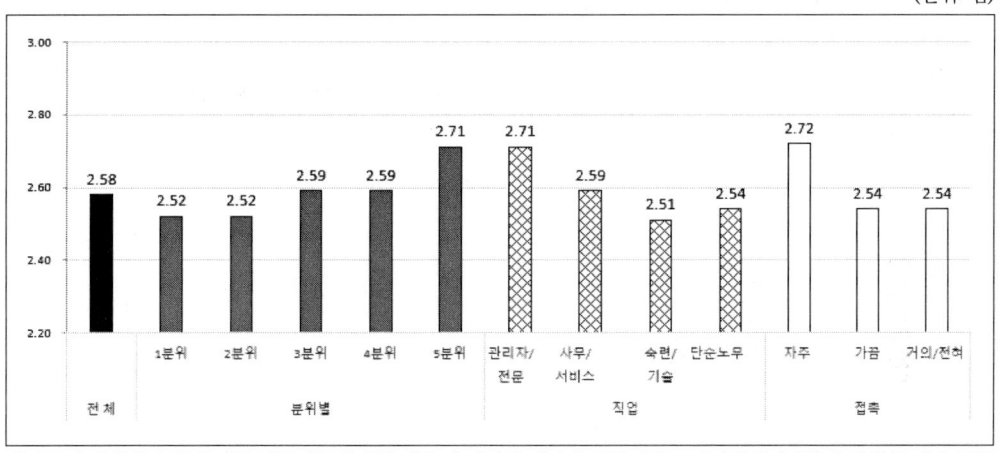

주: "우리 사회에서 국내 거주 이주민들에 대한 다음의 권리가 얼마나 존중된다고 생각하십니까?"에 대해 ① 매우 존중된다, ② 약간 존중되는 편이다, ③ 별로 존중되지 않는 편이다, ④ 매우 존중된다의 4점 척도로 역코딩함. 즉 인권 보장 수준이 높다고 인식할수록 수치가 큼.
출처: "2024년 사회통합 실태조사," 한국보건사회연구원, 2024, 원자료 저자 분석.

이주민의 노동권에 대해서도 경향은 크게 다르지 않게 나타난다. 이주민의 노동권 보장 수준에 대한 인식에 있어서, 성별, 연령별, 세대별, 지역별, 학력, 취업 여부에 따른 차이점은 통계적으로 유의하지 않았다. 집단별 차이는 주관적 소득계층, 경제활동 상태, 직업 등에서 나타났다([그림 6-4] 참고).

이주민의 노동권에 대한 내국인의 인식을 보면, 소득분위에서는 5분위로 올라가면서 노동권 보장이 잘 됐다는 인식이 높아지는 경향이 나타나지만, 복지수급권만큼 소득에 따른 추이가 명확하지는 않다. 이를테면, 소득 1분위(2.58)가 2분위(2.51)보다 이주민 노동권에 대해 보수적이었다. 물론, 소득분위별 차이 역시 통계적으로 유의하게 차이가 있었다. 이주민의 노동권에 대한 인식에 있어서는 주관적 소득계층에 따른 차이가 도드라졌다. 하층(2.50)에서 중상층(2.72)보다 이주민의 노동권 보장이 상대적으로 미흡하다고 보았고, 단순·노무(2.58), 숙련·기술(2.56)과 관리자 및 전문직(2.68) 사이에서도 인식의 차이가 드러났다.

[그림 6-4] 이주민의 노동권에 대한 내국인 집단별 인식

(단위: 점)

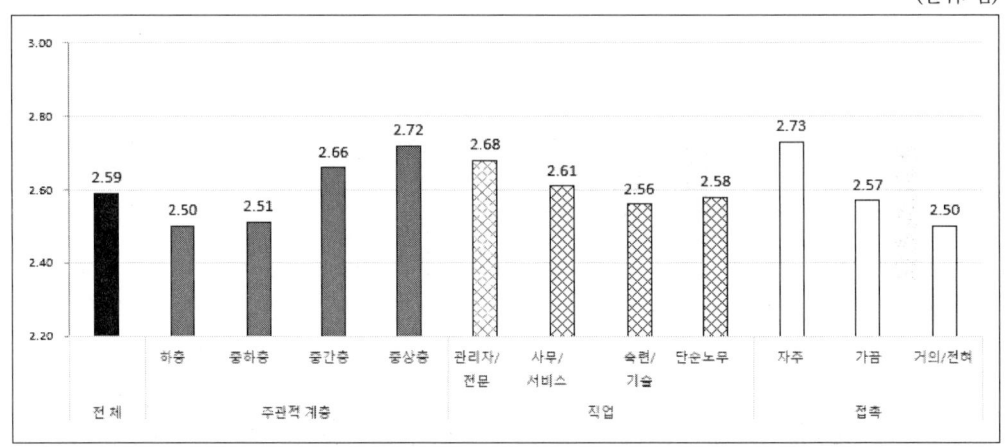

주: "우리 사회에서 국내 거주 이주민들에 대한 다음의 권리가 얼마나 존중된다고 생각하십니까?"에 대해 ① 매우 존중된다, ② 약간 존중되는 편이다, ③ 별로 존중되지 않는 편이다, ④ 매우 존중된다의 4점 척도로 역코딩함. 즉 인권 보장 수준이 높다고 인식할수록 수치가 큼.
출처: "2024년 사회통합 실태조사," 한국보건사회연구원, 2024, 원자료 저자 분석.

이주민의 복지수급권과 노동권에 관한 두 결과를 종합하면, 저임 및 저학력 집단은 다른 집단(고학력, 관리직, 고임금 집단)보다 이주민의 사회보장 및 노동 관련 권리 보

장 수준이 낮다고 응답하는 비율이 높았다. 한 가지 확인할 점이 있다. 그렇다고 해서 저임·저학력 집단이 반드시 이주민에 대해서 우호적이라고 단언하기는 힘들다는 점이다. 이번 사회통합 실태조사의 다른 문항 분석 결과를 보면, '이주민의 유입은 내국인의 일자리를 위협한다'는 명제에 대해서 '매우 동의'한 비율은 단순노무직에서 15.9%, 관리자 및 전문가 집단에서는 8.42%였다. 또한 '이웃에 이주민이 오는 것이 싫다'는 문항에 대해 매우 동의한 비율이 단순노무직에서 6.45%로, 전체 평균인 3.65%보다 다소 높았다. 저임 노동집단에서 이주민을 바라보는 다소 복잡한 시선이 있다고 추정되는 결과로 보인다.

제2절 이주민·복지제도 유형에 따른 이주민 사회권

이주민 집단은 단일하지 않다. 당연하게도, 국적, 직업, 체류 동기, 체류 기간에 따라 매우 이질적인 집단들로 구성된다. 복지국가는 이주민을 배제하는 과정을 정당화하기 위해 두 가지를 근거로 제시한다(Koning, 2013). 첫 번째는 체류상의 지위다(Koning, 2013). 이를테면, 미등록 이주민은 복지국가에서 가장 취약한 집단이다. 다음으로 단기체류 이주 집단이 취약하다. 영주권자는 대체로 시민과 유사한 대우를 받는다. 물론, 예외도 있다. 1990년대 중반에 미국은 공공부조제도인 푸드 스탬프나 보충안전소득(Supplementary Security Income) 급여 대상에서 모든 '비시민'을 배제했다(Fragomen, 1997). 두 번째는 체류 기간이다(Koning, 2013). 다수의 복지국가들은 이주민들에게 복지급여 수급 자격을 줄 때 일정 기간 이상의 체류 조건을 붙인다. 때로는 내국인들에게도 일정한 체류 기간의 조건이 붙는다. 한국 기초연금의 경우, 수급자의 국외 체류 기간이 국외 체류 60일이 되는 날을 지급 정지의 사유가 발생한 날로 간주한다(기초연금법 16조(기초연금 지급의 정지)).

1. 내국인과 동등한 사회권을 이주민에 부여할 수 있는 시점

2024년 사회통합 실태조사에서는 이러한 조건에 대해 설문했다. 설문 문항은 〔그림 6-5〕와 같다. 유럽연합이 2016년에 실시한 〈European Social Survey〉 8번 라운드에서 동일한 설문을 활용했던 점을 참고했다.

[그림 6-5] 이주민의 복지급여 자격 부여 시점에 대한 설문 문항

문. 귀하는 이주민들이 내국인과 동일한 사회복지 혜택과 권리를 얻는 시점은 언제가 되어야 한다고 생각하십니까?
① 한국에 입국한 즉시
② 한국에서의 근무경력에 상관없이, 입국한 지 1년이 지난 뒤
③ 한국에서 최소 1년 동안 근무하고 세금을 납부한 경우
④ 이주민이 한국 국적을 취득한 직후
⑤ 이주민은 내국인과 결코 동일한 권리를 가져서는 안 된다
⑥ 잘 모르겠다

이 문항은 사회정책과 관련된 이주민에 대한 내국인의 태도를 분석할 때 자주 활용된다. 시민들의 복지 국수주의(welfare chauvinism) (Duman, 2023), 복지 태도의 제한성(Degen et al., 2019)을 측정하는 변수로 활용된다. 이 글에서 자주 활용될 이 문항을 앞으로는 편의상 '이주민 사회권 문항'이라 지칭하겠다. '한국에 입국한 즉시' 이주민에게 내국인과 동일한 복지수급권을 부여해야 한다는 의견의 비율은 3.66%로 매우 낮았다. '잘 모르겠다'고 답한 소수(2.33%)를 제외한 비율이다. 과반의 국민들은 국내에서 '최소 1년 동안 근무하고 세금을 납부한 경우'에 복지급여에 대한 권리를 주는 데 동의했다. 2.66%는 '이주민들이 내국인과 동일한 권리를 결코 가질 수 없다'는, 다소 강경한 의견을 냈다.

집단별 차이를 보면, 연령, 세대, 지역, 주관적 소득계층, 소득분위, 학력, 경제활동 상태, 이념적 성향에 따라 의견이 통계적으로 유의미하게 달랐다. 성별, 직업, 직업 안정성에 따른 차이는 통계적으로 유의하지는 않았다. 해당 설문에 대해서 '잘 모르겠다'는 집단을 제외하고, ①~⑤ 문항을 1~5점 척도로 활용해서 평균을 구했다. 평균이 높을수록, 복지급여 접근에 있어서 이주민에게 배타적임을 의미한다.

[그림 6-6] 이주민의 복지급여 권리 부여 시점에 대한 집단별 차이

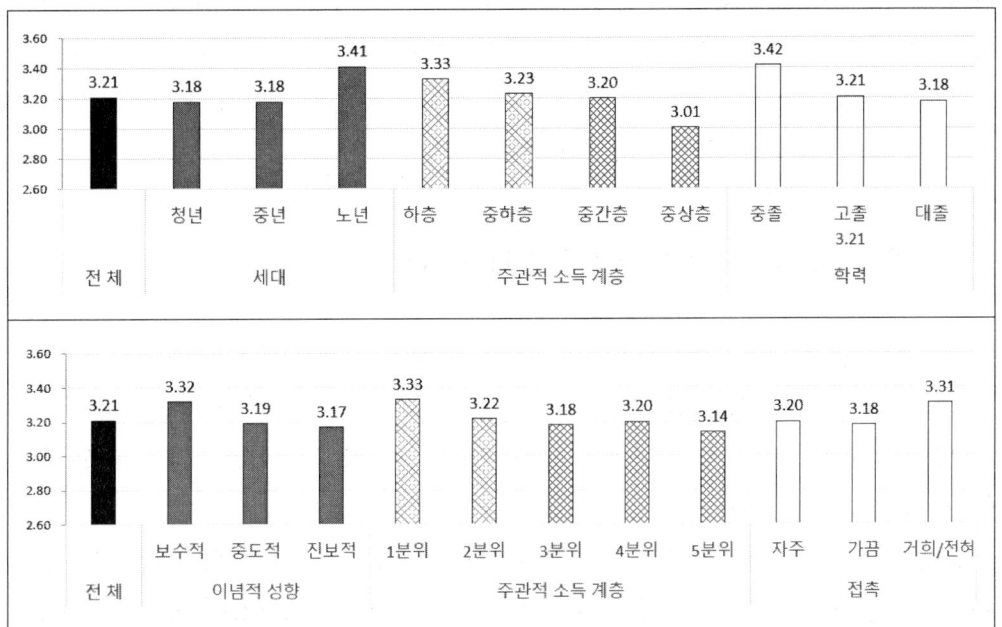

주: 그림 6-5의 설문 ①~⑤ 문항을 1~5점 척도로 활용해서 평균을 구한 값임. 평균이 높을수록 복지에서 '내국인 우선' 성향이 강한 것으로 해석됨. 즉, 이주민의 복지급여 수급에 대한 거부감이 높다는 의미임.
출처: "2024년 사회통합 실태조사," 한국보건사회연구원, 2024, 원자료 저자 분석.

집단별로 보면, 노년 집단(3.41)이 청년(3.18)이나 중년(3.18) 집단에 견줘 상대적으로 보수적이었다. 소득 기준으로는 중상층(3.01)에서 하층(3.33)으로, 교육 수준 기준으로는 대졸 이상 고학력(3.18)에서 중졸 이하(3.42) 저학력 집단으로 이동할수록, 소득 5분위(3.14)에서 1분위(3.33)로 이동할수록 '내국인 우선'[12] 성향을 나타냈다. 이는 서구 사회의 관련 연구에서도 관찰되는 경향과 유사하다. 즉, 낮은 사회경제적 지위를 가진 집단, 즉 저소득 혹은 저학력 집단에서 이주민 사회권 부여에 대해 부정적이었다(Larsen, 2020).

이념적 성향을 기준으로 보면, 보수집단에서 상대적으로 이주민의 복지수급에 대해서 부정적이었다. 그렇지만, 보수적인 집단에서도 '이주민은 내국인과 결코 동일한 권

---

[12] 복지급여에 대한 이주민의 접근에 부정적인 입장은 흔히 복지 국수주의(welfare chauvinism)(Duman, 2023), 복지 국가주의(welfare nationalism)(Eger, Valdez, 2014) 등으로 표현되지만, 이 글에서는 다소 중립적인 '내국인 우선'이라는 표현으로 대체했음. 해당 문항에 대해서는 '이주민 사회권 문항'이라 명명함. 이렇게 명명한 이유는 이번 장의 제4절에서 제시함.

리를 가져서는 안 된다'고 답한 비율은 4.38%로 상대적으로 소수였다. 이주민과의 접촉 빈도를 기준으로 보면, 이주민과 '거의 혹은 전혀 접촉하지 않은 집단'에서 상대적으로 '내국인 우선' 입장에 가까웠다. 이는 제2장에서 살펴본 접촉이론과 부합하는 결과다. 접촉이론에 따르면, 이주민과 접촉 빈도가 높을수록 이주민에 대한 적대감을 줄이고, 우호적인 태도를 취한다(Allport, 1954).

2. 유럽과 한국에서 이주민 사회권에 대한 태도

국제 비교를 위해서 유럽사회조사(European Social Survey) 8라운드의 같은 문항도 함께 분석했다. 당시 유럽사회조사에서는 복지 및 기후변화에 대한 태도를 주제로 삼았으며, 전체 23개 유럽 국가에서 44,387명을 대상으로 설문한 결과를 담고 있다(European Social Survey European Research Infrastructure, 2023).

유럽사회조사 8라운드의 E15 문항은 위에서 살펴본 '이주민 사회권 문항'과 같다. 주요 국가들과 한국에서의 문항에 대한 응답 비율을 보면, [그림 6-7]과 같다. 스웨덴이나 스페인의 경우, 내국인 응답자들의 약 20%가 이주민들에게 입국 즉시 복지급여에 대해 내국인에 준하는 권리를 주자고 답했다. 해당 선택지에 대한 유럽 평균 비율도 8.99%로 한국보다 현저하게 높은 점을 확인할 수 있다.[13]

---

[13] 유럽사회조사(European Social Survey)의 해당 문항에서 응답 거부(refusal) 및 모름(Don't know)의 선택지도 있지만, 유럽사회조사 누리집(https://www.europeansocialsurvey.org/)에서 제공하는 자료에는 문항에 따라 두 가지 선택지를 제외한 값만 제시되고 있음.

[그림 6-7] 이주민의 복지급여 권리 부여 시점에 대한 국가별 차이

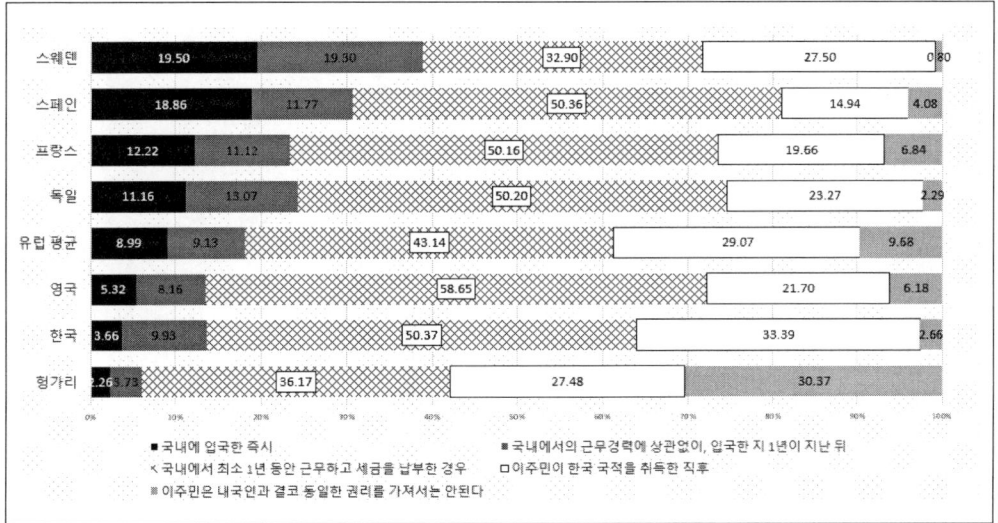

출처: "ESS round 8 - 2016. Welfare attitudes, Attitudes to climate change," European Social Survey European Research Infrastructure(ESS ERIC), 2023. 원자료 저자 분석.

앞선 [그림 6-6]와 같이, 국가별로 단순 비교를 위해서 해당 문항에 대한 ①~⑤ 선택지를 1~5점 척도로 활용해서 평균을 구했다([그림 6-8]). 앞에서와 마찬가지로, 평균이 높으면 그만큼 해당 국민의 '내국인 우선' 태도 비율이 높다고 해석할 수 있다. 유럽사회조사의 대상이 됐던 나라별 지표를 보면, 한국의 평균은 3.21로, 유럽 평균(3.21)과 같았다. 입국 즉시 이주민에게 내국인과 동등한 복지수급권을 주자는 의견의 비율은 한국에서 상대적으로 낮았지만(3.66%), 반대로 이주민에게는 내국인과 같은 수준의 권리를 줘서는 안 된다는 비율도 한국에서 상대적으로 낮았다(2.66%). 후자의 선택지에 대한 유럽 지역의 평균은 9.68%로 한국의 네 배에 육박했다. 유럽과 비교하면, 한국에서는 극단적 의견의 비율이 낮고, 평균 주변으로 다수의 의견이 수렴됐다.

유럽 국가들 가운데는 아이슬란드가 가장 포용적(2.69)이었다. 다음으로 스웨덴과 스페인, 포르투갈 등 북유럽과 남유럽 국가에서 이주민의 복지수급권에 대해 긍정적이었다. 반면, 헝가리(3.80), 체코(3.68), 러시아(3.63) 등 동유럽 국가들이 상대적으로 '내국인 우선'의 성향이 강했다. 시리아 내전 및 러시아의 우크라이나 침공 등으로 파생되는 난민 발생의 충격이 동유럽에서 컸던 것이 영향을 미친 것으로 추정된다. 반면, 북유럽과 남유럽의 경우, 이주 문제의 진앙지인 중동 및 우크라이나에서 일정한 거리

가 있었던 점, 상대적으로 안정적인 복지국가를 구축하고 있는 점 등이 결과에 영향을 미쳤을 것으로 보인다.

[그림 6-8] 유럽 각국 및 한국의 이주민 복지 수혜 시점 비교

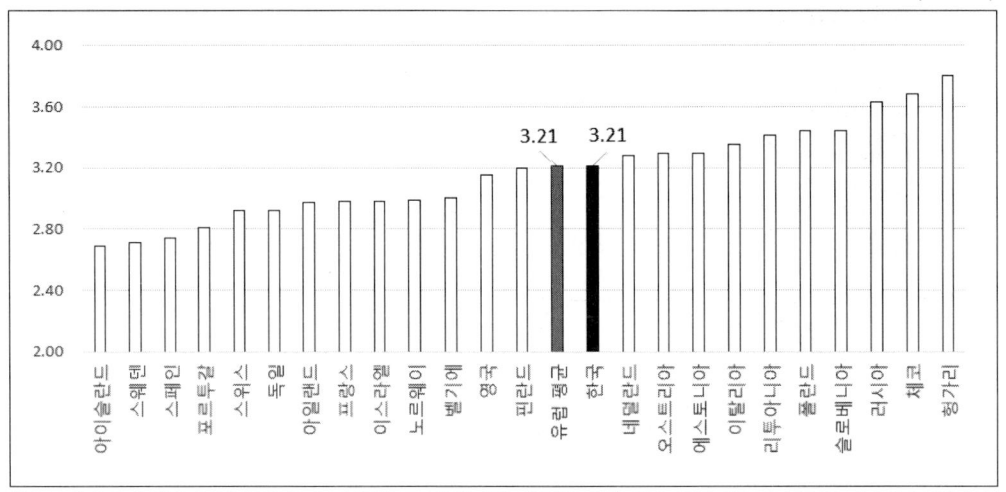

주: 그림 6-5의 설문 ①~⑤ 문항을 1~5점 척도로 활용해서 평균을 구한 값임. 평균이 높을수록 복지에서 '내국인 우선' 성향이 강한 것으로 해석됨. 즉, 이주민의 복지급여 수급에 대한 거부감이 높다는 의미임.
출처: "2016 European Social Survey," European Social Survey, 2016. 원자료 저자 분석.

사회통합조사와 유럽사회조사를 활용해서 한국과 유럽에서 계층에 따라 나타나는 복지 태도의 차이를 확인해 보고자 했다. 두 조사에서 계층 분포를 수평적으로 비교 분석할 수 있는 동일한 문항 및 통계가 없다. 그래서 비교하기 위한 조금은 복잡한 조정이 필요했다. 먼저, 사회통합조사의 문항 25에서 "우리 사회의 소득계층을 다섯 집단으로 구분할 때, 귀하는 다음 중 어느 계층에 속한다고 생각하십니까?"를 묻고, ① 하층, ② 중하층, ③ 중간층, ④ 중상층, ⑤ 상층으로 나누어서 답하게 하는 문항이 있다. 응답자의 분포는 <표 6-1>에 제시된 바와 같다. 유럽사회조사에서는 가구의 가처분소득 기준으로 본인 가구의 경제 수준을 10분위 가운데 선택하도록 했다. <표 6-1>에서는 유럽 평균과 영국과 독일에서의 분포를 제시했다.

---

14) 유럽사회조사(European Social Survey)의 분석 과정에서 분석 단위에 따라 다른 가중치 값을 적용해야 함(Kaminska, 2020). 개별 국가의 자료 분석에서는 각자 국가의 연령, 성별, 교육수준 분포 등을 반영한 pspwght 변수를 활용하고, 유럽 평균값 분석에서는 pspwght에 각 국가별 인구 등 추가 변수를 반영한 anweight 변수를 활용함.

<표 6-1> 한국과 유럽의 주관적인 계층 분포

	한국	유럽 평균		영국		독일	
하층	10.40%	10.51%		10.62%		9.03%	
중하층	35.76%	9.55%	29.75%	10.32%	29.29%	7.69%	26.99%
		10.09%		10.7%		8.54%	
		10.11%		8.27%		10.76%	
중간층	49.56%	10.85%	52.25%	9.74%	47.49%	10.69%	53.94%
		10.49%		8.74%		9.16%	
		11.84%		10.34%		11.64%	
		11.15%		8.62%		12.42%	
		7.92%		10.05%		10.03%	
중상층	4.29%	7.49%		12.59%		10.05%	

주: 한국 자료에서는 가중치 변수인 wsp를, 유럽 평균 자료에는 anweight를, 두 개별 국가 가중치는 pspwght를 활용함.
출처: "2016 European Social Survey," European Social Survey, 2016. 원자료 저자 분석.

유럽에서의 10분위 분포를 한국의 중상층(4.29%)/중간층(49.56%)/중하층(35.76%)/하층(10.40%)의 분포에 맞추면, <표 6-1>과 같이 그려진다. 한국에서 중상층의 비율이 4.29%로 매우 낮지만, 중상층을 대략 전 인구의 상위 10%로 설정했다. 한국에서 중간층으로 답한 49.56%는 유럽의 세 지역에서 약 47.5~53.9%로 답한, 대략 전체 인구의 절반을 차지하는 집단으로 추정할 수 있다. 이렇게 네 지역의 주관적 소득계층을 네 집단으로 나누어서, 지역별 주관적 소득계층의 '내국인 우선' 성향 수준을 비교했다.

이에 따라 한국과 유럽 평균, 영국, 독일의 주관적 소득계층에 따른 '내국인 우선' 성향의 분포를 비교해 보았다([그림 6-9] 참고). 흥미롭게도, 네 지역에서 공통되는 경향이 관찰됐다. 주관적 소득계층이 상승하면, 자국민 중심적 성향도 상대적으로 줄어들었다. 독일은 경향이 약간 달랐는데, 하층보다 중하층에서 '내국인 우선' 성향이 가장 높았고, 상층으로 가면서 그러한 성향이 줄어드는 양상을 보였다.

한국의 하층(3.33)이 보이는 '내국인 우선' 성향 수준은 유럽 평균(3.26)이나 영국(3.30)과 큰 차이를 보이지는 않았다. 이러한 경향은 한국의 중하층, 중간층, 중상층에서도 유사하게 나타났다. 이 분석에 한정해서 보면, 한국인의 주관적 소득계층별 '이주민 사회권'에 대한 태도는 유럽 국가의 평균치와 유사한 경향을 보였다. 앞의 제2장에서 논의한 내용을 상기할 필요가 있다. 이주민의 사회권에 대한 태도에서 서구의 연구 결과를 한국에 적용하기가 어려운 이유를 다섯 가지 근거를 들어 논의한 바 있다. 그러나 이번 분석 결과를 놓고 보면, 한국의 결과는 유럽의 어느 국가보다도 유럽의 평균에 수렴하는 것으로 나타났다.

〔그림 6-9〕 이주민의 복지급여 권리 부여 시점에 대한 주관적 소득계층별, 국가별 차이

(단위: 점)

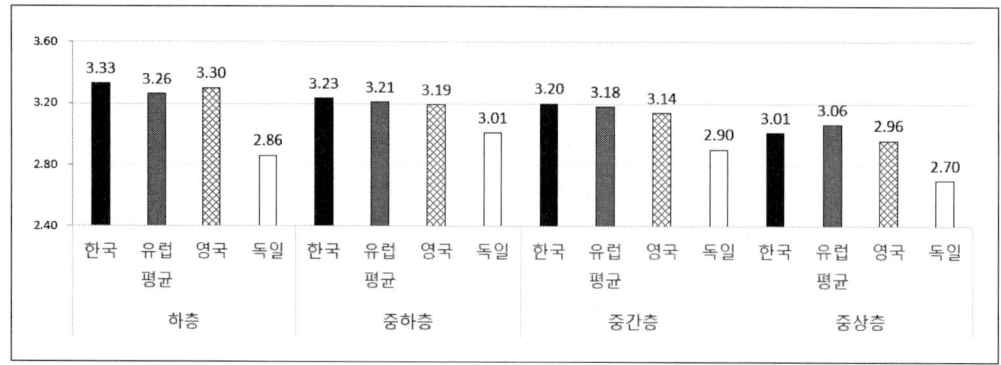

주: 그림 6-5의 설문 ①~⑤ 문항을 1~5점 척도로 활용해서 평균을 구한 값임. 평균이 높을수록 복지에서 '내국인 우선' 성향이 강한 것으로 해석됨. 즉, 이주민의 복지급여 수급에 대한 거부감이 높다는 의미임.
출처: "2016 European Social Survey," European Social Survey, 2016. 원자료 저자 분석.

3. 복지제도 유형에 따른 이주민 사회권에 대한 태도

다음으로 복지급여의 유형과 이주민 유형에 따른 내국인들의 복지 태도를 분석했다. 〔그림 6-5〕에 제시된 '이주민 사회권' 문항에 대한 비판이 있었던 점을 고려했다. 해당 문항에만 의존한 분석이 여러 복지급여의 다양한 성격을 간과했고, 단일하지 않은 이주민 집단의 복잡성도 고려하지 않았다는 지적이 있었다(Eick, Larsen, 2022; Afonso, Negash, 2024).

사회통합 조사에서는 급여의 유형을 사회수당, 공공부조, 사회보험으로 나누었다. 그리고 각각을 대표하는 제도로서 아동수당과 생계급여, 건강보험을 제시했다. 제도의 선택은 다소 자의적일 수 있었다. 외부 전문가 4인으로부터 서면 자문을 받고, 공동 연구진의 협의를 거쳤다. 아동수당과 생계급여 제도의 내용에 대해 일반 응답자들이 잘 모를 가능성을 대비해서, 아래 〔그림 6-10〕과 같이 제도에 대한 설명을 간단히 제시했다. 건강보험에 대해서는 따로 설명을 붙이지는 않았다. 상대적으로 제도가 친숙하다

고 판단했다. 그리고 질문에서도 현재 이주민 포괄 현황에 대한 간단한 안내도 덧붙였다. 현재의 제도에 대한 정보가 주어진 상황에서 내국인의 응답을 받기 위해서였다.

[그림 6-10] 설문지에 제시된 아동수당과 생계급여에 대한 설명

> ※ **아동수당** ☞ 만 8세 미만 한국 국적의 모든 아동에게 1인당 월 10만 원씩 국가가 지급하는 제도. 아동의 기본적 권리와 복지를 증진하는 데 목적을 둠
>
> ※ **생계급여** ☞ 생계가 어려운 가구의 최저생활을 보장하고 자활을 돕기 위해서 국가가 매월 일정한 현금을 지급하는 제도. 급여액은 가구 규모와 소득 수준 등에 따라 다름. 1인 가구의 경우, 최대 약 71만 원을 받을 수 있음.

이주민의 유형은 ① 이주노동자, ② 결혼이주민, ③ 유학생, ④ 재외동포(고려인, 조선족 등), ⑤ 대한민국 영주권을 취득한 외국인으로 나누었다. 즉, 세 가지 유형의 제도에 대해서 다섯 유형의 이주민 집단의 복지수급권에 대해서 ① 매우 동의, ② 약간 동의, ③ 별로 동의하지 않음, ④ 전혀 동의하지 않음으로 응답하게 했다. 이를테면, 아동수당에 대한 문항은 [그림 6-11]과 같이 제시됐다.

[그림 6-11] 아동수당에 대한 이주민 유형별 복지수급권에 대한 내국인 태도

문. 현재 아동수당법에서는 대상자를 대한민국 국적을 가진 8세 미만 아동으로 한정하고 있습니다. 아동수당 대상자에서 _____의 외국 국적(본국 출신) 자녀를 포함하는 것에 얼마나 동의하십니까?				
_____의 외국 국적(본국 출신) 자녀	매우 동의한다	약간 동의한다	별로 동의하지 않는다	전혀 동의하지 않는다
1) 이주노동자	①	②	③	④
2) 결혼이주민	①	②	③	④
3) 유학생	①	②	③	④
4) 재외동포(고려인, 조선족 등)	①	②	③	④
5) 대한민국 영주권을 취득한 외국인	①	②	③	④

먼저 아동수당 설문 내용을 분석하기 전에, 아동수당을 포괄하는 사회수당의 성격에 대해서 간단히 살펴보겠다. 한국에서 사회수당의 도입을 위한 연구를 수행한 노대명 외(2009)는 사회수당의 특징을 다음과 같이 요약했다(p. 26).

① 자산조사나 근로의무 같은 조건이 없는 보편적 소득보장 제도
② 인구학적 집단이 대상
③ 최저소득을 보장하기 위한 보완적 소득보장제도
④ 시민권에 따라 보장됨
⑤ 조세에 기반

한국의 아동수당제도를 위의 기준에 따라서 본다면, 한국 국적(④)의 8세 미만의 아동(②)이면 보편적으로(①) 매달 10만 원을 조세를 재원으로(⑤) 지급한다는 점에서 사회수당이다. 다만 제도의 목적이 "아동 양육에 따른 경제적 부담을 경감하고 건강한 성장 환경을 조성함으로써 아동의 기본적 권리와 복지를 증진함"(아동수당법 제1조)이다. 아동수당제도는 '최저소득보장'(③)보다는 '지출보전'의 성격이 강하다.

아동수당을 다섯 개 유형으로 나눈 이주민의 외국 국적 자녀에게 지급할지에 대한 내국인의 응답 내용을 보았다. 영주권 취득 외국인(79.74%)과 결혼이주민(74.22%)의 외국 국적 자녀에 대해서는 절반 이상의 내국인이 아동수당을 지급하는 데 동의했다. 반면, 이주노동자(45.29%), 재외동포(45.38%), 유학생(32.62%) 집단에 대해서는 동의하는 비율이 절반을 넘지 않았다. 세 집단을 가르는 기준은 앞으로의 한국에서 정주할 가능성인 것으로 추정된다. 즉, 전자의 두 집단은 영주권 혹은 결혼 이민을 통해서 한국에서 정주할 가능성이 클 것으로 기대되는 반면, 후자의 집단은 대부분 노동 혹은 학업이 끝나면 본국으로 돌아갈 집단으로 인식되기 때문이다. 물론, 재외동포의 경우에는 상대적으로 정주할 가능성이 높은 점도 염두에 둘 필요가 있다. 그럼에도 이들에 대한 복지급여 지급에 내국인들이 상대적으로 부정적인 이유 가운데는 내국인의 반중(反中) 정서도 일부 있을 것으로 추정된다. 김기태 외(2020)의 연구에서도 내국인들은 중국동포 출신의 복지급여 수급에 대해서 상대적으로 부정적이었다. 생계급여나 건강보험에 대해서도 역시 영주권자 및 결혼이주자 집단과 나머지 세 집단에 대한 태도가 갈렸다.

한 가지 덧붙이면, 예시로 제시한 이주민 다섯 집단도 각자 성격이 상이하다는 점도 확인해 둔다. 영주권자 같은 경우, F5라는 단일한 사증을 받은 집단이지만, 이주노동자나 재외동포의 경우, 사증의 종류가 매우 다양한 이질적인 집단이다. 다만, 일반인 대상 설문에서 사증을 기준으로 지나치게 전문적인 내용으로 설문을 제시할 경우, 이해가 어려울 수 있다는 점을 고려했다. 따라서, 설문 응답자들은 해당 제시어에 대한 각자의 연상에 근거해서 답을 했을 것으로 추정된다.

[그림 6-12] 이주민 유형에 따른 아동수당 수급 권리 보장에 대한 동의 정도

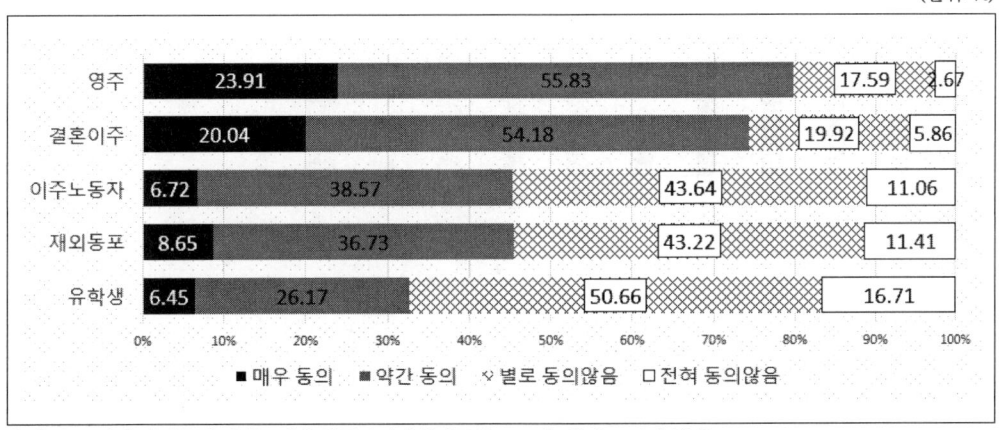

출처: "2024년 사회통합 실태조사," 한국보건사회연구원, 2024, 원자료 저자 분석.

아동수당 지급에 대한 동의 수준을 내국인 집단별로 나눠서 살펴보았다. 이를 위해서 해당 설문의 ① (매우 동의)~④ (전혀 동의하지 않음) 선택지들을 1~4점 척도로 역코딩해서 평균을 구했다. 평균이 높을수록 이주민 자녀에 대한 아동수당 지급에 대한 동의 수준이 높다는 의미다. 다섯 범주의 이주민 집단 가운데, 이주노동자 집단에 한정해서 분석했다. 이주노동자를 꼽은 이유는 이번 설문에서 복지수급 관련 응답에서 다섯 집단 가운데 평균에 가까운 비율이 제시된 점, 그리고 이들 집단이 복지제도에서 배제된 문제가 지속적으로 제기된 점(유길상, 이규용. 2002; 김기태 외, 2020)을 함께 고려했다.

이주노동자의 외국 국적 자녀에 대한 아동수당 지급에 대한 내국인 응답자의 평균치는 2.41이었다. 집단별로 보면, 소득수준이 높을수록, 소득분위가 높을수록, 학력이 높

을수록, 직업 안정성이 높을수록, 이주노동자의 외국 국적 자녀에 대한 아동수당 지급에 대한 동의 수준이 높았다([그림 6-13] 참고). 특히, 중졸(2.21), 단순노무(2.30), 1분위(2.34), 보수(2.35), 비정규직(2.35), 실업자(2.26), 농어촌(2.26), 노인(2.29) 등 상대적으로 열악한 지위 혹은 여건에 속한 집단에서 이주민 자녀의 아동수당 지급에 대해서 동의하는 수준이 낮았다.

[그림 6-13] 이주노동자 자녀 대상 아동수당 지급에 대한 내국인 집단별 동의 정도

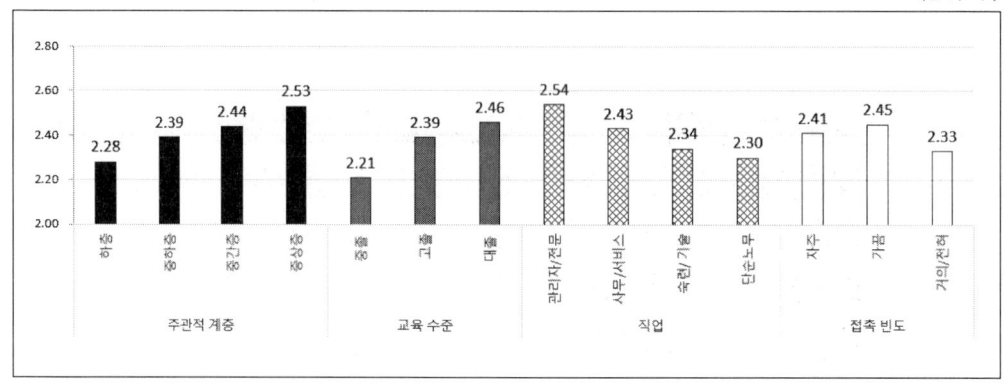

주: 이주노동자의 외국 국적 자녀에 대한 아동수당 지급에 대한 ①~④ 문항을 1~4점 척도로 역코딩해서 평균을 산출함. 평균이 높을수록 이주민 자녀에 대한 아동수당 지급에 대한 동의 수준이 높다는 의미임.
출처: "2024년 사회통합 실태조사," 한국보건사회연구원, 2024, 원자료 저자 분석.

다만, 집단 간의 차이가 대체로 0.30 이내여서, 의견 차이가 극단적으로 벌어졌다고 보기는 힘들다. 취약계층에서 나타나는 이러한 복지 태도는 서구에서 관찰된 동향과도 유사하다(Bell et al., 2023; Ziller & Careja, 2022). 한 가지 더 확인할 점은, 이주민과의 접촉 빈도가 낮은 집단에서 외국 국적 아동에 대한 아동수당 지급에 상대적으로 부정적인 결과가 나왔다는 점이다. 이와 같은 결과는 접촉이론을 지지하는 결과로도 해석된다.

이주민 유형에 따른 생계급여 수급권 부여에 대한 내국인의 의견도 물었다. 참고로, 국내 거주 외국인은 원칙적으로는 생계급여 수급 권한이 없다. 국민기초생활보장법은 외국인에 대한 특례 조항에서 일부 예외만 인정한다. 특례조항의 내용은 다음과 같다.

"제5조의 2(외국인에 대한 특례) 국내에 체류하고 있는 외국인 중 대한민국 국민과 혼인하여 본인 또는 배우자가 임신 중이거나 대한민국 국적의 미성년 자녀를 양육하고 있거나 배우자의 대한민국 국적인 직계존속(直系尊屬)과 생계나 주거를 같이하고 있는 사람으로서 대통령령으로 정하는 사람이 이 법에 따른 급여를 받을 수 있는 자격을 가진 경우에는 수급권자가 된다."

내용을 보면, 특례에서도 외국인 본인이 수급권을 가진다고 보기는 어렵다. 오히려 급여 자격을 갖춘 내국인을 결혼이주민이 돌보는 경우 등에 한해서 급여 대상이 되는 수급 가구원으로 인정해 준다고 보는 것이 타당하다. 이러한 기준에 따르면, 설문 대상이 된 다섯 집단은 모두 생계급여 수급권이 없다. 설문에서도 다음과 같이 질문했다.

"문 46. 현재 국민기초생활보장법에서는 원칙적으로 외국인은 생계급여 대상자에서 제외하고 있습니다. 아래 _____을(를) 생계급여 제도 대상으로 포함하는 것에 얼마나 동의하십니까?"

내국인의 응답 결과를 보면, 생계급여 역시 영주권자 및 결혼이주자 집단과 나머지 세 집단에 대한 태도가 갈렸다. 영주권자에 대해서는 72.53%가, 결혼이주자에 대해서는 60.90%가 생계급여 수급 권리를 부여하는 것에 대해서 긍정적(매우 동의 혹은 약간 동의)인 입장을 보였다. 반면, 재외동포(34.43%), 이주노동자(31.27%), 유학생(22.40%)에 대해서는 생계급여 지급에 대한 동의 수준이 낮았다. 아동수당과 마찬가지로, 조세 기반 사회보장제도인 생계급여를, 정주할 가능성이 낮은 외국인들에게 지급하는 점에 대한 거부감이 작용했을 것으로 보인다. 특히, 이주노동자 및 유학생의 경우, 대부분이 근로 세대 집단이어서, 내국인이 생계급여 지급에 상대적으로 더 부정적이었던 것으로 추정된다.

[그림 6-14] 이주민 유형에 따른 생계급여 수급 권리 보장에 대한 동의 정도

(단위: %)

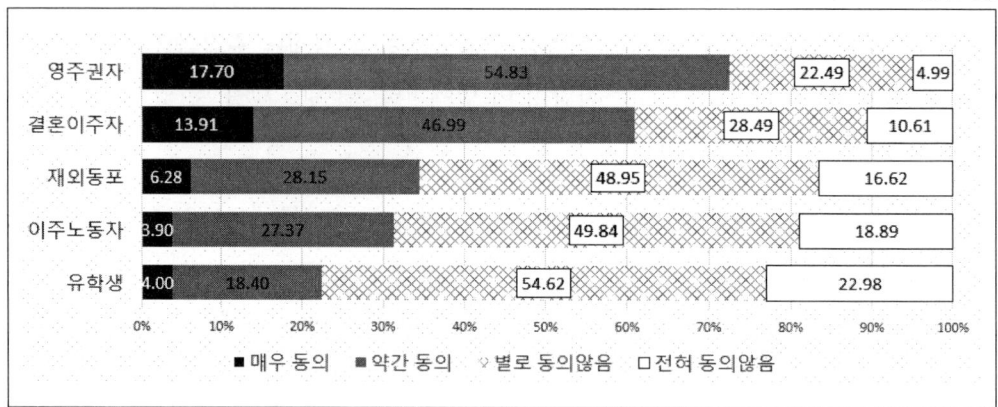

출처: "2024년 사회통합 실태조사," 한국보건사회연구원, 2024, 원자료 저자 분석.

이주민 가운데서 이주노동자를 특정해서, 내국인 집단별로 이주노동자의 생계급여 수급권 보장에 대한 의견을 물었다. 마찬가지로 설문 내용을 역코딩한 결괏값을 평균한 값을 사용했다. 이주노동자에 대한 생계급여 지급에 대한 내국인 응답자의 평균치는 2.16이었다. 이주노동자의 생계급여 수급에 대해 '별로 동의하지 않음'(2)에 가깝다고 볼 수 있다. 아동수당에 대한 평균적인 수치(2.41)보다도 낮았다. 동일한 조세 기반 제도라고 해도, 급여 대상이 아동인지, 일반 빈곤 가구인지에 따라 동의 수준이 차이가 난 것으로 추정된다.

집단별로 보면, 생계급여에 대한 동의 수준은 아동수당보다 낮았지만, 집단별 경향성은 유사하게 나타났다. 즉, 사회경제적 여건이 열악한 집단에서 이주민에게 생계급여를 지급하는 것에 부정적이었다. 이를테면, 노인(2.09), 비수도권(2.07), 경북권(1.96), 중졸(1.93), 단순노무(2.08), 정치적 보수(2.35)에서 부정적인 의견이 상대적으로 많았다. 성별에 따른 차이는 미미했다. 생계급여에서도 집단 간 차이가 대체로 0.30 이내였고, 역시 의견 차이가 극단적이라고 보기는 어렵다.

[그림 6-15] 이주노동자 생계급여 지급에 대한 내국인 집단별 동의 정도

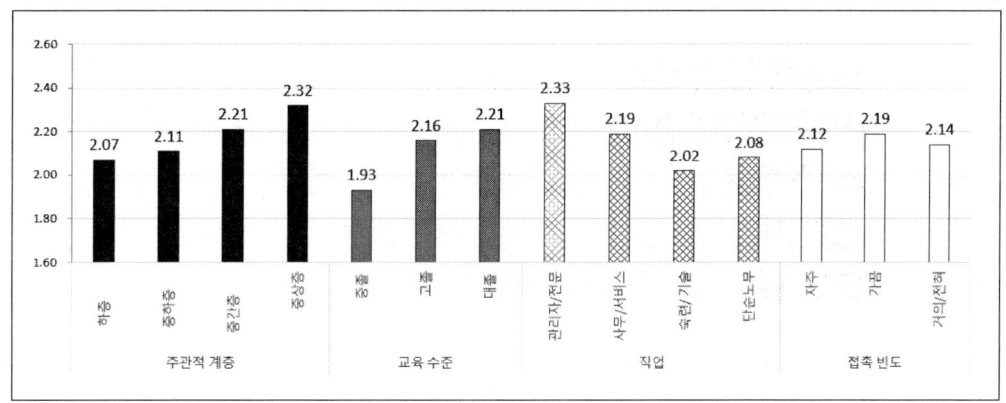

주: 이주노동자에 대한 생계급여 지급에 대한 ①~④ 문항을 1~4점 척도로 역코딩해서 평균을 산출함. 평균이 높을수록 이주민 대상 생계급여 지급에 대한 동의 수준이 높다는 의미임.
출처: "2024년 사회통합 실태조사," 한국보건사회연구원, 2024, 원자료 저자 분석.

건강보험의 경우, 직장이 있는 이주민은 직장가입자가 된다. 직장가입자가 아닌 경우, 6개월 이상 체류하는 대부분 등록외국인과 거소 신고한 이주민은 당연적용 대상자가 된다. 2019년의 건강보험법 개정의 결과였다. 참고로, 일부 통념에도 불구하고, 이주민 집단은 건강보험 재정에 도움을 주고 있다. 2023년에도 이주민 가입자의 재정수지는 7,403억 원 흑자였다(서한기, 2024). 그렇지만, 일부 이주민이 제도를 악용한 사례가 언론에 집중적으로 보도되면서 이것이 여론에 영향을 미쳤을 것으로 추정된다. 한편으로는 이주민이 수급할 가능성이 낮은 제도에 대해서는 내국인의 지지가 높다는 해외의 실증 연구(Röth et al., 2022)도 참고할 필요는 있다. 고용허가제로 국내에 입국하는 이주노동자들은 근로 세대로서 의료서비스를 이용할 가능성이 낮을 것으로 추정된다. 이와 같은 변수들이 이주민의 건강보험 가입에 대한 내국인의 인식에 어떤 영향을 미쳤을지 확인했다. 문항은 다음과 같이 제시했다.

"문 47. 현재 국민건강보험법에서는 외국인도 국내에 일정 기간 이상 체류하면서 일정한 소득이 있을 경우 건강보험에 의무적으로 가입해서 보험료를 내고 의료서비스를 받도록 있습니다. 아래 _____을(를) 국민건강보험제도 대상에 포함하는 데 얼마나 동의하십니까?"

[그림 6-16] 이주민 유형에 따른 건강보험 가입 권리 보장에 대한 동의 정도

(단위: %)

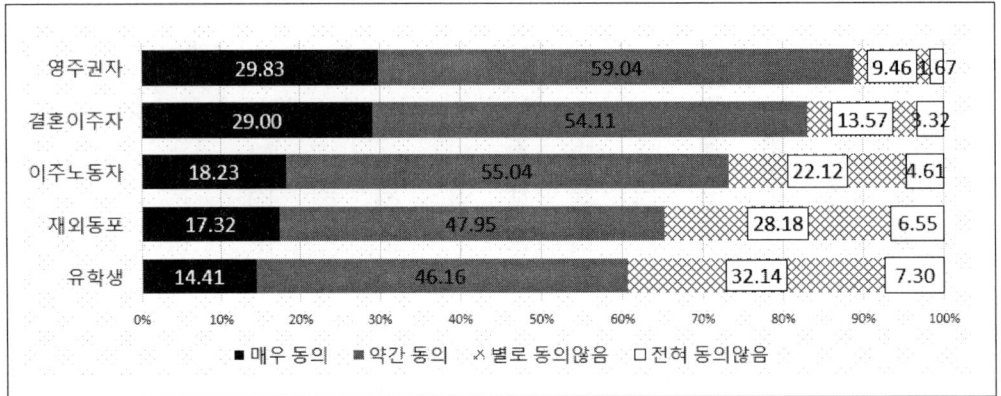

출처: "2024년 사회통합 실태조사," 한국보건사회연구원, 2024, 원자료 저자 분석.

이주민의 건강보험 가입에 대한 동의 수준은 모든 집단에서 50%를 크게 넘었다. 현재 한국 체류 6개월 이상 외국인에 대해서 의무 가입을 적용하고 있는 현황도 직간접적으로 내국인의 정서에 영향을 미쳤을 것으로 보인다. 앞에서 살펴본 아동수당과 생계급여가 조세를 재원으로 마련된다는 점에서도 건강보험을 바라보는 관점과 차이가 있다. 건강보험의 혜택을 보기 위해서는 이주민도 건강보험 기여금을 내야 한다. 이러한 제도적 여건도 내국인의 태도에 영향을 미쳤을 가능성이 있다.

이주민에 대한 내국인 집단별 태도는 아동수당이나 생계급여와 유사했다. 영주권자 (88.87%)와 결혼이주자(83.11%)의 건강보험 가입에 대해서 동의 수준이 높았다. 나머지 세 집단은 상대적으로 낮았다. 동의 수준이 가장 낮은 유학생에 대한 동의 수준이 60.57%로 낮았지만, 동의 비율이 과반이라는 점도 확인해 둔다.

이주노동자로 다시 한정해서 건강보험 적용 여부에 대한 동의 정도를 내국인 집단별로 나누어서 보았다. 이주노동자에 대한 건강보험 적용에 대한 내국인 응답자의 평균치는 2.87이었다. 평균적으로 '약간 동의'(3)에 근접하는 수치다. 생계급여(2.16)나 아동수당(2.41)보다는 평균이 현저히 높다. 집단별로 보면, 다른 급여와 마찬가지로 사회경제적 여건이 열악한 집단에서 이주노동자들의 건강보험 가입에 부정적이었다. 이를테면, 60대 이상(2.76), 노년(2.71), 주관적 소득 기준 하층(2.62), 중졸(2,67), 월 소득 200만 원대(2.84), 실업자(2.76), 단순노무(2.81), 정치적 보수(2.79)에서 의견이 상대적으로 부정적이었다. 수도권/비수도권, 성별에 따른 차이는 미미했다. 집단별 편

차가 크다고 보기는 역시 어려웠다. 이주민과의 접촉 빈도에 따라서도 태도는 유의미하게 크게 나타났다.

[그림 6-17] 이주노동자의 건강보험 가입에 대한 내국인 집단별 동의 정도

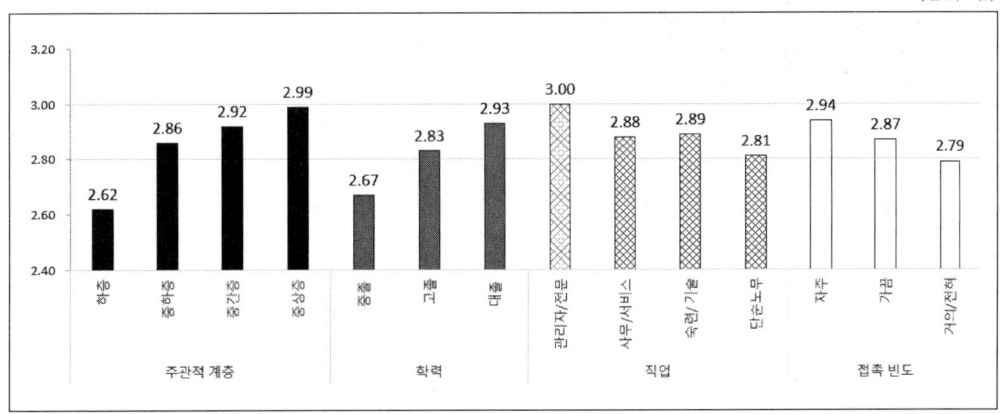

주: 이주노동자에 대한 생계급여 지급에 대한 ①~④ 문항을 1~4점 척도로 역코딩해서 평균을 산출함. 평균이 높을수록 이주민 대상 생계급여 지급에 대한 동의 수준이 높다는 의미임.
출처: "2024년 사회통합 실태조사," 한국보건사회연구원, 2024, 원자료 저자 분석.

제3절 이주민 사회권에 대한 인식 및 복지 태도

마지막으로, 내국인들의 복지 태도를 물었다. 내국인들의 이주민에 대한 태도와 복지 태도와의 관계를 파악하기 위함이다. 2024년 사회통합조사에서는 내국인의 복지 태도를 확인하기 위해서 '사회복지 확대를 위해서 세금을 더 거둬야 한다는 의견에 대해서 얼마나 동의하십니까?'라는 문항을 제시했다. 응답자들에게 ① 매우 동의한다~④ 전혀 동의하지 않는다 등의 선택지 가운데 응답을 하도록 했다. 해당 문항이 흔히 복지 태도를 확인하는 변수로 활용된다는 점을 고려했다(여유진, 김영순, 2015). 먼저, 인구사회적 배경에 따른 복지 태도를 살펴보았다.

[그림 6-18] 내국인 집단별 복지 태도

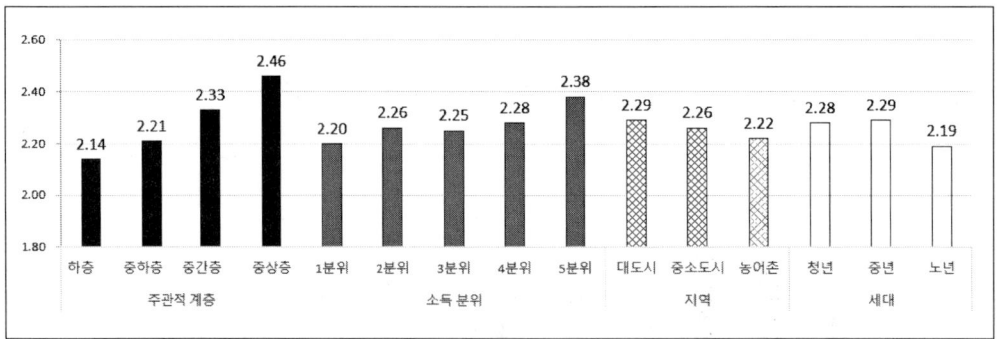

주: '사회복지 확대를 위해서 세금을 더 거둬야 한다는 의견에 대해서 얼마나 동의하십니까?'라는 질문에 대한 선택지 ① 매우 동의~④ 전혀 동의하지 않는다라는 문항을 1~4점 척도로 역코딩해서 평균을 산출함. 평균이 높을수록 증세에 대한 동의 수준이 높다는 의미임.
출처: "2024년 사회통합 실태조사," 한국보건사회연구원, 2024, 원자료 저자 분석.

내국인 집단별로 복지 태도를 보면, 주관적 소득계층이 상층(2.46)에 이를수록, 소득분위가 높을수록, 가구소득이 많을수록, 학력이 높을수록 복지 확대를 위한 증세에 동의하는 수준이 높았다. 직업적으로는 관리자 및 전문직 집단에서 2.50으로 단순노무직(2.30)보다 증세에 적극적이었다. 노년(2.19)과 농어촌(2.22) 지역에서 복지를 위한 증세에 상대적으로 소극적이었다. 한국에서는 부유한 계층에서 복지를 위한 증세에 상대적으로 우호적인 것을 확인할 수 있다. 복지의 확대가 이론적으로는 중하위 계층의 생계 안정에 기여하는 바가 상대적으로 크다는 점을 고려하면, 다소 의외의 결과다. 서구에서 하위계급에서 복지 확장을 상대적으로 지지하는 것(Svallfors, 2004; Wong et al., 2009)과도 한국의 결과는 대조적이다. 한 가지 염두에 둘 점은 있다. 서구의 계급별 복지 태도를 연구한 Svallfors(2004), Wong et al.(2009)에서는 복지 태도로서 '사회복지 확대를 위한 증세' 변수를 활용하지는 않았다는 점이다. 이들이 주로 사용한 변수는 '정부가 빈부 사이의 소득 격차를 줄여야 한다' 등과 같은 재분배에 관한 일곱 가지 문항이었다. 이러한 문항에서도 한국과 다른 서구 복지국가는 계급 간에 복지 태도에서 차이점을 보인 것이 사실이다(김영순, 여유진, 2011). 다만, 복지 확장을 위한 증세에 대한 태도에 한정해서는 한국과 서구의 결과를 단순 비교하기는 어렵다.

'복지 확대를 위한 증세'의 동의 수준을, ① 이주민에 대한 태도 ② 이주민 사회권에 대한 태도, ③ 이주민 접촉 빈도에 따라 살펴보았다. 이주민에 대한 태도는 '이주민의 증가는 우리 사회의 사회적 비용을 증가시킨다'라는 문항에 대한 응답(① 매우 동의한다~④ 전혀 동의하지 않는다)을 통해 분석했다. 이주민에 대한 태도를 보기 위해서 또 다른 문항도 살펴보았다. 이주민 유입의 방향에 대해서 '① 지금 추세보다 더 많이 받아들여야 한다, ② 지금 추세를 유지해야 한다, ③ 지금 추세보다 더 적게 받아들여야 한다15)라는 문항도 활용했다.

먼저, '이주민 유입은 우리 사회에 사회적 부담을 가중한다'는 문항에 대해서 ① 매우 동의~③ 별로 동의하지 않음이라고 답한 집단은 복지 태도의 평균값에서 큰 차이가 없었다. 다만, '④ 전혀 동의하지 않는다'고 답한 일부(1.04%)는 복지를 위한 증세에 상대적으로 긍정적이었다(2.57). 또한, 현재 추세보다 더 많은 이주민을 유입해야 한다는 집단(전체 응답자 가운데 21.17%, 2.35)은 더 적게 유입해야 한다는 집단(18.78%, 2.21)보다 증세에 상대적으로 긍정적이었다. 두 집단의 차이는 통계적으로 유의했다. 이주민과의 접촉 빈도가 상이한 집단 사이에서는 증세 태도에서 나타나는 차이가 통계적으로 유의하지 않았다.

---

15) '④ 모르겠음' 선택지는 제외하고 분석함.

[그림 6-19] 이주민에 대한 태도 및 복지 태도

(단위: 점)

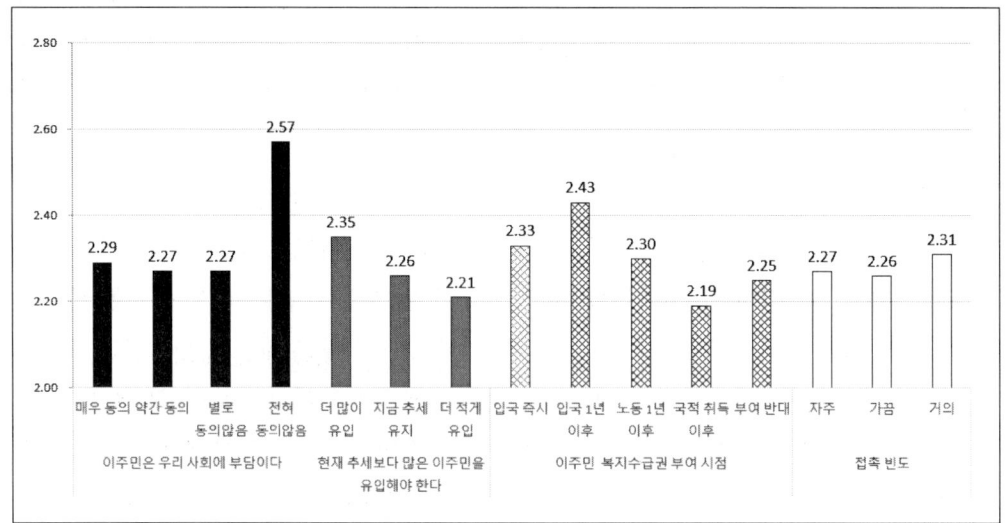

주: '사회복지 확대를 위해서 세금을 더 거둬야 한다는 의견에 대해서 얼마나 동의하십니까?'라는 질문에 대한 선택지 ① 매우 동의~④ 전혀 동의하지 않는다라는 문항을 1~4점 척도로 역코딩해서 평균을 산출함. 평균이 높을수록 증세에 대한 동의 수준이 높다는 의미임. X축에 제시된 이주민에 대한 태도에 따라 막대그래프로 제시된 복지 태도의 수준을 비교 분석하도록 표시했음.
출처: "2024년 사회통합 실태조사," 한국보건사회연구원, 2024, 원자료 저자 분석.

'이주민 복지수급권 부여 시점'에 대한 응답에 따른 '이주민 사회권에 대한 태도'는 다소 입체적이었다. 응답자 가운데 이주민 입국 1년 이후에 내국인과 동등한 수준의 복지수급권을 부여하자는 집단(전체 집단 가운데 7.97%)이 상대적으로 복지를 위한 증세에 긍정적(2.43)이었다. '이주민이 국적을 취득해야 복지수급권을 부여할 수 있다'고 응답한 집단은 증세에 가장 부정적인(2.19) 집단이었다.

이주민 사회권에 대한 태도와 복지를 위한 증세에 대한 태도 사이의 관계는 일관되지 않았다. 이러한 비일관성은 서구에서 관찰되는 내국인 우선적 성향, 이른바 복지 국수주의(welfare chauvinism)를 보면, 이해의 폭이 넓어진다. 이러한 입장에 따르면, 일반적인 복지 확대에는 긍정적이지만, 이주민 대상 복지 확대에는 반대하기 때문이다. 즉, 이주민의 복지수급에는 부정적이면서도 증세에는 긍정적이거나, 이주민의 복지수급에는 긍정적이지만 증세에는 부정적일 수 있는 등 다양한 입장이 확인된다. 이를테면, 복지 확장에 대한 동의/비동의를 나누고, 이주민 대상 복지에 대한 태도에 있어서 긍정적 태도(① 한국에 입국한 즉시~③ 한국에서 최소 1년 동안 근무하고 세금을 납부한 경우)와 부정적 태도(④ 이주민이 한국 국적을 취득한 직후, ⑤ 이주민은 내국인과 결코 동일한 권리를 가져서는 안 된다)로 나눌 경우, 분포는 다음 〈표 6-2〉와 같이 나타난다.

다소 거칠지만, 네 가지 입장들을, 친/반복지, 친/반이주로 나누어서 이와 같이 2X2로 보이면 〈표 6-2〉와 같다. 1~4분면 순서로 보면, 반복지/친이주(38.68%), 친복지/친이주(25.28%), 친복지/반이주(11.06%), 반복지/반이주(24.98%)로 나뉘어짐을 알 수 있다. 물론, 이와 같은 분포가 우리 사회에서 해당 의제들에 대한 입장을 명확히 구분한다고 보기는 어렵다. 이를테면, '이주민이 우리 사회에 부담을 증가시킨다'라는 설문에서는 이에 동의한다고 답한 비율이 70%를 넘었기 때문이다. 그러한 측면에서는 '반이주'의 비율이 그만큼 높다고 볼 수도 있다. 그럼에도 불구하고, 이와 같이 네 가지 유형으로 나눈 이유가 있다. 이주와 복지 의제에 대한 내국인들의 의견이 전통적인 진보/보수의 스펙트럼과 미묘하게 어긋남을 보여주기 때문이다. 이를 살펴보기 위해, 스스로의 이념적 성향을 진보/중도/진보라고 말한 집단에 따라 네 가지 유형으로 정리하여 분포를 제시해 보았다.

〈표 6-2〉 이주민 대상 복지에 대한 태도와 복지 태도에 따른 분포

		복지 태도(복지 확장을 위한 증세 동의 여부)	
		동의	비동의
이주민 복지 태도	긍정적	① 친복지, 친이주 (25.28%)	② 반복지, 친이주 (38.68%)
	부정적	③ 친복지, 반이주 (11.06%)	④ 반복지, 반이주 (24.98%)

[그림 6-20]을 보면, 진보집단에서 친복지/친이주 성향의 비율이 상대적으로 높고, 보수집단에서 반복지/반이주의 비율이 높았다. 이와 같은 결과는 일부 예상된 점이다. 그렇지만, 한편에서는 진보집단에서도 반복지/반이주의 비율이 20.71%이고, 보수집단에서도 33.46%인 점을 확인할 수 있다. 진보가 복지와 이주민 인권 문제에 상대적으로 전향적일 것이라는 예상에 어긋나는 집단도 상당한 비율을 차지하는 것을 확인할 수 있다. 상대적으로 새로운 의제인 이주를 둘러싼 국민적인 정서가 기존 진보와 보수

의 이념적인 성향과 결을 같이할 것이라고 기대하기는 어려울 수 있다. 이 부분은 미래의 복지 정치에서 또 하나의 중요한 쟁점으로 부상할 가능성이 있다.

〔그림 6-20〕 이념적 성향에 따른 복지 태도와 '내국인 우선' 입장

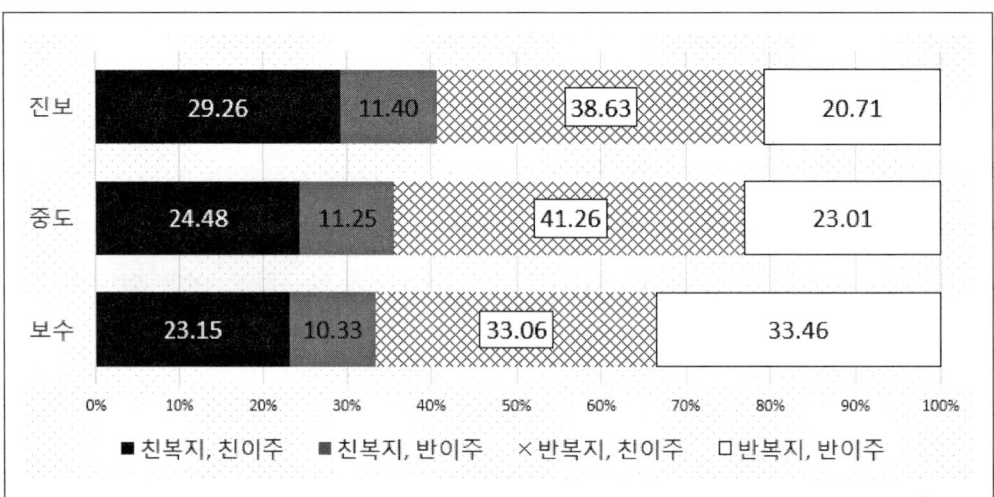

주: '사회복지 확대를 위해서 세금을 더 거둬야 한다는 의견에 대해서 얼마나 동의하십니까?'라는 질문에 대한 선택지 '① 매우 동의~④ 전혀 동의하지 않는다'라는 문항을 1~4점 척도로 역코딩해서 평균을 산출함. 평균이 높을수록 증세에 대한 동의 수준이 높다는 의미임.

제4절 소결 및 함의점

이번 장에서는 이주민과 사회정책에 관한 2024 사회통합 설문조사의 내용들을 살펴보았다. 제4절에서는 이 장의 내용을 요약하고 정책적 함의를 간단히 짚어보도록 하겠다. 먼저, 국내에 거주하는 이주민들의 기본적인 인권 및 사회권의 네 가지 영역(복지, 건강, 주거, 노동)에 대해서, 대체로 별로 존중되지 않는 편(2점)과 약간 존중되는 편(3점) 사이라고 내국인은 인식했다. 건강권에 대한 보장 수준(2.86)이 기본적인 인권에 대한 보장 수준(2.83)보다 약간 높다고 내국인은 인식했다. 또 복지수급권(2.58) 및 노동권(2.59)의 보장 수준은 상대적으로 낮은 것으로 인식하고 있었다. 이주민의 인권에 대한 인식 차이는, 주관적 소득계층, 경제활동 상태에 따라서 차이가 나타났다.

이주민에게 복지급여 수급권을 내국인과 동일하게 보장하는 시점이 언제가 될지에 대해서는 '최소 1년 동안 근무하고 세금을 납부한 경우'에 과반이 동의했다. 집단별로 보면, 노년 집단, 주관적 소득 기준 하층, 중졸 이하 저학력 집단에서 상대적으로 보수적이었다. 한국인의 이러한 성향은 유럽사회조사를 통해서 확인된 유럽 사회의 평균적인 성향과 매우 유사했다.

복지급여의 유형을 아동수당과 생계급여, 건강보험으로 제시하고, 이주민의 유형은 ① 이주노동자, ② 결혼이주민, ③ 유학생, ④ 재외동포(고려인, 조선족 등), ⑤ 대한민국 영주권을 취득한 외국인으로 나누어서 물었다. 세 가지 급여 모두에 대해서 영주권 취득 외국인과 결혼이주민에 대해서는 급여를 지급하는 것을 지지하는 비율이 항상 과반이었다. 나머지 세 집단은 건강보험을 지급하는 것에 대해서만 동의하는 비율이 과반이었다. 내국인을 집단별로 보면, 세 가지 급여 모두 상대적으로 취약한 집단에서 이주민의 제도 적용에 상대적으로 부정적이었다.

마지막으로, '복지 확대를 위한 증세'의 동의 수준을, ① 이주민에 대한 태도 및 ② 이주민 사회권에 대한 태도, ③ 이주민 접촉 빈도에 따라 살펴보았다. 결과를 보면, '이주민의 증가는 우리 사회의 사회적 비용을 증가시킨다'에 대해 '전혀 동의하지 않는다'라고 응답한 집단은 다른 집단에 비해 증세에 동의 수준이 높았다. 이주민과의 접촉 빈도는 증세 지지 정도에 있어서 통계적으로 유의미한 차이를 보이지 않았다. 이주민 사회권에 대한 태도의 측면에서 보면, '입국 1년 이후에 내국인과 동등한 수준의 복지수급권을 부여'하는 집단에서 상대적으로 복지를 위한 증세에 긍정적이었다. 이주민 사회권 태도(이주)와 복지를 위한 증세 지지(복지)를 기준으로 나눈 네 개의 입장은, 반복지/친이주(38.68%), 친복지/친이주(25.28%), 친복지/반이주(11.06%), 반복지/반이주(24.98%)였다.

지금까지 제1~3절에서의 분석 결과를 살펴보았다. 분석 결과에 근거한 정책적 함의를 몇 가지 짚어보도록 하겠다.

첫째, 이주민에 대한 사회정책 수립 과정에서 내국인 취약계층이 처한 경제적 상황 및 정서에 대한 고려가 필요하다. 이들에게 저임 노동을 수행하는 이주민의 유입이 위협으로 인식될 수 있기 때문이다. 내국인 고소득/안정 노동 계층에게는 근로 세대일 때 안정적인 수입이 확보되고, 은퇴 이후에는 연금이 일정하게 보장되므로, 이들은 이주민의 유입에 대해서 적대적일 이유가 적다. 유럽이나 한국에서 이주민에 대한 복지제도 적용에서 고소득 집단이 상대적으로 긍정적인 입장을 보인 이유도 이와 같이 설명될 수 있다. 반면, 실업급여나 공공부조에 의존할 가능성이 상대적으로 큰 취약 집단에서는 이주민이 복지급여라는 '파이'를 나눠야 하는 경쟁자로 인식될 가능성이 높다. 노동시장에서 저임 일자리를 두고도 경쟁관계에 있다고 생각할 여지도 있다. 특히, 1970년 이후 서구에서 불평등이 심화하고, 중·저소득 집단의 실질소득이 하락·정체하는 상황(Piketty,Zucman, 2014)을 고려할 필요가 있다. 불평등의 심화와 복지국가의 위축이라는 상황에서 서구의 중하위층은 이주민을, 혹은 이주민의 복지수급을 달가워 할 경제적인 동인이 적다. 즉, 사회적 약자(내국인 취약계층)와 더욱 취약한 약자(이주민) 사이의 갈등이 있다면, 그 배경에는 내국인 사이에서 벌어지는 격차와 불평등의 문제가 있음을 간과해서는 안 될 것이다. 즉, 취약계층에서 이주민에 대한 불편한 정서가 있다면, 이를 우리 사회 안에서의 불평등과 격차의 문제를 소거하고 볼 수는 없다는 뜻이다. 따라서, 이주민에 대한 복지 접근 문제에 대한 사회적 합의를 이끌어내기 위해서는, 국내의 불평등과 격차를 완화하는 정책적 노력이 선결 혹은 최소한 병행돼야 한다.

둘째, 첫 번째 함의와 관련해서, 이주민에 대한 적대적 복지 태도를 가리키는, 학술적인 용어로 흔히 쓰이는 복지 국수주의(welfare chauvinism) (오창룡, 이재승, 2016; Careja, Harris, 2022)라는 표현 자체도 재검토가 필요하다. 적어도 취약계층의 이주민에 대한 태도에 대해서 '국수주의'라는 용어를 쓰는 것이 적절하지 않을 듯하다. '국수주의'라는 말 자체에 도덕적인 비하의 의미가 내포되기 때문이다. Chavinism이라는 표현이 "과도하고 비이성적인 애국주의"를 가리키며 "군사적 명예와 적은 연금에 만족하며 나폴레옹에 대한 소박한 헌신을 유지한 프랑스 군인 니콜라 쇼뱅"(Britanica, 2024)의 이름에서 비롯된 점을 고려할 필요가 있다. 이와 같이 도덕적 폄하를 동반하는 용어를 저소득·저학력 계층이 느끼는 반감에 사용하는 것은 적합하지 않을 뿐더러, 정치적으로도 올바르지 않을 것으로 보인다. 따라서, 이번 장에서는 해당 태도를 상대적으로 중립적인 '내국인 우선' 입장이나 의견 정도로 표현했다.

셋째, 유럽의 이주민 정책의 시행착오를 타산지석으로 삼을 필요가 있다. 앞선 분석에서와 같이, 저소득·저학력·고령의 취약계층은 대체로 이주민의 사회권이 제대로 보장되지 않고 있다고 인식함에도 불구하고, 이주민의 복지급여 수급에 대해서는 상대적으로 부정적이었다. 취약계층이 이주민을 바라보는 복잡한 속내가 반영된 것으로 추정된다. 이주민 복지에 대한 취약계층의 상대적으로 부정적인 태도는 다른 복지국가에서도 이미 관찰된 결과였다(Reeskens, Van Oorschot, 2012). 유럽사회조사와 비교 분석을 해보더라도, 한국인의 계층에 따른 태도 역시 유럽 시민의 평균적인 수준과 근사한 점을 확인했다. 앞의 제2장에서 내국인의 복지 태도를 분석하는 과정에서 서구의 사례를 한국에 적용하기가 어려운 근거를 다섯 가지 제시한 바 있다. 그럼에도 불구하고, 이번 문항에 한해서는 유럽과 한국의 정서는 놀라운 정도로 유사한 점을 주목할 필요가 있다. 그렇다면, 서구의 복지국가에서 이주민의 복지수급에 관한 문제가 사회적 갈등 및 극우 정당의 약진의 유인이 된 점을 고려할 필요가 있다(Edo et al., 2019). 유럽의 시행착오가 한국에서 반복될 가능성을 배제할 수 없다.

넷째, 이주민에 대한 접촉 빈도를 다면화하고, 활성화할 필요가 있다. 문항마다 조금씩 차이는 있지만, 이주민과의 접촉 빈도가 잦은 집단에서 이주민의 복지수급에 대해 상대적으로 긍정적이었다. 접촉이론에 따른 설명을 보아도, 이주민과의 잦은 접촉은 이주민에 대한 두려움과 오해를 풀 수 있는 계기가 된다(Allport, 1954). 한국에서 이주민 유입의 역사가 짧고, 교류의 폭이 적었던 점을 고려하면, 국내 체류 이주민과 교류의 질을 개선하고, 양을 늘리기 위한 정책적인 노력이 필요할 것이다. 물론, 이주민을 대상으로 하는 복지 확대가 바람직한 정책 방향이라고 확언할 수는 없다. 다만, 이주민에 대한 정책 판단이 오해 및 편견에 근거해서는 안 된다는 점도 고려할 필요가 있다.

제7장

결론 및 정책적 함의

제1절 연구 결과 요약
제2절 정책적 함의

제7장 결론 및 정책적 함의

제1절 연구 결과 요약

이 보고서는 2024년 '사회통합 실태조사 및 대응방안(XI): 이주민과 사회통합'이라는 제목으로, 한국인이 이주민에 대해 가지는 인식, 이민 관련 정책에 대한 태도, 그리고 이주민의 사회권과 복지에 대한 태도를 이해하는 것을 목적으로 한다. 이를 위해 2024년 6월부터 8월까지 만 19세 이상 75세 이하의 대한민국 성인 남녀 3,000명을 표본으로 추출하여 구조화된 설문지를 통한 대면 면접 조사를 실시하였다. 일부 분석에서는 2014년부터 2022년까지의 사회통합 실태조사 자료를 활용하였다. 또한, 일부 문항에서는 국제 비교를 위해 국외 조사의 유사 문항을 분석하여 해석의 깊이를 더하고자 하였다. 이 장에서는 주요 분석 결과를 요약·정리하고, 이를 토대로 정책적 함의를 도출하여 사회통합 관점에서 바람직한 정책 방향을 제시하고자 하였다.

1. 사회통합 인식

사회통합 인식과 관련한 문항에 대해 전반적으로 살펴보았다. 먼저, 행복도와 삶의 만족도는 2014년 이래 등락을 거듭하다가 2022년을 기점으로 반등하여 상승하였다. 우울감 역시 등락을 거듭하다, 2023년부터 소폭 상승하고 있다. 반면, 사회 신뢰도 역시 등락을 거듭하다가, 2023년부터 소폭 감소하는 것을 확인할 수 있다. 사회적 지지도 등락을 거듭하다가, 올해 2024년은 작년 대비 소폭 하향하였다.

사회적 지지 유형별로 살펴보면, 집안일을 가족에게 부탁할 것이라는 응답이 제일 많았고, 이는 작년 대비 소폭 상승한 것으로 나타났다. 큰돈을 빌릴 때 가족에게 요청할 것이라는 응답은 가장 많았고, 이는 작년 대비 소폭 감소하였다. 우울하거나 스트레스를 받을 때는 주위의 지인과 대화를 하겠다는 응답이 가장 많았다. 이는 작년 대비 소폭 상승하였다.

사회갈등 인식에 대해 살펴보았다. 전반적인 사회갈등도는 2022년을 기점으로 점진적으로 상승하는 추세이다. 사회갈등 유형별 수준을 살펴보면, 진보와 보수 간의 갈등이 가장 심각한 것으로 나타났고, 지역 간 갈등, 정규직과 비정규직 간의 갈등, 노사 갈등, 빈부갈등 등의 순으로 나타났다. 인구사회학적 특성별 사회갈등도를 살펴보면, 지역과 주관적 소득계층이 통계적으로 유의하였다. 2018년에는 중소도시 거주자가 사회갈등도 수준이 높은 것으로 확인되었으나, 2024년에는 농어촌 거주자에서 사회갈등도 수준이 높은 것으로 나타났다.

정부 신뢰는 행정부, 입법부, 그리고 사법부로 세부 분류하여 살펴보았다. 행정부에 대한 신뢰를 살펴보면, 지난 10년간 행정부를 신뢰한다는 응답은 2021년에 최고치를 기록하다가 2023년, 2024년에 감소 추세를 보였다. 입법부에 대한 신뢰는 행정부와 사법부에 비해 전반적으로 가장 낮은 수준인 20%에 머물렀다. 사법부에 대한 신뢰는 2014년에 비해 2024년에 크게 상승하여, 2024년 기준으로 입법부, 행정부와 비교하여 가장 높은 신뢰도를 보였다.

지난 1년간 차별의 대상이나 소수자가 된 경험의 여부에 따라 정부에 대한 신뢰가 어떻게 나타나는지를 살펴본 결과, 행정부와 사법부의 경우에는 차별이나 소수자로서의 경험이 없다고 응답한 경우, 있는 경우에 비해 신뢰 수준이 높았고, 입법부의 경우에는 차별이나 소수자로서의 경험이 있다고 응답한 경우에 신뢰 수준이 높게 나타났으며, 이러한 분석 결과는 행정부, 사법부, 입법부에 대한 서로 다른 기대가 반영됐을 가능성을 시사한다.

사회통합 인식은 국가 자부심, 전반적 사회통합도로 살펴보았다. 2021년에 상승했던 국가 자부심은 2022년, 2023년에도 약 1% 상승한 86%대에서 유지되고 있다. 다음으로 전반적 사회통합도를 시계열로 분석한 결과를 살펴보면, 코로나19가 전국 확산기였던 2021년에 최고점을 기록했던 사회통합 인식은 그 이후 감소 추세를 보이다 2024년에 이르러 다시 소폭 회복하여 증가세로 돌아선 것으로 나타났다. 2024년 조사를 더 자세하게 분석하면, 주로 취약할 가능성이 높은 집단에서 사회통합 수준을 낮게 평가했는데, 농어촌(3.99)이 중소도시(4.30)나 대도시(4.39)에 비해, 소득분위별로는 1분위(4.01)가 5분위(4.67)에 비해, 학력별로는 중졸 이하(4.01)가 고졸(4.19)과 대졸 이상(4.48)에 비해 사회통합 수준을 낮게 인식하고 있었다. 또한 지난 1년간 차별과 소수자로서의 경험이 있는 경우, 사회통합 수준을 낮게 평가하는 것으로 분석된다.

2. 다양성과 이주민 수용성

이주민 다양성은 문화 개방성, 고정관념 및 차별 그리고 국민 정체성으로 구성하였다. 먼저, 다양성에 대한 인식의 경우, '우리 동네에 외국인이 사는 것이 이상하지 않다'는 진술문에 절반 이상인 61.49%가 답함으로써, 한국 사회가 다문화사회로 진입하였다는 것을 시민들이 생활 속에서 체감하고 있는 것을 알 수 있다. 인구사회학적 특성별로는 대도시 거주자들 그리고 중소도시 거주자들 역시 문화 개방성 정도가 상대적으로 높았다. 특히, 청년이 가장 문화 개방성이 높았다. 예를 들어 청년들은, 외국인이 내국인이 기피하는 일자리를 채우고 있다고 보는 응답률이 가장 높아서, 이들의 사회적 기여도에 대해 인지하는 정도가 높음을 알 수 있다. 다만, 이주민 증가와 사회적 비용 상승, 범죄율 증가, 내국인 일자리 위협에 동의하는 응답의 절반 이상을 차지한 점은 기록해 둔다. 국민 정체성에 있어서는 한국어와 한국 정치제도와 법 존중이 한국인 됨에 필요한 요소라고 보았다.

다음으로, 이주민 수용성 인식에 대해 살펴보기 위해, 일상생활에서 접촉하는지에 관한 문항과 이주민에 대한 전반적 그리고 대상별 수용성 인식을 세부적으로 살펴보았다. 응답자의 3분의 2 이상이 이주민을 자주 혹은 가끔 만난다고 응답하여, 우리 사회에서 이주민을 조우할 기회가 그만큼 늘어났다는 것을 말해준다. 기존 연구(곽윤경 외, 2019; 하상응, 2023)와 마찬가지로, 이주민을 직장동료, 이웃 등 공적 영역에서 수용할 수 있다는 응답 비율이 높게 나왔다.

한편, 이주민을 대상별 그리고 체류자격별로 나누어 수용성을 살펴보았다. 전자는 이주노동자, 난민, 결혼이주민, 유학생, 재외동포(고려인, 조선족 등) 그리고 북한이탈주민으로 세부 분류하였고, 후자는 대한민국 영주권을 취득한 외국인을 포함하였다. 이주민을 이웃으로 받아들일 수 있다는 응답이 전반적으로 높은 가운데, 특히 북한이탈주민과 난민을 이웃으로 받아들일 수 있다는 응답이 상대적으로 높았다. 직장동료로 가장 잘 받아들일 수 있는 집단으로는 영주권자과 결혼이주민이었다. 배우자 혹은 가족, 그리고 친구로 받아들일 수 있다는 응답은 영주권자를 대상으로 높았다. 난민의 경우, 이들을 이웃으로 받아들일 수 있지만, 동시에 받아들일 수 없다는 응답 역시 높게 나와, 이에 대해 주목할 필요가 있다. 영주권자를 친구로서 받아들일 수 있다는 응답은 다른 체류자격 및 이주민 대상에 비해 높은 편이었다.

이러한 결과들을 토대로 도출한 함의점은 다음과 같다. 첫째, 이주민 수용성의 다층적 구조에 대한 복잡한 지형을 지속적으로 탐색할 필요가 있다. 이번 연구 결과를 통해서, 이주민 대상별 그리고 체류자격별 수용성은 단순하지 않으며, 집단별로 차이가 있는 것을 알 수 있었다. 특히, 주관적 소득계층, 소득분위, 접촉 빈도 등에 따른 인식과 수용성은 다소 복잡한 양상을 보였다.

둘째, 중장년층 및 노년층은 이주민에 대해 배타적이고 폐쇄적인 태도를 보이는 만큼, 이들을 대상으로 한 홍보 및 참여를 유도하는 것이 중요하다. 다만, 최근 유럽의 젊은 층에서 반이민정서가 더 두드러지게 나타나는 결과가 나온 바 있다. 구체적으로, 유로 바로미터(Euro-barometer) 조사 결과에 따르면, 슬로베니아, 폴란드, 헝가리 등의 동유럽에서 MZ세대가 X세대보다 이민에 대해 부정적인 태도를 지닌 것으로 나타났다(Clark & Duncan, 2024.05.28.). 따라서 집단별 이주민 수용과 배제에 대한 인식 구조의 지형을 중장기적으로 파악하여, 관련 정책을 설계하고, 가장 배타적이고 불수용적인 집단을 타겟으로 하는 정책적 개입과 정교한 정책 설계가 필요하다. 뿐만 아니라, 유럽, 즉 동유럽에서 나타나는 젊은층의 태도 추이를 지속적으로 살펴보고, 이러한 현상이 국내에서 발생되지 않도록 대비책을 마련해야 할 것으로 보인다.

셋째, 국민 정체성, 즉 한국인 됨을 구성하는 요인이 변화한 것을 주목할 필요가 있다. 앞의 결과에서 제시한 바와 같이, 한국인 됨의 요소를 2003년 결과 값과 비교할 때, 한국어와 한국 정치제도와 법 존중에 대한 중요성이 크게 높아졌다. 즉, 종족적 요인보다는 시민적 요인의 중요성이 크게 상승한 점이 주목할 만하다. 한국은 단일민족 국가의 역사를 지닌 국가로서, 민족적 정체성이 매우 큰 것으로 잘 알려져 있다(원숙연, 2019). 그렇지만, 이번 실태조사를 통해서 나타난 바는, 한국 사람 됨의 기준이 민족적 요인에서 시민적 요인으로 이행하고 있기에, 이를 전제로 한 정책적 개입이 요구된다.

셋째, 접촉 빈도에 따른 다양성과 이주민 수용성이 항상 비례하는 것은 아님을 알 수 있다. 앞의 연구 결과에서 살펴봤듯이, 접촉 빈도가 있다고 해서 반드시 이주민에 대한 수용성이 긍정적인 것만은 아니었고, 다양성 인식도 긍정적이지만은 않았다. 원숙연(2019, p.155)에 따르면, '접촉의 빈도가 높아도 접촉 과정에서 만나는 부정적인 정서가 축적된다면 오히려 대상 집단에 대한 평가가 부정적일 수 있다'고 주장한다. 따라서 단순한 접촉의 양과 경험을 늘리기보다는, 접촉의 질과 수준을 전략적으로 조절하는 방안에 대해 모색할 필요가 있다.

3. 이민정책과 사회통합에 대한 태도

이민정책과 사회통합에 대한 인식 및 태도를 살펴보았다. 우선, 과반수의 응답자는 현재의 추세를 유지해야 한다고 보았고, 특히 남성, 청년층, 대졸 이상, 중상층 이상 집단에서 포용적이고 수용적인 태도가 두드러졌다. 또한 저출산과 고령화 문제는 생산인구의 부족을 야기하는 만큼, 대다수 응답자는 외국인 인력을 더 많이 받아들여야 한다고 보았으며, 특히 노동력이 부족한 산업 분야에서 외국인력에 수용적이었다. 세계가치관조사(World Value Survey, 2023)에서 한국은 영국, 독일, 캐나다와 함께 일자리가 있는 한 이주민에 수용적이었다. 특이한 점은 한국은 일자리가 있는 한 이주민을 수용해야 한다는 입장과 이주노동자 수를 제한해야 한다는 입장이 팽팽히 맞서 큰 차이를 보이지 않았다. 이를 통해, 우리는 한국이 고소득 국가로서 경제 성장을 위해 노동력 수요를 충족해야만 하는 상황이면서 동시에 자국민의 일자리 보호와 사회적 안정을 우려하는 입장이 모두 반영된 결과로 해석해 볼 수 있다.

이주민 사회통합 정책에 대한 인식에 대해 물어보았다. 과반수 가까이 다문화주의에 찬성하였고, 이는 2019년 결과와 비교하여 증가한 수치이다. 다문화주의적 사회통합 정책을 지지하는 이유로는 이주민 고유의 문화적 정체성이 존중받아야 한다는 것이 주요 이유였다. 동화주의적 사회통합 정책을 지지하는 이유로는 다른 문화적 정체성으로 인한 갈등이 발생할 수 있다는 것이 주요 이유였다. 즉, 이주민의 문화적 정체성에 대한 인식은 사회통합 정책 방향에 있어 양면성을 띤다는 것을 알 수 있다. 이는 다문화주의와 동화주의 간의 균형을 어떻게 조정할 것인가에 대한 중요한 정책적 과제로 부상하고 있다.

개인이 사회통합을 바라는 정도에 따라 이민정책, 외국인력 정책과 사회통합 정책에 대한 태도는 달랐다. 공통적으로 가장 통합된 집단인 적극적 수용과 다양성 존중 집단은 이민과 외국인력 유입을 적극적으로 허용하고 다문화주의적 사회통합 정책을 지지했다. 반면 가장 덜 통합된 집단인 폐쇄성과 다양성 부정 집단은 이민을 제한하고 외국인력의 유입을 엄격히 통제하자는 입장이었다.

4. 이주민 사회권과 복지 태도 인식

　이주민의 사회권 보장에 대한 한국인의 태도를 확인했다. 국내에 거주하는 이주민들의 기본적인 인권 및 사회권의 네 가지 영역(복지, 건강, 주거, 노동)에 대해서, 내국인은 대체로 별로 존중되지 않는 편(2점)과 약간 존중되는 편(3점) 사이라고 인식했다. 평균이 2.58~2.86 정도였다. 건강권에 대한 보장 수준(2.86)이 기본적인 인권에 대한 보장 수준(2.83)보다 미세하게 높았다. 건강보험 제도의 보장성은 일정 수준 갖춰졌다는 평가를 받고 있는 점이 내국인들의 긍정적인 평가와 연관된 것으로 보인다. 복지수급권(2.58) 및 노동권(2.59)의 보장 수준은 상대적으로 낮은 것으로 인식됐다.

　이주민의 인권에 대한 내국인의 인식을 집단별로 나누어 보면, 전체적으로 성별과 연령, 지역에 따른 차이는 크게 부각되지 않는다. 대신, 주관적 소득계층, 경제활동 상태에 따라서는 차이가 나타났다. 이주민의 복지수급권과 노동권에 관한 결과에 집중한 분석을 보면, 저임 및 저학력 집단은 다른 집단(고학력, 관리직, 고임금 집단)보다 이주민의 사회보장 및 노동 관련 권리 보장 수준이 낮다고 응답하는 비율이 높았다. 그렇다고 해서 저임·저학력 집단이 일관되게 이주민에 대해서 우호적인 응답을 주지는 않았다. 저임 노동집단에서 이주민을 바라보는 다소 복잡한 시선이 있다고 추정된다.

　이주민에게 복지급여 수급권을 내국인과 동일하게 보장하는 시점이 언제가 될지도 물었다. 유럽연합의 유럽사회조사에서 사용한 동일한 문항을 활용했다. 과반의 국민들은 국내에서 '최소 1년 동안 근무하고 세금을 납부한 경우'에 한해서 복지급여에 대한 권리를 부여하는 데 동의했다. 집단별로 보면, 노년 집단, 주관적 소득 기준 하층, 중졸 이하 저학력 집단에서 보수적이었다. 이념적 성향을 기준으로 보면, 보수집단에서 상대적으로 이주민의 복지수급에 대해서 부정적이었다. 그렇지만, 보수적인 집단에서도 '이주민은 내국인과 결코 동일한 권리를 가져서는 안 된다'고 답한 비율은 4.38%로 상대적으로 소수였다.

　국제 비교를 위해서 유럽사회조사(European Social Survey) 8라운드의 같은 문항도 함께 분석했다. 국가별 단순 비교를 위해서 해당 문항에 대한 ①~⑤ 선택지를 1~5점 척도로 활용해서 평균을 구했다. 한국의 평균은 3.21로, 유럽 평균(3.21)과 같은 수준이었다. 한국에서는 양쪽 끝의 극단적인 입장보다는, 평균적인 입장으로 다수가 수렴됐다. 주관적 소득계층별 태도를 기준으로 보아도, 한국은 유럽 국가의 평균치와 유사한 경향을 보인 것으로 해석된다.

다음으로 복지급여의 유형과 이주민 유형에 따른 내국인들의 복지 태도를 분석했다. 복지제도의 다양성, 이주민 집단의 다양성을 고려했다. 급여의 유형으로는 아동수당과 생계급여, 건강보험을 제시했고, 이주민의 유형은 ① 이주노동자, ② 결혼이주민, ③ 유학생, ④ 재외동포(고려인, 조선족 등), ⑤ 대한민국 영주권을 취득한 외국인으로 나누어서 물었다.

아동수당에 대해서는, 영주권 취득 외국인(79.74%)과 결혼이주민(74.22%)의 외국 국적 자녀에 대해서는 아동수당을 지급하는 데 절반 이상의 내국인이 동의했다. 반면, 이주노동자(45.29%), 재외동포(45.38%), 유학생(32.62%) 집단에 대해서는 동의하는 비율이 절반을 넘지 않았다. 전자의 두 집단은 영주권 혹은 결혼 이민을 통해서 한국에서 정주할 것으로 기대되는 반면, 후자의 집단은 대부분 노동 혹은 학업이 끝나면 본국으로 돌아갈 여지가 상대적으로 큰 집단이었다. 물론, 재외동포의 경우, 정주의 가능성도 큰 집단이었는데, 이들에 대해서는 내국인들의 반중(反中) 정서가 일부 작용한 것으로 추정된다. 내국인 집단별로 보면, 세 가지 제도 모두에서 사회경제적 여건이 열악한 집단에서 이주민에게 급여를 적용하는 것에 부정적인 입장을 나타냈다.

제도별로 보면, 이주민에게 건강보험을 적용하는 것에 대한 동의 수준이 다른 두 제도보다 높았다. 이를테면, 이주노동자에 대한 건강보험 적용에 대한 내국인 응답자의 평균치는 2.87이었다. 평균적으로 '약간 동의'(3)에 근접하는 수치다. 생계급여(2.16)나 아동수당(2.41)보다는 평균에서 현저히 높았다.

마지막으로, 내국인들의 복지 태도를 물었다. 2024년 사회통합조사에서는 내국인의 복지 태도를 확인하기 위해서 '사회복지 확대를 위해서 세금을 더 거둬야 한다는 의견에 대해서 얼마나 동의하십니까?'라는 문항의 응답 결과를 분석했다. '복지 확대를 위한 증세'의 동의 수준을, ① 이주민에 대한 태도, ② 이주민 사회권에 대한 태도, ③ 이주민 접촉 빈도에 따라 살펴보았다. 결과를 보면, '이주민의 증가는 우리 사회의 사회적 비용을 증가시킨다'에 대해 '전혀 동의하지 않는다'라고 응답한 집단은 다른 집단에 비해 증세에 동의하는 수준이 높았다. 이주민과의 접촉 빈도는 증세에 대한 지지 정도에 있어서 통계적으로 유의미한 차이를 보이지 않았다. 이주민 사회권에 대한 태도 측면에서는 '입국 1년 이후에 내국인과 동등한 수준의 복지수급권을 부여하자는 집단'에서 상대적으로 복지를 위한 증세에 긍정적이었다. 이주민 사회권에 대한 태도(이주)와 복지를 위한 증세 지지(복지)를 기준으로 네 개의 입장을 나누었다. 이에 따르면, 반복지/친이주(38.68%), 친복지/친이주(25.28%), 친복지/반이주(11.06%), 반복지/반이주(24.98%)로 나뉘어졌다. 이와 같은 입장 차이들은 기존 진보/중도/보수의 이념적 입장과 다른 결도 일부 드러냈다. 이러한 결과는 미래의 복지 정치에 함의를 던질 것으로 예상된다.

제2절 정책적 함의

첫째, 사회정책 수립 및 개선 시 내국인의 이주민에 대한 인식을 고려해야 한다. 앞선 장의 결과를 종합하면, 내국인의 이주민에 대한 인식은 단순하지 않고 매우 복잡·다양한 특성을 보였다. 같은 이주민일지라도, 이들의 체류자격 및 대상별 인식과 수용성에는 차이가 있었다. 구체적으로, 이번 조사 결과에 따르면, 한국인은 영주권자와 결혼이주민에 대해 다른 이주민 대상보다 더 수용적이고 포용적인 태도를 보였다. 이러한 인식을 반영하듯, 이 두 집단에 대해서는 다른 집단에 비해 상대적으로 포괄적인 혜택을 제공하는 것으로 나타났다. 이는 사회복지제도는 내국인의 인식을 반영하여 설계 및 집행될 수밖에 없다는 Banting et al.(2006)의 주장과 조응한다. 이를 종합해 볼 때, 이주민 대상 사회정책은 내국인 대상 사회정책과 달리 국민의 인식과 선호도가 상당히 중요하고 민감하게 작용하는 것을 알 수 있다. 따라서 내국인의 이주민에 대한 태도를 정기적으로 조사하고, 그 변화 추이를 면밀히 관찰할 필요가 있다. 이를 통해 정책의 우선순위를 선별하고 점진적인 개선 방안을 마련할 필요가 있다.

둘째, 접촉의 빈도보다는 접촉의 질을 고려하는 것이 중요하다. 이번 연구 결과를 통해서 우리는 접촉 빈도가 높다고 해서 반드시 이주민이나 관련 정책에 대해 긍정적인 태도를 갖는 것은 아님을 확인하였다. 분석 결과, 이주민과 외국인의 수가 증가하면서 한국인들은 일상생활에서 이들과 만날 기회가 많아졌지만, 각자의 상황과 환경에 따라 경험들은 다양하게 나타난 것으로 보인다. 이주민과의 긍정적인 경험이 축적된 사람들은 이주민 수용성이 높고 관련 정책에 대해 포용적인 태도를 보였지만, 일부 부정적이고 왜곡된 접촉을 한 사람들에게는 오히려 편견과 차별적 인식을 고착화시키는 결과를 낳았다. 이는 "접촉 빈도가 높아도 접촉 과정에서 부정적인 경험이 쌓이면 오히려 대상 집단에 대한 평가가 부정적으로 될 수 있다"는 원숙연(2019, p.155)의 주장과 일치한다. 따라서 단순히 접촉 빈도를 늘리는 것만으로는 충분하지 않으며, 접촉의 질을 근본적으로 개선하려는 노력이 필요하다.

이를 위해 다음과 같은 방안을 제시할 수 있다. 우선, 5일장과 같은 전통시장을 적극 활용하여, 내국인과 이주민이 함께 하는 장을 마련할 필요가 있다. 정기적으로 열리는 전통시장을 적극 활용함으로써, 지역의 노인들은 주로 판매자로, 외국인 근로자들은 주요 소비자로서 역할을 할 수 있다. 즉, 내국인과 이주민이 일상생활에서 자연스럽게 만나 접촉하고 소통할 수 있는 기회를 제공함으로써, 서로 간의 편견과 고정관념을 타파하는 계기가 될 수 있다. 이는 또한, 전통시장의 활기를 더하고 지역 경제를 활성화하는 긍정적인 효과도 기대해 볼 수 있다. 노인들은 또한 이들과 새로운 사회적 연결망을 형성할 수 있는 기회가 될 수 있다.

다음으로, 가족센터 등에서 내국인과 이주민이 함께 참여할 수 있는 프로그램을 모색해 볼 수 있다. 2024년도 「가족사업안내」에 따르면, 가족센터에는 대한민국 국민뿐 아니라 결혼이주민, 다문화 아동·청소년, 외국인 가족, 난민 가족, 북한이탈주민 등 다양한 사람들이 대상자로 포함된다(여성가족부, 2024, p.76). 그러나 현실에서는 결혼이주민과 내국인이 함께 참여할 수 있는 프로그램은 찾아보기 매우 어렵다(김이선 외, 2021). 물론, 내국인과 이주민이 함께하는 프로그램에서 예상치 못한 갈등과 긴장이 발생할 수 있지만, 현재처럼 분리된 시스템은 이주민에 대한 부정적 인식과 차별을 강화할 수 있고, 서로를 이해하고 소통할 최소한의 기회를 빼앗는 것이 된다. 따라서 내국인과 외국인/이주민 간의 자조 모임이나 함께하는 프로그램을 만들어, 서로 교류하는 기회를 확대하려는 노력이 수반될 필요가 있다.

세 번째는 사회적으로 합의된 사회통합 정책의 기조와 중장기적 방향을 설정할 필요가 있다. 우선, '사회통합'의 정의와 목표를 구체적으로 생각해 볼 필요가 있다. 구체적으로, 우리 사회는 사회통합을 어떻게 정의해야 하는가?, 우리 사회는 어떤 수준의 사회통합을 바라는가? 등의 질문에 답을 할 수 있어야 한다. 이러한 질문들의 답을 찾는 과정에서 이주민 공동체 및 네트워크와의 적극적인 대화가 중요하다. 실제로 유럽연합에서는 이주민들이 정책 결정 과정에 주요 행위자로 참여하여 통합에 대한 논의에 적극적으로 참여할 것을 권장하고 있다(CEC, 2004). 이주민 당사자의 참여를 독려하도록, 외국인주민대표자회의 혹은 협의체 구성 등을 운영 및 설치할 필요가 있다. 사실, 현재 서울시를 비롯한 여러 지자체에서 이러한 자문기구가 운영 중이다. 대표적으로

서울시는 2015년부터 한국에 1년 이상 거주하고 서울에 90일 이상 거주한 만 18세 이상의 외국인을 대상으로 하는 외국인 주민 대표자 회의를 운영해 오고 있다(장주영, 2020). 다만, 외국인주민대표자회의에는 이주민만 참여하고 내국인이 참여하지 않는 등, 내국인과 외국인이 철저히 분리되어 있다. 중장기적으로는 해당 대표자회의에 내국인도 위원으로서 같이 참여하는 방안을 검토할 필요가 있다. 또한, 지역사회 내에 지역협의회를 설치 및 운영하는 방안도 검토가 필요하다. 일례로, 북한이탈주민 지원 지역협의회 운영에 관한 지침(2024)에 따르면, 북한이탈주민 협의체는 해당 지역에 북한이탈주민이 70명 이상 거주할 때 설치가 가능하다. 이처럼 이주민의 경우에도, 해당 지역에 일정 인원 이상의 이주민이 거주할 경우, 협의체 설치를 권고하는 방안을 명문화할 필요가 있다. 비록 이러한 조직이 형식적이더라도, 지역 참여의 공적인 기반을 만든다는 데 의의가 있다. 그뿐만 아니라, 이는 이주민에게 지역사회의 구성원으로서 책임감을 갖고 본인의 의견을 주장할 권리를 보장받는다는 점에서 시사하는 바가 크다. 그리고 장애가 있거나, 대표자회의 혹은 협의체에 참석하지 못하는 이주민을 대상으로, 온라인 플랫폼을 통해 상시 의견을 수렴하는 방안도 고민해 볼 수 있다. 오스트리아 그라츠시는 "Design Graz Together"라는 온라인 플랫폼을 운영해 이주민에게 생활 정보를 제공하는 것은 물론, 지역사회에 대한 의견을 자유롭게 개진할 기회를 제공하고 있다(EMV-LII, 2023.03.08.). 이처럼 다양한 통로를 통해 이주민이 지역사회의 문제에 대해 적극적으로 의견을 표명하도록 지원할 필요가 있다.

네 번째, 사회통합 기금을 고민할 필요가 있다. 유럽연합은 총 7개[16]의 기금을 운영하는데, 이 중에서 비호·이민·통합기금(Asylum, Migration and Integration Fund, 2021-2027)을 2021~2027년에 운영하기 위해 총 98억 8천만 유로의 예산을 투입하였다(European Commission, 2024). 이 기금은 국가의 이주 관리 역량을 강화하고 관련 절차를 개선하는 것뿐만 아니라, 유럽 공통 망명제도(Common European Asylum System), 합법적 이주를 촉진하는 정책 집행과 수립, 제3국 국민의 통합 측정과 조기 통합 프로그램 지원, 자발적 귀환 등을 지원한다(European Commission,

---

[16] 비호·이민·통합기금(Asylum, Migration and Integration Fund), 유럽사회기금(ESF), 에라스무스(Erasmus), 유럽지역발전기금(European Regional Development Fund), 유럽최빈곤층지원기금(The European Fund for Aid to the Most Deprived), 유럽농업농촌발전기금(European Agricultural Fund for Rural Development), 유럽해양수산기금(European Maritime and Fisheries Fund, EMFF) 일곱 개의 분야별 기금으로 구성, 운용되고 있다(European Commission, 2024).

2024). 국내에서는 관련 기금 논의가 2009년 이후로 꾸준히 제기되고 있다(유민이, 2021). 최근에는 외국인 정착 단계별 지원으로 인한 부처 간 협업이 중요해짐에 따라, 사회통합 기금에 관한 논의가 재점화되고 있다(송종호, 2024.8.7.). 현재 우리나라의 각 부처는 다문화 혹은 이주민 관련 사업을 수행 중인데, 일부 정책들은 유기적으로 연계되어 있지만, 그 외는 사업의 유사성 혹은 중복 등의 이유로 이에 대한 실효성 문제가 끊임없이 제기되고 있는 실정이다(유민이, 2021). 그렇기에 기금 설치를 통해, 사업의 유사, 중복 등을 심의하고 예산을 효율적으로 집행할 수 있다는 점에서 사회통합 기금의 필요성이 제기된다(유민이, 2021). 또한, 이주민 당사자가 기금의 재원에 기여함으로써, 내국인으로 하여금 이주민이 우리 사회에 부담을 준다는 인식을 탈피하고, 이들의 기여를 국민에게 알릴 수 있는 좋은 기회가 된다(유민이, 2021). 이에 따라 이주민이 납부한 수수료, 과태료, 범칙금 등으로 재원을 마련하는 방안도 제기된다(유민이, 2021). 그리고 국제사회의 내전과 전쟁 등으로 특정 이주민이 국내에 갑작스레 유입되면 기존 사회의 대응 방식과는 다른 접근이 필요하며, 동시에 신속한 개입을 요구한다. 예를 들어, 울산에서는 2021년 미라클 작전을 통해 한국에 입국한 아프가니스탄 391명 중 157명이 정착한 바 있다(고은정, 2024.04.24.). 물론, 사회통합 기금의 재원 마련은 재원 마련, 적용 범위 등 고민해야 할 지점들이 많지만, 지속 가능한 사회통합과 급작스러운 인구 유입의 변화 등에 탄력적으로 대응하여 정책의 실효성을 높이는 측면에서, 진지한 고민이 필요하다.

마지막 정책 함의점은 차별금지법(반차별법 또는 평등법) 제정의 필요성이다. 한국은 2007년부터 여러 차례 차별금지법안이 발의되었으나, 매번 좌초되었다(김지혜, 2020). 반면, 영국과 독일 등 유럽 국가들은 이미 관련 법이 존재한다. 구체적으로, 독일은 2006년에 일반평등대우법을 제정하여 인종, 성별, 종교, 장애, 연령 등을 근거로 하는 차별을 예방하고 금지하였다(황수옥, 2015).

다만, 차별금지법 제정이 단기간에 이루어지기 어려워 보이는 만큼, 단기적으로는 관련 부처나 공공기관에 차별 방지 위원회를 설치하고, 여기에 특별 보고관(Special Rapporteur)을 임명하는 방안을 검토할 필요가 있다. 예를 들어, 아일랜드는 2020년 아동·평등·장애·통합 및 청소년 담당 부처에서 반인종차별 위원회(Anti-Racism Committee)를 설치하였고, 이 위원회의 특별 보고관은 인종 평등과 인종차별 문제를 예방하는 중요한 역할과 권한이 주어진다. 이 위원회는 반인종차별 행동강령(Irish

National Action Plan Against Racism)을 발표하는데, 구체적인 내용은 ① 안전 보장 및 목소리 보호, ② 평등 보장, ③ 사회적 참여와 대표성, ④ 인종주의 영향 평가, ⑤ 통합된 사회라는 다섯 가지 원칙을 담고 있다(gov.ie, 2024). 위원회는 이 강령의 운영에 필요한 사항을 제정하여 시행하고 모니터링한다(gov.ie, 2024). 또 다른 예로, 캐나다 문화유산부(Department of Canadian Heritage) 산하에는 연방 반인종차별 사무국(Federal Anti-Racism Secretariat)을 두어 범정부적 인종차별 이슈에 대응하고 있다(Government of Canada, 2024). 독일 역시 2022년 처음으로 연방 반인종차별 위원장을 임명하여 정부의 인종차별 방지 조치를 조정하고 다양성 전략을 개발하고 있다(Federal Anti-Discrimination Agency, 2024). 따라서 국가인권위원회나 국회 사무국 등에 차별 방지 위원회를 설치하고, 해당 조직에서 특별 보고관을 임명하여 관련 이슈를 다루는 역할과 권한을 부여하도록 검토할 필요가 있다.

참고문헌

강원택. (2020). **[한국인의 정체성] 한국인이 보는 역사, 민족, 국가, 그리고 세계_한국인의 국가 정체성과 민족 정체성: 15년의 변화.** EAI 워킹보고서. 동아시아 연구원.

고은정. (2024.04.24.). 기자의 눈으로 들여다 본 아프간 난민의 '울산살이'. **울산 매일.** https://www.iusm.co.kr/news/articleView.html?idxno=1038714

곽윤경, 여유진, 이한나, 정세정, 강예은, &한겨레. (2023). **사회통합 실태진단 및 대응방안(X) - 공정성과 갈등 인식.** 한국보건사회연구원.

곽윤경, 주유선, 우선희. (2019). **이민자의 사회적 포용 실태 및 대응 방안.** 한국보건사회연구원

곽윤경. (2021). 이주노동자의 건강보험 현황과 문제점. **월간 복지동향, 275,** 11-15.

구미영. (2024). '돌봄노동≠헐값의 상품', 근로기준법 제11조 제1항 개정에서 시작하자, 왜 돌봄은 값싸게 외주화 되는가: 서울시-정부 '외국인 가사관리사 시범사업' 대응 국회 토론회, 7월 19일

구인회, 손병돈, 엄기욱, 정재훈, & 이수연. (2009). 외국인 이주자의 사회통합 방안 탐색: 영주권자에 대한 사회복지제도 적용을 중심으로. **保健社會研究, 29**(2), 126-150.

국민기초생활보장법 시행령, 제5조의2 (2014).

국민통합위원회. (2024.4.16.). **「이주민 자치참여 제고」 특별위원회 제안 발표** [보도자료]. https://k-cohesion.go.kr/afile/fileOpen/pdf/Z9mmn.

기초연금법, 제16조 (2021)

길강묵. (2011). 이민자 사회통합 정책의 현황과 과제:법무부의 이민 정책 현황과 과제를 중심으로. **다문화사회연구, 4**(2), 139-168.

김경환. (2024.8.21.). 한국보건사회연구원 제 32차 사회통합포럼: 이주민과 사회통합. 토론문. 서울. 대한민국.

김규찬. (2020). 한국복지국가와 이민자의 권리. **다문화사회연구, 13**(2), 27-63.

김규찬. (2021). [기획1] **복지국가와 이주민의 사회권.** 참여연대, https://www.peoplepower21.org/welfarenow/1822067

김기태, 곽윤경, 이주미, 주유선, 정기선, 김석호, & 김보미. (2020). **사회배제 대응을 위한 새로운 복지국가 체제 개발: 이주노동자 연구.** 한국보건사회연구원.

김도원. (2023). **OECD 통계를 통해 살펴본 주요국의 국제이주동향.** MRTC 통계브리프. No. 2023-02. 이민정책연구원.

김범수, 김병로, 김성희, 김학재, 이성우, 조용신, 조현주, & 김민지. (2023). **2023 통일의식조사**, 서울대학교 평화통일연구원.

김석호. (2019). **한국인의 이주민에 대한 사회적 거리감**. 통계청 통계개발원, 한국의 사회동향 2019, 347-356.

김안나, 정기선, 이정우, 김미숙, 최승아, 정용문, 김소연, & 정예원. (2012). **체류외국인 등에 대한 사회복지정책 국제비교 및 향후 추진방향에 관한 연구**. 경기도 과천: 법무부.

김안나. (2021). **한국 이민자 복지정책 연구**. 집문당.

김영순, 여유진. (2011). 한국인의 복지태도: 비계급성과 비일관성 문제를 중심으로. **경제와 사회, 91,** 211-240.

김이선, 최윤정, 장희영, 김도혜, 박신규. (2021). **이주여성의 사회적 포용을 위한 정책 대응 방안: 사회 참여 확대를 중심으로**. 한국여성정책연구원.

김지현. (2024.11.03.). 국민 30% "외국인 가사관리사 고용하겠다"…하위층보다 상위층 많아. **머니투데이**. https://news.mt.co.kr/mtview.php?no=2024103113571673126

김지혜. (2019). **선량한 차별주의자**. 창비.

김태완, 서재권. (2015). 이주민에 대한 지역주민의 태도 결정요인 : 사회통합을 위한 제도·환경적 요인을 중심으로. **지방정부연구, 19**(1), 173-199.

노대명, 여유진, 김태완, & 원일. (2009). **사회수당제도 도입타당성에 대한 연구**. 한국보건사회연구원.

농림축산식품부. (2023.12.28.). **농촌인력지원 확대로 농가 일손부담 완화** [보도자료]. https://www.mafra.go.kr/home/5109/subview.do?enc=Zm5jdDF8QEB8JTJGYmJzJTJGaG9tZSUyRjc5MiUyRjU2ODk1MyUyRmFydGNsVmlldy5kbyUzRg%3D%3D

마르코 마르티니엘로. (2002). **현대사회와 다문화주의**. 한울.

박종선. (2023.11.11). 대한민국 국민 자랑스러워" 58%…2019년 수준으로 떨어져. **한국일보**. https://www.hankookilbo.com/News/Read/A2023110909550004737

박혜리. (2024.1.17.). **국내 외국인 251만명…'다문화사회' 진입 눈앞**. 코리아넷 뉴스, https://www.kocis.go.kr/koreanet/view.do?seq=1047344

법무부 출입국·외국인정책본부. (2024). **2023 출입국외국인정책 통계연보**. 법무부.

변수정, 정희선, 김기태, 이창원, & 김희주. (2021). **사회통합의 또 다른 시각: 이주민이 인식한 한국 사회의 수용성**. 한국보건사회연구원.

북한이탈주민 지역협의회 운영에 관한 지침. (2024).

사회보장기본법, 제8조 (2021).

서한기. (2024.7.15). 외국인 건보 무임승차?…작년도 7천403억 흑자, 중국은 적자지속. **연합**

뉴스. https://www.yna.co.kr/view/AKR20240712063700530

석현호. (2003). **한국종합사회조사** [데이터 세트]. 한국사회과학자료원 (KOSSDA). https://doi.org/10.22687/KOSSDA-A1-2003-0006-V1.0.

손창균. (2024.2.19). 2023년 대비 2024년 사회통합 조사 표본축소에 대한 주요 추정 변수별 상대표준오차 검토 [자문회의].

송종호. (2024.8.7). 정부, 외국인재 국내 유치 재정지원체계 구축…사회통합기금 검토. **서울경제**. https://www.sedaily.com/NewsView/2DCXACD7VA

신상록. (2024.4.9.). **[초국가 시대의 이민 정책] 이주 용어의 다양화 현상**, GOSPEL TODAY, https://www.gospeltoday.co.kr/news/articleView.html?idxno=11791

심승우. (2022). 한국의 다문화주의와 사회통합의 과제. **통일과 평화** 14(2), 347-386.

아동수당법 시행령, 제1조 (2023).

여성가족부. (2024). **2024년 가족사업안내 (Ⅰ)**. 여성가족부.

여유진, 김영순. (2015). 한국의 중간층은 어떤 복지국가를 원하는가? 중간층의 복지태도와 복지국가 전망에의 함의. **한국정치학회보, 49**(4), 335-362.

여유진, 정해식, 김미곤, 김문길, 강지원, 우선희, & 김성아. (2015). **사회통합 실태진단 및 대응방안 Ⅱ - 사회통합과 사회이동**. 한국보건사회연구원.

오유선, 주남, 김정현. (2023). 국가동일시 정도와 콘텐츠 성격이 국가애착, 감정에 미치는 영향. '국뽕'과 '국까' 콘텐츠를 중심으로. **한국방송학보, 37**(3), 91-140.

오창룡, 이재승. (2016). 프랑스 국민전선의 라이시테 (lai cite) 이념 수용: 이민자 배제 합리화 전략을 중심으로: 이민자 배제 합리화 전략을 중심으로. **유럽연구, 34**(1), 309-331.

원숙연, 박진경. (2009). 다문화사회와 외국인정책에 대한 정향성 분석: 중앙정부 공무원의 인식을 중심으로. **행정논총, 47**(3), 202-224.

원숙연. (2019). **다문화 사회의 다층성 - 인종적 다양성을 둘러싼 정책적 편입과 배제**. 이화여자대학교 출판문화원.

유길상, 이규용. (2002). **외국인 근로자의 고용실태와 정책과제**. 한국노동연구원.

유민이, 박민정, 김도원, 이창원, 박형준, 이병하, 장봉진, 현채민, & 김민경. (2021). **이민통합 정책 평가지표 개발 및 지수 측정**. 이민정책연구원.

유민이. (2021). 이민기금 조성을 위한 선결과제, **이슈브리프**, 20.

윤광일, 전경옥, 김현숙, 오혜진, & 오경석. (2016). **이민자 네트워크 해외사례 및 국내 적용방안 연구**. 숙명여자대학교 다문화통합연구소.

이기호. (2023). 이주노동자 주거 문제의 인권적 접근: 고용허가제 이주노동자를 중심으로. **인권연구, 6**(2), 189-243.

이미영. (2017). 한국사회 내에서의 사회권 발전에 있어서의 다문화주의. **지방자치법연구, 17**(4), 398-425.

이성균. (2002). 한국사회 복지의식의 특성과 결정요인. **한국사회학, 36**(2), 205-228.

이성환. (2010). 사회권의 법적 성격. **법학논총, 22**(2), 133-166.

이승윤. (2024). 인종, 돌봄, 여성, 노동간의 교차성을 중심으로 이주 가사·돌봄노동자 도입시 범 사업검토, 왜 돌봄은 값싸게 외주화 되는가: 서울시-정부 '외국인 가사관리사 시범사업' 대응 국회 토론회, 7월 19일.

이아름. (2010). **한국인의 복지의식 특성 및 영향요인에 관한 연구** [석사학위논문, 덕성여자대학교].

이재헌. (2024.7.19.). **외국인 가사노동자 '내달 입국'…노동계 "값싼 돌봄이 저출산 대책인가"**. 노동법률, https://www.worklaw.co.kr/main2022/view/view.asp?in_cate=124&gopage=1&bi_pidx=36900.

이창원. (2015). 이주민 분류방식 및 용어사용의 부처별 차이와 문제점. **이슈브리프**, 13.

이혜림, 조민효. (2014). 다문화가정 이주여성의 적응유형과 사회자본이 취업에 미치는 영향에 관한 연구. **韓國政策學會報 23**(4), 237-264.

임형백. (2009). 한국의 도시지역과 농촌지역 다문화사회의 차이와 정책 차별화 연구. **한국지역개발학회지, 21**(1), 51-74.

장주영. (2020). **지방자치단체 외국인 정책참여 방안 연구: 서울시 외국인주민대표자회의를 중심으로**. 이민정책연구원.

장주영. (2021). 한국인의 이민정책에 대한 태도. **이슈브리프**, 03. https://www.mrtc.re.kr/data/04.php?admin_mode=read&no=674&page=&make=&search=

전소희, 김은서. (2023). 한국인의 다문화수용성 결정요인에 관한 연구:외국 이주민과의 직·간접 접촉경험과 다문화교육의 효과를 중심으로. **한국사회와 행정연구 34**(2), 179-206.

정기선, 유민이, 조하영, 이정우. (2021). 이민정책 대상에 대한 용어 정의 현황 분석: 법령, 자치법규, 통계 용어를 중심으로. **한국이민정책학보, 4**(1), 1-36.

정부조직관리정보시스템. (2024). **정부조직이란**. https://www.org.go.kr/intrcn/orgnzt/viewDc.do

조석주, 박지영. (2012). **다문화사회 정착을 위한 지방자치단체의 이주민정책 개선방안**. 한국지방행정연구원.

조형규, 윤홍식. (2017). 복지체제와 이주민의 사회통합정책 비교연구: GDP 대비 사회지출과 MIPEX 노동시장 이동 지수를 중심으로. **비판사회정책, 57**, 77-116.

조형규, 윤홍식. (2021). 이주의 시대, 사민주의 복지체제의 유효성: 이주민의 노동시장 통합성을 중심으로. **다문화와 평화, 15**(1), 1-28.

최영미, 이나련. (2016). 외국인 및 이주민에 대한 인식에 관한 연구. **다문화와 평화, 10**(3), 149-166,

최영미. (2024). 이주가사노동자 도입 시범사업의 진행과정, 현황 및 문제점, **왜 돌봄은 값싸게 외주화 되는가**. 서울시-정부 '외국인 가사관리사 시범사업' 대응 국회 토론회, 7월 19일.

최저임금위원회. (2023). **2023년 주요 국가의 최저임금제도**. https://www.minimumwage.go.kr/open/research/view.do;jsessionid=15pG85yuFiAL00NRMULD0LKq.node10?bultnId=4449

통계청. (2024). **국적(지역) 및 체류자격별 등록외국인 현황**. https://kosis.kr/statHtml/statHtml.do?orgId=111&tblId=DT_1B040A6

통계청. (2024.4.11.). **2022년 기준 장래인구 추계를 반영한 내·외국인 인구추계: 2022-2042년**.

하상응. (2023). 한국인의 소수자 포용에 대한 인식. 통계청 통계개발원, **한국의 사회동향 2023**, 338-348.

한겨레. (2024.4.24.). **외국인 가사노동자 도입 어떻게 생각하십니까?** [논쟁 하니], 한겨레. https://www.hani.co.kr/arti/opinion/column/1138003.html

한국경제연구원. (2024.8.28). **저출산·고령화 시대 노동공급 확대의 경제적 효과 분석**. [보도자료] https://www.keri.org/post/%EC%A0%80%EC%B6%9C%EC%82%B0-%EA%B3%A0%EB%A0%B9%ED%99%94-%EC%8B%9C%EB%8C%80-%EB%85%B8%EB%8F%99%EA%B3%B5%EA%B8%89-%ED%99%95%EB%8C%80%EC%9D%98-%EA%B2%BD%EC%A0%9C%EC%A0%81-%ED%9A%A8%EA%B3%BC-%EB%B6%84%EC%84%9D.

한국보건사회연구원. (2014). 사회통합 및 국민행복 인식조사 [데이터 세트].

한국보건사회연구원. (2015). 사회이동과 사회통합 실태조사 [데이터 세트].

한국보건사회연구원. (2016). 사회통합 실태 및 국민인식 조사 [데이터 세트].

한국보건사회연구원. (2017). 사회문제와 사회통합 실태조사 [데이터 세트].

한국보건사회연구원. (2018). 사회갈등과 사회통합 실태조사 [데이터 세트].

한국보건사회연구원. (2019). 사회통합 상태 진단을 위한 실태조사 [데이터 세트].

한국보건사회연구원. (2021). 사회경제적 위기와 사회통합 실태조사 [데이터 세트].

한국보건사회연구원. (2022). 코로나19의 영향과 사회통합 실태조사 [데이터 세트].

한국보건사회연구원. (2023). 2023년 사회갈등과 사회통합 실태조사 [데이터 세트].

한준, 정병은, 김종우, 김대훈, 이시림. (2022). **2022 인권의식실태조사 보고서**. 국가인권위원회.

허완중. (2010). 기본적 인권을 확인하고 보장할 국가의 의무. **저스티스, 115**, 68-105.

현희, 남운삼. (2018). 독일의 통합을 위한 사회통합강좌. **독어독문학 59**(1), 221- 243.

홍관표. (2021). 차별금지법 제정 방안에 관한 검토. **이화젠더법학,** 13(2), 1 - 53.

황수옥. (2015). 독일 일반평등대우법 일반과 차별 정당성의 범위. **노동법논총 33,** 25-47.

Afonso, A., Negash, S. M. (2024). Building a wall around the welfare state, or around the country? Preferences for immigrant welfare inclusion and immigration policy openness in Europe. *Journal of European Social Policy,* 34(2), 175-189.

Alesina, A., Baqir, R., and Easterly, W. (1999). Public Goods And Ethnic Divisions. *The Quarterly Journal of Economics,* 114(4), 1243-1284.

Alesina, A., Baqir, R., and Easterly, W. (2000). Redistributive Public Employment. *Journal of Urban Economics,* 48(2), 219-241.

Alesina, A. F., Glaeser, E. L., & Sacerdote, B. (2001). Why doesn't the US have a European-style welfare system?. *National Bureau of Economic Research., Working Paper 8524.*

Allport, F. H. (1954). The structuring of events: outline of a general theory with applications to psychology. *Psychological Review,* 61(5), 281-303.

Andersen, JG, & Bjørklund, T. (1990). Structural changes and new cleavages: the progress parties in Denmark and Norway. *Acta Sociologica* 33(3), 195-217.

Anderson, B. (1983). *Imagined communities: Reflections on the origin and Spread of Nationalism.*

Baldock, John, Manning, Nick, and Vickerstaff, Sarah (eds.). (1999). *Social Policy.* Oxford: Oxford University Press.

Banting, K., Johnston, R., Kymlicka, W., & Soroka, S. (2006). Do multiculturalism policies erode the welfare state? An empirical analysis. (Banting, K & Kymlicka, W. (ed.)) *Multiculturalism and the welfare state: Recognition and redistribution in contemporary democracies.* Oxford: Oxford University Press.

Banting, K., Johnston, R., Kymlicka, W., & Soroka, S. (2006). *Do multiculturalism.*

Bell, D. A., Valenta, M., & Strabac, Z. (2023). Perceptions and realities: Explaining welfare chauvinism in Europe. *Journal of European Social Policy,* 33(3), 301-316.

Blalock, H. M. (1967). *Toward a theory of minority group relations.* New York,

Breidahl, K. N., Hedegaard, T. F., & Seibel, V. (2022). Migrants and social policy: Shifting research agendas. *In Social Policy in Changing European Societies,* 265-278, Edward Elgar Publishing.

Britanica. (2024). Chauvinism. https://www.britannica.com/topic/chauvinism

Burgoon, B. (2014). Immigration, integration, and support for redistribution in Europe. *World politics, 66*(3), 365-405.

Careja, R., & Harris, E. (2022). Thirty years of welfare chauvinism research: Findings and challenges. *Journal of European Social Policy, 32*(2), 212-224.

Castles, S., & Miller, M. J. (2003). *The Age of Migration.* London: MacMillan Press Ltd.

Castles, S., de Haas, H., & Miller, M. J. (2014). *The age of migration: International population movements in the modern world* (5thed.). Palgrave Macmillan.

CEC—Commission of the European Communities. (2004). A New Partnership for Cohesion Convergence Competitiveness Cooperation. Third Report on Economic and Social Cohesion.

Clark, A., & Duncan, P. (2024.5.28.) *This article is more than 5 months old Young more anti-immigration than old in parts of Europe, polling shows* [Press release]. https://www.theguardian.com/world/ng-interactive/2024/may/28/young-more-anti-immigration-than-old-in-parts-of-europe-polling-shows

Coban, M. (2017). I'm fine with Immigrants, but …: Attitudes, ethnic. diversity, and redistribution preference, *Working Paper Series, No. 137*, Julius Maximilian University of Würzburg, Chair of Economic Order and Social Policy, Würzburg

Crul, M. (2023). Integration into diversity theory renewing - once again - assimilation theory. *Journal of Ethnic and Migration Studies, 50*(1), 257-271. https://doi.org/10.1080/1369183X.2023.2258688

Dancygier, R., & Margalit, Y. (2020). The evolution of the immigration debate: Evidence from a new dataset of party positions over the last half-century. *Comparative Political Studies, 53*(5), 734-774.

de Haan, E., Roukema, G. R., van Rijckevorsel, V. A. J. I. M., Kuijper, T. M., de Jong, L., & Dutch Hip Fracture RegistryCollaboration (2024). Risk Factors for 30-Days Mortality After Proximal Femoral Fracture Surgery, a Cohort Study. *Clinical interventions in aging, 19*, 539-549. https://doi.org/10.2147/CIA.S441280

Degen, D., Kuhn, T., Van der Brug, W. (2019). Granting immigrants access to social benefits? How self-interest influences support for welfare state restrictiveness. *Journal of European Social Policy, 29*(2), 148-165.

Deutsche Welle. (2024). Germany: Immigrants made up over 18% of 2022 population. Deutsche Welle. https://www.dw.com/en/germany-immigrants-made-up-over-18-of-2022-population/a-65383249에서 2024.8.29. 인출.

Duman, A. (2023). Feeling insecure and excluding immigrants: Relationship between subjective risks and welfare chauvinism. *Social Policy & Administration, 57*(7), 1046-1071.

Edo, A., Giesing, Y., Öztunc, J., & Poutvaara, P. (2019). Immigration and electoral support for the far-left and the far-right. *European Economic Review, 115*, 99-143.

Eger, M.A. & Valdez, S. (2014). Neo-Nationalism in Western Europe, *European Sociological Review, 31*(1), 115-30.

Eick, G. M., & Larsen, C. A. (2022). Welfare chauvinism across benefits and services. *Journal of European Social Policy, 32*(1), 19-32.

Elsner, B., & Concannon, J. (2020). *Immigration and Redistribution*, Working Paper. Geary Institute: University of College Dublin.

EMV-LII, (2023.03.08.) "Design Graz together": launch of an innovative participation tool in Austria, https://diaspora-participation.eu/political-participation-and-migration-the-launch-of-an-innovative-participation-tool-in-graz/

Esping-Andersen, G. (1990). *The Three Worlds of Welfare Capitalism*. Polity Press, Cambridge.

European Commission. (2024). EU funds available at national level, https://migrant-integration.ec.europa.eu/funding/national-level_en

European Commission. (2024.10.24.). Asylum, Migration and Integration Fund (2021-2027), https://home-affairs.ec.europa.eu/funding/asylum-migration-and-integration-funds/asylum-migration-and-integration-fund-2021-2027_en

European Social Survey European Research Infrastructure (ESS ERIC). (2023). ESS round 8 – 2016, Welfare attitudes, Attitudes to climate change, Sikt - Norwegian Agency for Shared Services in Education and Research. https://doi.org/10.21338/NSD-ESS8-2016.

European Social Survey European Research Infrastructure (ESS ERIC). (2023). *ESS8 - integrated file, edition 2.3* [Data set]. Sikt - Norwegian Agency for Shared Services in Education and Research. https://doi.org/10.21338/ess8e02_3.

Federal Anti-Discrimination Agency. (2024). General Equal Treatment Act, https://www.antidiskriminierungsstelle.de/EN/about-discrimination/order-and-law/general-equal-treatment-act/general-equal-treatment-act-node.html

Fragomen, A. T. (1997). The Illegal Immigration Reform and Immigrant Responsibility Act of 1996: An Overview. *International Migration Review, 31*(2), 438-60.

Freeman, G. P. (1986). Migration and the political economy of the welfare state. *The Annals of the American Academy of Political and Social Science, 485*(1), 51-63.

Global Migration Data Portal. (2024). Total number of international migrants, https://www.migrationdataportal.org/international-data?i=stock_abs_&t=2005에서 2024.8.12. 인출.

Gov.ie. (2024). National Action Plan Against Racism, https://www.gov.ie/en/publication/14d79-national-action-plan-against-racism/

Government of Canada, (2024). Federal Anti-Racism Secretariat, https://www.canada.ca/en/employment-social-development/programs/federal-anti-racism-secretariat.html

Gower, M., McKinney, C.J. (2024). *The immigration health surcharge*. UK House of Commons Library, 13 August 2024.

Hopkins, D. J. (2009). The diversity discount: When increasing ethnic and racial diversity prevents tax increases. *The Journal of Politics, 71*(1), 160-177.

ILO, & UN Women. (2020). Public attitudes towards migrant workers in Japan, Malaysia, Singapore and Thailadn, p.26.

International Organization for Migration (IOM). (2017). *Integration and Social Cohesion: Key Elements for Reaping the Benefits of Migration*, Global Compact Thematic Paper.

Jeannet, A. M. (2020). A threat from within? Perceptions of immigration in an enlarging European Union. *Acta sociologica, 63*(4), 343-360.

Kaminska, O. (2020). *Guide to Using Weights and Sample Design Indicators with ESS Data*. European Social Survey European Research Infrastructure.

Kim, Gyuchan. (2017). Migration Transition in South Korea: Features and Factors. *The Journal of Multicultural Society, 8*(1), 1-32.

Kim, Gyuchan. (2018). The Migration Regime of South Korea: Three Axes of Civic Stratification. *The Journal of Multicultural Society, 8*(3), 68-96.

Kim, K. (2021). An intersection of East Asian welfare and immigration regimes: The social rights of low-skilled labour migrants in Japan and Korea. *International Journal of Social Welfare, 30*(2), 226-238.

Kim, K. (2022). How does immigration affect welfare support in Korea?. *Social Policy & Administration, 56*(1), 163-179.

Kish, L., & Frankel, M. R. (1970). Balanced repeated replications for standard errors. *Journal of the American Statistical Association, 65*(331), 1071-1094.

Koning. E. A. (2013). *Selective Solidarity: The politics of immigrants' social rights in Western welfare states*. [Dotoral thesis. Queen's University, Canada.

Kymlicka, W., & Banting, K. (2006). Immigration, Multiculturalism, and the Welfare State. *Ethics & International Affairs*, 20, 281-304. https://doi.org/10.1111/j.1747-7093.2006.00027.x

Larsen, A. C. (2020). The institutional logic of giving migrants access to social benefits and services. *Journal of European Social Policy, 30*(1), 48-62.

Marshall, T. H. (1950). *Citizenship and social class*. Cambridge University Class.

Morris, Lydia. (2001). The ambiguous terrain of rights: civic stratification in Italy's emergent immigration regime. *International Journal of Urban and Regional Research, 25*(3), 497-516.

OECD. (2015). Indicators of Immigrant Integration 2015, https://www.oecd.org/en/publications/indicators-of-immigrant-integration-2015-settling-in_9789264234024-en.html

OECD. (2024a). Social Spending. https://www.oecd.org/en/topics/sub-issues/social-spending.html.

OECD. (2024b). *OECD Survey on Drivers of Trust in Public Institutions – 2024 Results: Building Trust in a Complex Policy Environment*. OECD Publishing, p.27. https://doi.org/10.1787/9a20554b-en

Oliver, J. E., & Wong, J. (2003). Intergroup prejudice in multiethnic settings. *American Journal of Political Science, 47*, 567-582.

Persson, T., G. Roland and G. Tabellini. (2000). *Comparative politics and public finance*. Journal of Political Economy, *108*(6), 1121-1161.

Pettigrew, T. F., & Tropp, L. R. (2006). A Meta-Analytic Test of Intergroup Contact Theory. *Journal of Personality and Social Psychology, 90*, 751-783.

Piketty, T., Zucman, G. (2014). Capital is back: Wealth-income ratios in rich countries 1700-2010. *The Quarterly journal of economics, 129*(3), 1255-1310.

Quillian, L. (1995). Prejudice as a response to perceived group threat: Population composition and anti-immigrant and racial prejudice in Europe. *American Sociological Review, 60*(4), 586-611. https://doi.org/10.2307/2096296

Reeskens, T., & Van Oorschot, W. (2012). Disentangling the 'New Liberal Dilemma': On the relation between general welfare redistribution preferences and welfare chauvinism. *International Journal of Comparative Sociology, 53*(2), 120-139.

Rose, R. (1985). National pride in cross-national perspective. *International Social Science Journal, 37*(103). p. 85-96.

Röth, L., Spies, D., Schmidt-Catran, A. (2022). From immigration over redistributive attitudes to welfare spending. The moderating role of social program design. *European Political Science Review, 14*(4), 498-519.

Sabates-Wheeler, R., & Feldman, R. (2011). *Migration and social protection: Claiming social rights beyond borders.* Palgrave Macmillan, Basingstoke, UK.

Sainsbury, Diane. (2012). *Welfare States and Immigrant Rights: The Politics of Inclusion and Exclusion.* Oxford: Oxford University Press.

Sainsbury. D. (2006). Immigrants' social rights in comparative perspective: welfare regimes, forms of immigration and immigration policy regimes. *Journal of european social policy, 16*(3), 229-244.

Savelkoul, M., Scheepers, P., Tolsma, J., & Hagendoorn, L. (2011). Anti-Muslim attitudes in the Netherlands: tests of contradictory hypotheses derived from ethnic competition theory and intergroup contact theory. *European Sociological Review, 27*(6), 741-758.

Scheepers, P., Gijsberts, M., & Coenders, M. (2002). Ethnic exclusionism in European countries: public opposition to civil rights for legal migrants as a response to perceived ethnic threat, *European Sociological Review 18*(1), 17-34.

Scruggs, L., & Allan, J. P. (2006). The material consequences of welfare states: Benefit generosity and absolute poverty in 16 OECD countries. *Comparative Political Studies, 39*(7), 880-904.

Senik, C., Stichnoth, H., & Van Der Straeten, K. (2009). Immigration and natives' attitudes towards redistribution: Evidence from the European social survey.

Social Indicators Research, 91(3), 345-370.

Sironi, A., Bauloz, C., & Emmanuel, M. (2019). Glossary on Migration. *International Migration Law. (No. 34)*. International Organization for Migration (IOM).

Smith, T. W., & Kim, S. (2006). National pride in comparative perspective: 1995/96 and 2003/04. *International Journal of Public Opinion Research, 18*(1), 127-13.

Soysal, & Yasemin Nuhoglu. (1994). *Limits of citizenship: migrants and postnational membership in Europe*. Chicago: University of Chicago Press.

Stephan, W. G., & Stephan, C. W. (1985). Intergroup anxiety. *Journal of Social Issues, 41*(3), 157-175.

Stichnoth, H. (2012). Does immigration weaken natives' support for the unemployed? Evidence from Germany. *Public Choice, 151*(3), 631-654.

Stichnoth, H., & Van der Straeten, K. (2009). Ethnic diversity and attitudes towards redistribution: a review of the literature. *ZEW-Centre for European Economic Research Discussion Paper*, 09-036.

Sunpuwan, M.; Niyomsilpa, S. (2014). The survey of Thai public opinion toward Myanmar refugees and migrant workers: An overview (Nakhon Pathom, Mahidol University).

Svallfors, S. (2004). Class, attitudes and the welfare state: Sweden in comparative perspective. *Social policy & administration, 38*(2), 119-138.

The Migrant Integration Policy Index (MIPEX). (2020). *Policy indicators: Key Findings*. https://www.mipex.eu/key-findings

UK Government. (2013). David Cameron's immigration speech. https://www.gov.uk/government/speeches/david-camerons-immigration-speech

UK in the World Values Survey. (2023). *UK attitudes to immigration among most positive internationally*. 2024.10.09. 검색. https://www.uk-values.org/news-comment/uk-attitudes-to-immigration-among-most-positive-internationally-1018742/pub01-115

UNHCR. (2024). Refugee Data Finder. https://www.unhcr.org/refugee-stat

V.M. Esses et al. (1998). Intergroup competition and attitudes toward immigrants and immigration: An instrumental model of group conflict. *Journal of Social Issues*.

van Oorschot, Wim & Uunk, & Wilfred. (2007). Welfare Spending and the Public's Concern for Immigrants: Multilevel Evidence for Eighteen European Countries.

Comparative Politics, 40, 63-82. 10.5129/001041507X12911361134433.

Waisman, G. & Larsen, B. (2016). Income, amenities and negative attitudes. *IZA Journal of Migration, 5*, Article ID 8.

Wong, T. K. Y., Wan, S. P. S., Law, K. W. K. (2009). Welfare attitudes and social class: The case of Hong Kong in comparative perspective. *International Journal of Social Welfare, 18*(2), 142-152.

World Value Survey. (2023). *World Valuye Survey Wave 7 (2017-2022)* [Data set]. https://www.worldvaluessurvey.org/WVSDocumentationWV7.jsp

Yilmaz, S., & Solano, G. (2021). 'Migrant Integration - Challenges and Possible Policy Solutions', edited by Rajendra Baikady, S.M Sajid, Jaroslaw Przeperski, Varoshini Nadesan, M. Rezaul Islam, Jianguo Gao, *The Palgrave Handbook of Global Social Problems*, Springer.

Ziller C., & Careja, R. (2022). Personal and contextual foundations of welfare chauvinism in Western Europe. (Crepaz MML (ed)), *Handbook on Migration and Welfare*. Edward Elgar Publishing, 175-193.

부록

KOREA INSTITUTE FOR HEALTH AND SOCIAL AFFAIRS

[부록 1] 2024 사회통합 실태조사 표본 설계서

1. 모집단 정의 및 분석

1) 모집단의 정의

□ 목표 모집단

○ 2024년도 6월 현재 대한민국에 거주하는 만 19세 이상 75세 이하 국민

□ 조사 모집단

○ 2024년도 6월 현재 대한민국에 거주하는 가구 중 집단시설 가구, 외국인 가구 및 비민간 시설에 거주하는 가구를 제외한 일반 가구

□ 표본 추출틀

○ 2023년 기준 통계청의 SGI 집계구를 표본 추출틀로 이용함.

2) 모집단 분석[17]

□ 모집단 집계구 분포를 분석하여 지역별 특성을 파악하면, 전체 집계구는 101,579개이며, 동부는 81.3%, 읍면부는 18.7%이고, 지역별로는 서울이 17.9%, 경기도가 25.7%를 차지하였음.

□ 가구 규모를 파악해보면, 전체 가구는 21,774천 가구이며, 이 중 동부의 가구는 81%를 차지하며, 읍면부는 18.9%로 나타났으며, 서울이 전체 가구의 18.8%, 경기도가 24.8%를 차지하며, 인천을 포함한 수도권이 전체 가구의 49.2%를 차지

---

[17] 지역별 인구 분포와 성별 분포 간의 차이는 집계구 내 성별 데이터의 집계구별 합산 결과의 차이로 발생된 결과로서 모집단 분석 과정에서 일부 통계수치 간 차이가 나타날 수 있음.

하는 것으로 분석되었음.

□ 한편 전체 인구는 49,387천 명이며, 이 중에서 경기도의 인구 비율이 전체의 26.3%를 차지하며, 다음으로 서울이 18.2%임. 인천을 포함한 수도권의 인구 비율은 50.2%로 전체 인구의 절반이 수도권에 밀집되어 있음(〈부표 1-3〉 참조).

〈부표 1-1〉 모집단 집계구 분포*

(단위: 개)

구분	동부		읍면부		계
	일반	아파트	일반	아파트	
서울	9,037	9,247	.	.	18,284
부산	2,369	3,842	91	258	6,560
대구	1,607	2,668	156	411	4,842
인천	2,078	3,513	159	14	5,764
광주	801	2,141	.	.	2,942
대전	1,073	1,863	.	.	2,936
울산	553	1,236	175	263	2,227
세종	17	567	113	76	773
경기	6,965	15,088	2,213	1,878	26,144
강원	629	1,264	864	366	3,123
충북	633	1,254	804	538	3,229
충남	618	1,409	1,433	840	4,300
전북	837	1,743	832	175	3,587
전남	481	1,081	1,565	550	3,677
경북	1,053	1,720	1,638	783	5,194
경남	1,378	2,855	1,339	1,039	6,611
제주	663	326	379	18	1,386
계	30,792	51,817	11,761	7,209	101,579

주: 가구가 있는 집계구만을 분석 대상에 포함하였음.

<부표 1-2> 모집단 가구 분포

(단위: 천 가구)

구 분	동부		읍면부		계
	일반	아파트	일반	아파트	
서울	2,335	1,763	.	.	4,098
부산	601	776	20	51	1,448
대구	385	521	36	81	1,023
인천	509	665	37	2	1,213
광주	193	430	.	.	623
대전	274	373	.	.	647
울산	128	236	39	51	454
세종	3	105	31	15	154
경기	1,731	2,808	510	359	5,408
강원	153	259	200	73	685
충북	150	255	192	108	705
충남	156	274	332	168	930
전북	196	351	193	37	777
전남	112	219	350	104	785
경북	260	342	398	155	1,155
경남	329	552	314	198	1,393
제주	136	62	75	3	276
계	7,651	9,991	2,727	1,405	21,774

〈부표 1-3〉 모집단 인구 분포

(단위: 천 명)

구 분	동부		읍면부		계
	일반	아파트	일반	아파트	
서울	4,418	4,557	.	.	8,975
부산	1,125	1,910	41	130	3,206
대구	742	1,306	72	205	2,325
인천	1,022	1,747	77	6	2,852
광주	361	1,059	.	.	1,420
대전	502	927	.	.	1,429
울산	250	611	80	132	1,073
세종	6	274	55	37	372
경기	3,459	7,519	1,085	924	12,987
강원	280	612	405	173	1,470
충북	286	616	377	261	1,540
충남	284	695	667	408	2,054
전북	376	855	389	86	1,706
전남	222	524	696	258	1,700
경북	491	844	771	379	2,485
경남	635	1,393	617	504	3,149
제주	311	156	169	8	644
계	14,770	25,605	5,501	3,511	49,387

<부표 1-4> 모집단 인구의 성별 분포

(단위: 천 명)

구 분	동부				읍면부			
	일반		아파트		일반		아파트	
	남	여	남	여	남	여	남	여
서울	2,062	2,195	2,106	2,324	.	.	.	.
부산	529	551	894	971	20	19	61	65
대구	353	359	610	659	36	33	99	100
인천	503	483	827	870	38	36	3	3
광주	178	167	498	533	.	.	.	.
대전	251	231	439	466	.	.	.	.
울산	128	112	299	295	41	36	65	63
세종	3	3	128	136	29	23	19	18
경기	1,721	1,613	3,553	3,749	555	487	449	452
강원	137	129	292	312	198	186	85	85
충북	143	132	295	310	187	170	130	126
충남	145	126	331	344	326	305	206	199
전북	185	175	405	430	184	184	42	43
전남	110	102	255	259	326	329	126	127
경북	244	226	406	420	367	361	187	188
경남	318	291	670	688	292	291	243	246
제주	150	151	73	78	82	81	4	4
계	7,160	7,046	12,081	12,844	2,681	2,541	1,719	1,719

□ 지역별 성별 분포를 파악해보면 <부표 1-4>와 같이 전국 남성의 비율은 49.5%, 여성은 50.5%로 나타나 여성의 비율이 높았으며, 지역별로 남녀 성별 규모를 비교했을 때 남성의 비율이 높은 지역은 울산, 충북, 충남, 경북, 경남이며, 나머지 지역은 여성의 비율이 높았음.

□ 동부지역에서 남녀의 비율을 비교했을 때 남성의 비율이 높게 나타난 지역은 울산, 충남, 전남, 경북, 경남지역이었으며, 나머지 지역은 모두 여성의 비율이 높게 나타났음. 특히 남성의 비율이 상대적으로 높은 지역은 울산과 경남으로 나타났음.

□ 한편 읍면부에서는 동부와는 달리 상대적으로 남성의 비율이 낮게 나타나는 지역은 부산, 전북, 전남, 경남지역으로 나타났으며, 이들 지역은 주로 농촌지역으로 고령 여성의 비중이 높게 나타나는 지역임.

〈부표 1-5〉 시도별 인구의 연령별 분포*

(단위: 천명)

구 분	20대 미만	20대	30대	40대	50대	60대	70대 이상	계
서울	1,209	1,296	1,357	1,371	1,422	1,254	980	8,889
부산	448	370	382	474	526	542	431	3,173
대구	362	275	273	357	411	351	272	2,301
인천	462	343	389	463	494	407	265	2,823
광주	251	191	175	231	239	179	140	1,406
대전	239	206	183	221	234	194	138	1,415
울산	187	117	137	177	200	159	87	1,064
세종	92	38	59	73	50	34	20	366
경기	2,259	1,554	1,805	2,192	2,211	1,686	1,154	12,861
강원	215	151	153	208	253	258	216	1,454
충북	244	175	182	228	260	242	192	1,523
충남	343	218	246	315	329	301	278	2,030
전북	265	183	171	245	287	267	270	1,688
전남	258	152	162	234	294	277	304	1,681
경북	366	238	259	355	430	424	386	2,458
경남	522	300	353	504	558	496	385	3,118
제주	121	67	77	106	111	85	71	638
계	7,843	5,874	6,363	7,754	8,309	7,156	5,589	48,888

주: 인구수 합계의 차이는 집계구내 가구가 없으나, 사람이 살고 있는 거처를 제외하여 총 가구에 대한 인구수와는 차이가 있음.

□ 시도별 연령 분포는 <부표 1-5>와 같이 전체 연령대를 시도별로 분석하였음. 서울은 40대와 50대 연령이 31.4%로 가장 많았으며, 부산은 60대 연령이 부산 인구의 약 17.1%를 차지하였고, 대구는 50대 연령이 17.9%였으며, 상대적으로 20대 연령이 11.9%로 타 연령대에 비해 낮게 나타남. 인천은 20대 미만 연령대가 16.4%로 20대 12.1%보다 높게 나타남. 광주는 20대 미만이 17.8%로 상대적으로 높았으며, 대전 또한 20대 미만이 16.9%로 높게 나타났음. 울산지역도 20대 미만이 17.5%로 50대 다음으로 높았으며, 50대는 18.8%로 가장 높게 나타나고 있어 타지역과는 연령대 분포가 유사하게 나타남. 세종은 20대 미만이 25.1%로 타지역과 비교하여 해당 연령층의 비율이 가장 높게 나타났으며, 상대적으로 70대 이상 연령층의 비율이 5.5%로 가장 낮았으며, 60대의 비율은 9.3%로 나타나고 있음.

□ 경기도는 20대 미만이 17.5%로 가장 높게 나타났고, 강원은 60대가 17.7%로 가장 높았으며, 충북은 50대가 17.1%로 가장 높았고, 다음으로 20대 미만이 16.0%로 높았고, 충남은 20대 미만이 16.8%로 가장 높게 나타났음. 전북은 70대 이상이 16.0%, 전남은 70대 이상이 18.1%로 가장 높았으며, 상대적으로 20대가 15.3%로 타지역에 비해 매우 낮게 나타났음. 경북은 50대가 17.5%로 가장 높았으며, 경남은 50대가 17.9%로 가장 높았으며, 제주는 20대 미만이 18.9%로 가장 높게 나타났음.

□ 전체적으로 50대 인구 비율이 17%로 가장 높고, 다음으로 20대 미만이 16%, 40대가 15.9%의 순이며, 60대 이상이 26.1%로 고령층의 비중이 매우 높게 났음.

2. 표본설계

1) 2024년도 사회통합조사 표본설계의 기본 방향

□ 모집단으로 2023년 통계청의 SGI 데이터인 집계구를 활용하여 표본설계를 고려함.

□ 이를 위해 기존의 조사 설계와 같이 층화변수를 사용하고, 각 층별로 산출되는 통계값들의 대표성을 확보하기 위해 표본 배분 방법 및 조정이 가능한 층화추출방법을 적용함.

□ 2023년에 비해 표본 규모를 3,000명으로 축소하여 조사하며, 집계구당 6가구, 총 표본 집계구는 500개로 결정함.

□ 면접조사의 정확성을 높이기 위해 비표본오차를 최소화할 수 있는 표본 설계 방안을 제시함.

2) 표본 규모의 결정

□ 층화표본추출의 경우 비례 배분과 네이만 배분 가정하에서 전체 표본 규모를 결정하기 위한 산식은 다음과 같음.

- 비례 배분 : $n = \dfrac{\sum_{h=1}^{L} N_h S_h^2}{ND + \sum_{h=1}^{L} W_h S_h^2}$

- 네이만 배분 : $n = \dfrac{(\sum_{h=1}^{L} N_h S_h)^2}{N^2 D + \sum_{h=1}^{L} N_h S_h^2}$

여기서 S_h^2은 h층의 모집단 분산이며, $W_h = N_h/N$이고, $D = B^2/4$임

○ 모집단 분석에서 조사 대상 연령대인 만 19세 이상 75세 미만 연령대의 비율 (P_h)을 변동으로 고려하여 $S_h^2 = P_h Q_h$로 고려하여 표본 규모를 산정할 수 있음.

<부표 1-6> 표본 규모 산정

(단위: %, 가구, 명)

B	비례 배분		네이만 배분	
	가구 기준	개인 기준	가구 기준	개인 기준
1.1	5,906	5,964	5,887	5,947
1.2	4,963	5,012	4,947	4,997
1.3	4,229	4,270	4,216	4,258
1.34	3,980	4,019	3,968	4,008
1.35	3,921	3,960	3,909	3,949
1.36	3,864	3,902	3,852	3,891
1.4	3,646	3,682	3,635	3,672
1.5	3,176	3,207	3,167	3,198
1.55	2,975	3,004	2,966	2,995

□ 표본 규모는 조사 대상 연령에 대해 통계값의 추정 오차를 1.5%로 관리할 경우 가구 기준으로 비례 배분인 경우 약 3,176가구가 필요하며, 개인 기준으로는 3,207명의 표본이 필요함. 만일 추정 오차를 1.55%로 관리할 경우 비례 배분의 경우 가구 기준으로 2,975가구, 개인 기준으로 3,004명의 표본이 필요함(<부표 1-6> 참조).

□ 또한 네이만 배분의 경우 가구 기준으로 목표 오차가 1.5%인 경우 3,167가구의 표본이 필요하며, 개인 기준에서는 목표 오차가 1.5%인 경우 3,198명의 표본이 필요함.

□ 따라서 목표 오차를 1.5% 내외로 관리할 경우 개인 기준 또는 가구 기준으로 약 3,000가구(명)의 표본이 필요함.

3) 표본 배분 방법

☐ 층별 표본 배분 방법으로는 모집단의 층별 규모에 따라 배분하는 방법과 모집단의 층별 변동을 고려한 표본 배분 방법으로 구분할 수 있음.

- 비례 배분법 : $n_h = n \times \dfrac{N_h}{\sum_{k=1}^{H} N_k}$

- 네이만 배분법 : $n_h = n \times \dfrac{N_h S_h}{\sum_{k=1}^{H} N_k S_k}$

- 제곱근 비례 배분법 : $n_h = n \times \dfrac{\sqrt{N_h}}{\sum_{k=1}^{H} \sqrt{N_k}}$

☐ 방안 1: 지역별 가구 수에 대한 비례 배분

○ 층별 가구 수에 비례하도록 표본을 배분하는 방안으로 표본 가구 수 3,000가구를 집계구당 6가구를 표본으로 조사할 경우 필요한 집계구는 500개이며, 이를 지역별 가구 수에 비례하여 배분할 경우 서울과 경기 지역에 거의 43%가 배분되어 가구 규모가 큰 지역에 과다 배분되는 결과가 나타남(〈부표 1-7〉 참조).

<부표 1-7> 표본 집계구 배분: (비례 배분)

(단위: 개)

구분	동부		읍면부		계
	일반	아파트	일반	아파트	
서울	54	40	0	0	94
부산	14	18	0	1	33
대구	9	12	1	2	24
인천	12	15	1	0	28
광주	4	10	0	0	14
대전	6	9	0	0	15
울산	3	5	1	0	9
세종	0	2	1	0	3
경기	40	64	12	8	124
강원	4	6	5	2	17
충북	3	6	4	2	15
충남	4	6	8	4	22
전북	5	8	4	1	18
전남	3	5	8	2	18
경북	6	8	9	4	27
경남	8	13	7	5	33
제주	3	1	2	0	6
계	178	228	63	31	500

□ 방안 2: 층별 조사 대상 연령의 비율 변동에 따른 네이만 배분

○ 층별 조사 대상 연령의 비율을 고려하여 변동이 큰 층에 많은 표본을 배분하는 방법을 고려할 수 있으며, 이는 층의 규모와 조사 대상 연령대의 변동이 큰 층에 많은 표본을 배분함으로써 추정오차를 줄일 수 있음

○ 배분 결과를 보면 <부표 1-8>에서와 같이 비례 배분보다 더 많은 표본이 서울과 경기 지역에 배분되어 규모가 큰 층에 더 많은 표본이 배분되었음을 알 수 있음.

〈부표 1-8〉 표본 집계구 배분: (네이만 배분)

(단위: 개)

구분	동부		읍면부		계
	일반	아파트	일반	아파트	
서울	46	41	0	0	87
부산	13	18	0	1	32
대구	8	12	1	2	23
인천	11	15	1	0	27
광주	4	10	0	0	14
대전	6	9	0	0	15
울산	3	6	1	1	11
세종	0	3	1	0	4
경기	37	67	12	9	125
강원	3	6	5	2	16
충북	3	6	5	3	17
충남	3	7	8	4	22
전북	5	8	5	1	19
전남	3	5	9	3	20
경북	6	8	10	4	28
경남	7	13	8	5	33
제주	3	2	2	0	7
계	161	236	68	35	500

□ 방안 3: 지역별 가구 수의 제곱근에 비례하도록 배분

○ 층별 가구 수의 제곱근에 비례하도록 표본을 배분하는 방안으로 집계구당 6가구를 표본으로 조사할 경우 필요한 집계구는 500개이며, 이를 지역별 가구 수의 제곱근에 비례하여 배분할 경우 방안 1)의 특정 지역에 과대하게 배분되는 현상을 완화시킬 수 있음(〈부표 1-9〉 참조).

○ 배분 결과를 보면 〈부표 1-9〉에서와 같이 전체적으로 오차를 관리하기 위한 수준으로 방안 1과 방안 2의 배분보다 많은 수의 집계구가 전국적으로 배분되었음.

<부표 1-9> 표본 집계구 배분: (제곱근 비례배분)

(단위: 개)

구분	동부		읍면부		계
	일반	아파트	일반	아파트	
서울	25	21	0	0	46
부산	13	14	2	4	33
대구	10	12	3	5	30
인천	12	13	3	2	30
광주	7	11	0	0	18
대전	8	10	0	0	18
울산	6	8	3	4	21
세종	2	5	3	2	12
경기	21	27	12	10	70
강원	6	8	7	4	25
충북	6	8	7	5	26
충남	6	8	9	7	30
전북	7	10	7	3	27
전남	5	8	10	5	28
경북	8	9	10	6	33
경남	9	12	9	7	37
제주	6	4	4	2	16
계	157	188	89	66	500

□ 최종적으로 표본 배분은 층별 가구 수의 제곱근에 비례하는 방법으로, 방안 3의 배분 방법을 적용하고자 함

4) 표본 집계구 대체

☐ 조사 과정에서 응답 거부 또는 재개발 등으로 인한 집계구 소멸 등의 사유로 조사가 불가능한 경우에 동일 지역의 대체 집계구로 대체하도록 함.

☐ 이를 위해 약 3배수의 집계구를 추가로 추출하였으며, 집계구 대체 방법은 기본적으로 동일 층에 속하는 집계구를 대체하도록 함.

5) 가구 내 응답자의 선정 방법

☐ 본 조사는 표본 가구 내에서 대표 응답자를 선정하여 조사하는 방법으로, 대표 가구원의 선정은 Kish(1970)가 제안한 방법을 이용할 수 있으나, 조사 현장에서 조사원의 방법 적용에 문제가 발생할 수 있기 때문에 "빠른 생일법"을 이용할 것임.

☐ 즉, 조사 시점을 기준으로 19세 이상 가구원 중 생월이 빠른 가구원을 선정하여 이들로부터 응답을 받는 방법을 적용함(2024년 6월 현재 만 19~75세)

☐ 예를 들어 가구주 및 배우자 2인과 만 19세 이하 자녀가 있는 가구의 경우 대표 가구원 선정에 해당되는 사람은 가구주 또는 배우자가 되며, 이들 2명 중 가장 생일이 빠른 사람으로부터 응답을 받는 방법임.

☐ 그러나 조사 과정에서 생일이 가장 빠른 가구원을 접촉하기 어려운 경우에 가구주 또는 배우자를 응답 가구원으로 선정하여 조사를 완료하도록 함.

3. 추정 방법

1) 가중치의 계산

○ 층별의 모집단 규모에 따른 비례 배분인 경우 자체 가중치로 처리가 가능하지만, 모집단 분포와 표본 분포가 다르기 때문에 각 층에 대한 가중치를 부여할 필요가 있음.

○ 또한 본 조사는 표본 집계구에서 표본 가구를 선정하기 때문에 설계 가중치를 기본 가중치로 고려한 후 지역별, 조사구별, 가구원 수별로 서로 다른 가중치를 부여하는 과정이 필요함.

N : 모집단 총 집계구 수($=\Sigma_{h=1}^{H} N_h$)

N_h : h층의 모집단 집계구 수

n_h : h층의 표본 집계구 수

M_{hi} : h층의 i번째 집계구의 총 가구 수

m_{hi} : h층의 i번째 집계구 내 표본 가구 수

x_{hij} : h층의 i번째 집계구 내 j번째 표본 가구에서 만 19세 이상 가구원 수

r_{hi} : h층의 i번째 집계구의 응답 가구 수

w_{hij} : h층의 i번째 집계구의 j번째 가구의 추출 가중치

w_{hi}^{r} : h층의 i번째 집계구의 무응답 조정 가중치

w_{hij}^{p} : h층의 i번째 집계구의 j번째 가구의 사후 가중치

WH_{hij} : h층의 i번째 집계구의 j번째 가구의 가중치

WP_{hij} : h층의 i번째 집계구의 j번째 가구 내 응답자의 개인 가중치

WP_{hij}^{p} : h층의 i번째 집계구의 j번째 가구 내 개인 응답자의 최종 가중치

① h층의 j번째 집계구의 i번째 가구의 기본 가중치

$$w_{hij} = \frac{M_{hi}}{m_{hi}} \times x_{hij}$$

② 무응답 조정 가중치

$$w^r_{hij} = w_{hij} \times \frac{m_{hi}}{r_{hi}}$$

③ 가구 최종 가중치

$$WH_{hij} = w^p_{hij} = w^r_{hij} \times \frac{X_h}{\widehat{X}_h}$$

여기서 X_h는 h층의 추계 가구, $\widehat{X}_h$는 가중치의 합을 의미함.

④ 개인 가중치: 가구 최종 가중치를 기반으로 응답 가구 내 19세 이상 성인 수에 따라 개인 가중치를 산정함.

$$WP_{hij} = WH_{hij} \times (가구내성인수)$$

⑤ 개인 최종 가중치

$$WP^p_{hij} = WP_{hij} \times \frac{A_h}{\widehat{A}_h}$$

여기서 X_h는 h층의 추계 가구, $\widehat{X}_h$는 가중치의 합을 의미함.

2) 추정치의 계산

(1) 평균 소득 및 지출

$$\widehat{\overline{Y}} = \sum_h^L \sum_i^{n_h} \sum_j^{m_{hi}} W_{hij} y_{hij} / W_{...}$$

여기서 $W_{...} = \sum_{h=1}^{L} \sum_{i=1}^{n_h} \sum_{j=1}^{m_{hi}} W_{hij}$ 를 나타내며, 분석 단위가 가구인 경우 WH_{hij}, 개인인 경우 WP^p_{hij} 가중치를 사용하며, 가중치 표현을 위해 W_{hij}로 통합하여 표기함

(2) 표본 평균 $\hat{\bar{Y}}$의 분산 추정치

$$\hat{V}(\hat{\bar{Y}}) = \sum_{h=1}^{L} \frac{n_h(1-f_h)}{n_h-1} \sum_{i=1}^{n_h} (e_{hi} - \bar{e}_{h..})^2$$

여기서 $e_{hi.} = \left(\sum_{j=1}^{m_{hi}} W_{hij}(y_{hij} - \hat{\bar{Y}}) \right) / W_{...}$, $\bar{e}_{h..} = \sum_{i=1}^{n_h} e_{hi.}/n_h$ 이다.

$$SE(\hat{\bar{Y}}) = \sqrt{\hat{V}(\hat{\bar{Y}})}$$

(3) 상대표준오차

$$\widehat{CV}(\hat{\bar{Y}}) = \frac{SE(\hat{\bar{Y}})}{\hat{\bar{Y}}} \times 100\%$$

[부록 2] 2024 사회통합 실태조사 설문지

이 조사표에 기재된 내용은 통계법 제33조 및 34조에 의하여 비밀이 보장됩니다.	집계구 번호		응답자 ID	

이주민과 사회통합 실태조사

안녕하세요? 저는 조사전문기관인 한국리서치의 면접원 _____ 입니다.
저희는 국무총리실 산하 국책 연구기관인 한국보건사회연구원의 의뢰로 「이주민과 사회통합 실태조사」를 실시하고 있습니다. 귀하께서 응답해 주시는 내용은 다른 분들의 의견과 함께 집계·분석되어 우리국민의 사회통합에 대한 인식을 파악하는 기초자료로 사용될 것입니다.
본 조사의 응답내용은 통계법 제33조 및 제34조에 의거 통계목적에만 사용되고 그 비밀은 반드시 보장됩니다. 귀하의 응답은 정부의 올바른 정책수립에 귀중한 기초자료로 이용되오니 시간을 내어 협조해 주시면 대단히 감사하겠습니다.

2024년 6월 한국보건사회연구원장

주관기관	조사기관	문 의 처
KIHASA 한국보건사회연구원		

| 집계구 번호 (4자리) | | 표본가구 여부 | ① 표본가구 ② 대체가구 |
| | | 가구원 대체 여부 | ① 빠른생일자 ② 대체가구원 |

※ 응답자 선정 후 체크해주세요.

응답자 이름 (빠른생일자)		응답자 연락처 (빠른생일자)	― ―
응답자 성별 (선문1)	① 남 ② 여	응답자 나이 (선문2-1)	만 _____ 세
주소	_____시/도 _____시/군/구 _____읍/면/동 (세부주소)		

※ 조사 종료 후 면접원이 체크해주세요.

| 응답자의 가구주와의 관계 (문2 값) | ① 가구주 본인 ② 가구주의 배우자 ③ 기타 | 가구주 및 가구주 배우자 응답 도움 여부 | ① 예 ② 아니오 | 유치조사 여부 | ① 예 ② 아니오 |

※ 방문 기록 적어주세요.

1차 방문	월 일 시 분	방문결과	☐1) 조사완료 ☐2) 응답거절 ☐3) 부재중 ☐4) 미완성 ☐5) 조사불가
2차 방문	월 일 시 분	방문결과	☐1) 조사완료 ☐2) 응답거절 ☐3) 부재중 ☐4) 미완성 ☐5) 조사불가
3차 방문	월 일 시 분	방문결과	☐1) 조사완료 ☐2) 응답거절 ☐3) 부재중 ☐4) 미완성 ☐5) 조사불가
4차 방문	월 일 시 분	방문결과	☐1) 조사완료 ☐2) 응답거절 ☐3) 부재중 ☐4) 미완성 ☐5) 조사불가
면접원 성명		면접시간	분
수퍼바이저 검증		검증결과	

응답자 선정 문항

★ 만19~75세의 가구원 중, 생일이 가장 빠른 가구원을 본 조사의 응답자로 선정합니다(주민등록 생월일 기준).
★ 만19세 이상(2005년 5월 31일 이전 출생)에서 만75세 이하(1948년 6월 1일 이후 출생)가 응답합니다.

선문1. 귀하의 성별은 어떻게 되십니까?
　　　① 남성　　　　② 여성

선문2. 귀하는 몇 년 생입니까? (※ 주민등록상 생년)

　　　_____년 _____월 출생 ☞ 1948년 6월생 ~ 2005년 5월생 응답가능

선문2-1. 만 나이 (※ 면접원 입력)

　　　※ 1~5월생 : 2024년 - 출생년도 / 6~12월생 : 2024년 - 출생년도 -1

　　　만 _____ 세 (☞ 만19세 ~ 만75세 응답가능)

I. 가구 구성 및 응답자 일반사항 (※ '빠른 생일자'께서 응답)

★ 2024년 5월 31일을 기준으로 말씀해주세요.

문1. 귀댁의 가구원 수는 몇 명이십니까? 그리고 가구원 중 다음의 가구원은 몇 명이십니까?

구분	가구원 수	본인해당 여부
문1-1. 생계를 같이하는 가구원 수 (본인 포함) ※ 직장 때문에 따로 사는 가장, 학생, 기타의 이유로 같이 살고 있지 않은 가족도 포함 즉, 주거를 같이 하지 않더라도 소득을 공유하는 가족은 포함	명	
문1-2. 가구원 중 노인 수 ※ 만 65세 이상으로 주민등록기준 1959년 5월 31일 이전 출생한 자	명	
문1-3. 가구원 중 장애인 수 ※ 등록장애인 기준	명 →	① 해당 ⓪ 비해당
문1-4. 가구원 중 만성질환자 수 ※ 만성질환자는 3개월 이상 투병·투약하는 경우임. 단, 투약이 필요하나 경제적인 사정에 의해서 못하고 있는 경우도 포함. 기간은 최초 투병 및 투약시점부터 산정함	명 →	① 해당 ⓪ 비해당
문1-5. 가구원 중 아동 수 ※ 만18세 미만으로 주민등록기준 2006년 6월 1일 이후 출생한 자	명	
문1-6. 가구원 중 실업자 수 ※ 2024.5.31 기준 지난 4주 동안 일을 하지 않고 구직활동 중인 자	명	

문2. 귀하와 가구주와의 관계는 어떻게 됩니까? (※ 가구주의 _____)
　① 가구주 본인　② 배우자　③ 자녀　④ 자녀의 배우자
　⑤ 부모　⑥ 배우자의 부모　⑦ 손자녀　⑧ 기타

문3. 귀하에 대해 응답해 주십시오.

	1) 최종 학교	2) 이수 여부
3-1. 교육수준	① 무학 → 문3-2로 ② 초등학교 ③ 중학교 ④ 고등학교 ⑤ 대학교 ⑥ 대학원(석사/박사)	① 재학 ② 휴학 ③ 중퇴 ④ 수료 ⑤ 졸업 ※ 최고학력 기준으로 응답
3-2. 혼인상태	① 유배우(사실혼 포함)　② 별거　③ 사별　④ 이혼　⑤ 미혼(미혼 부·모 포함)	

문4. 귀하의 현재 경제활동 참여 상태는 어떻게 되십니까?
① 상용직 임금근로자
② 임시직 임금근로자
③ 일용직 임금근로자(자활근로, 공공근로, 노인일자리 포함)
④ 특수고용(택배기사, 배달원, 보험설계사, 학습지교사 등)
⑤ 고용주
⑥ 고용인이 없는 자영업자
⑦ 무급가족종사자
⑧ 실업자(※2024. 5. 31. 기준 지난 4주 동안 일하지 않고 구직활동중인 경우임) → 문7로
⑨ 비경제활동인구(주부, 학생, 군복무 등)(※취업도 실업도 아닌 상태에 있는 자) → 문7로

문4-1. (문4에서 ①~⑦ 취업자만) 귀하의 직업은 어떻게 되십니까?
① 관리자　　　　　　　　　② 전문가 및 관련 종사자
③ 사무 종사자　　　　　　　④ 서비스 종사자
⑤ 판매종사자　　　　　　　⑥ 농림어업 숙련 종사자
⑦ 기능원 및 관련 기능 종사자　⑧ 장치·기계 조작 및 조립종사자
⑨ 단순노무종사자　　　　　⑩ 군인

문4-2. (문4에서 '① 상용직' 응답자만) 귀하의 고용형태는 어떻게 되십니까?
① 정규직　　　　　　　　　② 비정규직

문5. (문4에서 ①~⑦ 취업자만) 귀하의 현재 일자리의 지위는 다음 중 어느 정도에 해당한다고 생각하십니까?

	매우 높다	높은 편이다	보통 수준이다	낮은 편이다	매우 낮다
1) 경제적보상 (임금 또는 수입 수준)	①	②	③	④	⑤
2) 전문성 (국가공인자격증 여부, 업무처리를 위한 숙련수준 등)	①	②	③	④	⑤
3) 사회적 위상·위세 (직업군을 바라보는 사회의 시선)	①	②	③	④	⑤
4) 사회·경제적 위기 발생시 일자리 안정성 (임금이나 수입 급감, 실직 등의 위험도)	①	②	③	④	⑤

문6. (문4에서 ①~⑦ 취업자만) 월소득, 근로시간, 근로환경 등을 전체적으로 고려할 때 귀하는 현재 일자리에 대해 만족하십니까?

전혀 만족하지 않는다					보통					매우 만족한다
⓪	①	②	③	④	⑤	⑥	⑦	⑧	⑨	⑩

문7. 귀하는 현재 다음의 사회보험에 가입되어 있습니까?

※ 특수직역연금은 공무원연금, 사립학교교직원연금, 군인연금, 별정우체국직원연금 등이 해당됩니다.

	가입되어 있다	가입되어 있지 않다	연금을 받고 있다	모르겠다
1) 국민연금(특수직역 연금 포함)	①	②	③	⑨
2) 건강보험(피부양자 포함)	①	②		⑨
3) 고용보험	①	②		⑨
4) 산재보험	①	②		⑨

II. 사회 및 사회통합 인식

※ 다음 문8 ~ 문28은 깊이 생각하지 마시고, 질문을 듣는 즉시 떠오르는 대로 응답해 주십시오.

문8. 귀하는 어제 어느 정도 행복하셨습니까?

전혀 행복하지 않았다					보통					매우 행복했다
⓪	①	②	③	④	⑤	⑥	⑦	⑧	⑨	⑩

문9. 귀하는 어제 어느 정도 우울하셨습니까?

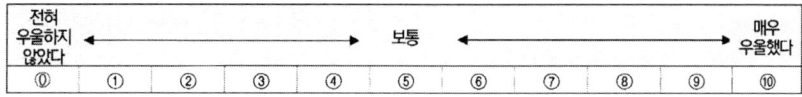

문10. 귀하는 요즘 삶에 전반적으로 만족하십니까?

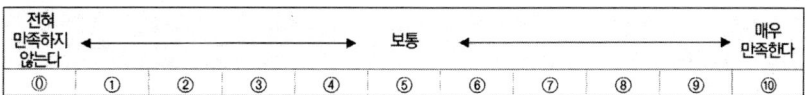

문11. 귀하는 사회적 지지를 얼마나 받고 있다고 생각하고 계십니까?

※ 사회적 지지란, 다른 사람(가족, 친척, 선생님, 친구 등)으로부터 도움을 받는 것을 의미하며, 또한 일상적인 고민을 나누고 감정과 정보를 나누는 것을 포함합니다.

전혀 받고 있지 않음					보통					매우 많이 받고 있음
⓪	①	②	③	④	⑤	⑥	⑦	⑧	⑨	⑩

문12. 귀하는 다음과 같은 상황이 발생했을 때 누구에게 가장 먼저 도움을 청하시겠습니까?

	가족 (친척)	지인 (친구, 이웃, 직장 동료 등)	공공 기관 (주민센터, 정부 등)	민간 기관 (종교, 사회복지 단체 등)	어떤 사람/기관도 없음
1) 감기가 심하게 걸려 식사준비나 장보기와 같은 집안일을 부탁해야 할 경우	①	②	③	④	⑤
2) 큰 돈을 갑자기 빌릴 일이 생길 경우	①	②	③	④	⑤
3) 우울하거나 스트레스를 받아서 누군가와 이야기를 나누고 싶을 경우	①	②	③	④	⑤

문13. 귀하는 우리 사회가 어느 정도 믿을 수 있는 사회라고 생각하십니까?

전혀 믿을 수 없다					중간					매우 믿을 수 있다
⓪	①	②	③	④	⑤	⑥	⑦	⑧	⑨	⑩

문14. 귀하는 다음의 기관들을 어느 정도 신뢰하십니까?

	매우 신뢰한다	다소 신뢰한다	거의 신뢰하지 않는다	모르겠다
1) 대기업	①	②	③	⑨
2) 종교계	①	②	③	⑨
3) 교육계	①	②	③	⑨
4) 노동조합	①	②	③	⑨
5) 언론계(신문사, TV방송국 등)	①	②	③	⑨
6) 의료계	①	②	③	⑨
7) 행정부(청와대, 중앙정부, 지방자치정부 등)	①	②	③	⑨
8) 입법부(국회)	①	②	③	⑨
9) 사법부(법원)	①	②	③	⑨
10) 군대	①	②	③	⑨
11) 금융기관	①	②	③	⑨
12) 시민운동단체	①	②	③	⑨
13) 검찰, 경찰	①	②	③	⑨

문15. 귀하는 다음 의견에 어느 정도 동의 또는 반대하십니까?

	매우 동의한다	약간 동의한다	동의도 반대도 아니다	약간 반대한다	매우 반대한다
1) 내가 완전히 믿을 수 있는 사람은 극히 소수에 불과하다	①	②	③	④	⑤
2) 만약 조심하지 않는다면 다른 사람들은 나를 이용하려 들 것이다	①	②	③	④	⑤
3) 사람들은 대개 이기적이다	①	②	③	④	⑤

문16. 귀하는 다음 의견에 어느 정도 동의 또는 반대하십니까?

	매우 동의한다	약간 동의한다	동의도 반대도 아니다	약간 반대한다	매우 반대한다
1) 오늘날 한국에서 높은 지위에 오르려면 부패할 수밖에 없다	①	②	③	④	⑤
2) 한국의 소득 격차는 너무 크다	①	②	③	④	⑤
3) 고소득자와 저소득자 사이의 소득격차를 줄이는 것은 정부의 책임이다	①	②	③	④	⑤
4) 정부는 실업자에게 적정한 수준의 삶을 제공해야 한다	①	②	③	④	⑤
5) 정부는 빈곤한 사람들에게 주는 혜택을 줄여야 한다	①	②	③	④	⑤

문17. 우리나라는 갈등이 어느 정도 심각하다고 생각하십니까?

매우 심하다	대체로 심하다	별로 심하지 않다	전혀 심하지 않다
①	②	③	④

문18. 귀하가 생각하시기에 한국에는 다음 집단들 간에 갈등이 어느 정도 심하다고 생각하십니까?

~와 ~간의 갈등이	매우 심하다	대체로 심하다	별로 심하지 않다	전혀 심하지 않다
1) 가난한 사람과 부유한 사람	①	②	③	④
2) 경영자와 노동자	①	②	③	④
3) 주택소유자와 비소유자	①	②	③	④
4) 정규직과 비정규직	①	②	③	④
5) 여성과 남성	①	②	③	④
6) 고령자와 젊은이	①	②	③	④
7) 진보와 보수	①	②	③	④
8) 지역 간(수도권과 지방)	①	②	③	④
9) 기존 주민과 이주민(이주노동자, 결혼이주여성 등)	①	②	③	④
10) 대기업과 중소기업	①	②	③	④

문19. 귀하는 지난 1년 동안 다음과 같은 활동에 참여하셨습니까?

	했다	안했다
1) 자원봉사	①	②
2) 사회단체나 기관에 기부	①	②
3) 정치집회, 모임 및 시위	①	②

문20. 귀하의 이념적 성향은 다음 중 어디에 해당하십니까?

매우 보수적	대체로 보수적	중도적	대체로 진보적	매우 진보적
①	②	③	④	⑤

문21. 귀하는 다음의 선거 때 투표하셨습니까?

	투표했다	투표하지 않았다	모르겠다	투표권이 없었음
1) 2022년 3월 9일 제20대 대통령선거	①	②	⑨	⑨⑨
2) 2022년 6월 1일 제8회 지방선거	①	②	⑨	⑨⑨
3) 2024년 4월 10일 제22대 국회의원선거	①	②	⑨	-

문22. 귀하는 정치적 성향(견해)가 다른 사람과 함께 다음과 같은 활동을 할 의향이 있습니까?

	있다	없다
1) 정치 성향이 다른 친구 및 지인과의 식사 또는 술자리	①	②
2) 정치 성향이 다른 이와의 연애 및 결혼	①	②
3) 정치 성향이 다른 이와 시민·사회단체 활동	①	②

문23. 귀하는 한국 국민인 것을 어느 정도 자랑스럽게 생각하십니까?

매우 자랑스럽다	대체로 자랑스럽다	별로 자랑스럽지 않다	전혀 자랑스럽지 않다
①	②	③	④

문24. 귀하는 현재 우리나라가 사회통합이 잘 이루어지고 있다고 보십니까?

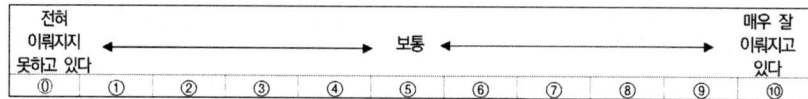

문25. 우리 사회의 소득계층을 다섯 집단으로 구분할 때, 귀하는 다음 중 어느 계층에 속한다고 생각하십니까?

하층	중하층	중간층	중상층	상층
①	②	③	④	⑤

문26. 지난 10년 동안 귀댁의 생활수준은 어느 정도 바뀌었습니까?

상당히 좋아졌다	다소 좋아졌다	차이가 거의 없다	다소 나빠졌다	상당히 나빠졌다
①	②	③	④	⑤

문27. 귀하는 우리 사회에서 일생동안 노력을 한다면 개인의 사회경제적 지위가 높아질 가능성이 얼마나 된다고 생각하십니까?

매우 높다	약간 높다	약간 낮다	매우 낮다	모르겠다
①	②	③	④	⑨

문28. 귀하는 일반적으로 본인 세대에 비해 자식 세대의 사회경제적 지위가 어떻게 달라질 것이라고 생각하십니까?

매우 높아질 것이다	약간 높아질 것이다	약간 낮아질 것이다	매우 낮아질 것이다	모르겠다
①	②	③	④	⑨

문29. 귀하는 현재의 우리나라 복지 수준이 적당하다고 생각하십니까?
　　　아니면 현재 수준보다 축소하거나 확대할 필요가 있다고 생각하십니까?
　① 현재 수준보다 축소할 필요가 있다
　② 현재 수준이 적당하다
　③ 현재 수준보다 확대할 필요가 있다

문30. 귀하는 사회복지 확대를 위해서 세금을 더 거둬야 한다는 의견에 대해서 얼마나 동의하십니까?

매우 동의한다	약간 동의한다	별로 동의하지 않는다	전혀 동의하지 않는다
①	②	③	④

문31. 귀하는 지난 1년 동안 차별의 대상이나 소수자가 된 경험이 있으십니까?
　① 있다
　② 없다

Ⅲ. 이주민과 다양성

'이주민'이란 결혼이주민, 난민, 이주노동자, 외국인 주민, 재외동포(조선족, 고려인 등) 등 한국 국적 취득 여부에 상관없이 국경을 넘어 현재 대한민국으로 이주한 자들을 지칭함.

문32. 귀하는 일상생활(대중교통, 쇼핑센터, 길거리, 학교, 직장 등)에서 <u>외국인</u>을 얼마나 자주 마주치십니까?
 ① 자주 만난다
 ② 가끔 만난다
 ③ 거의 만날 일이 없다
 ④ 한 번도 만난 적이 없다

문33. 외국인에 대한 다음 진술문에 대해 귀하는 어느정도 동의하십니까?

	매우 동의한다	약간 동의한다	별로 동의하지 않는다	전혀 동의하지 않는다
1) 우리나라에 다양한 인종, 종교, 문화가 많이 들어올수록 좋다	①	②	③	④
2) 피부색이 다르고 문화가 다르더라도 앞으로 더 많은 외국인이 들어와서 사는 것이 좋다	①	②	③	④
3) 우리 동네에 피부색이나 문화적 배경이 다른 외국인이 많이 들어와 살아도 전혀 이상하지 않다	①	②	③	④
4) 다른 동네는 몰라도 바로 이웃에 생소한 문화를 가진 외국인이 사는 것은 싫다	①	②	③	④

문34. 이주민에 대한 다음 진술문에 대해 귀하는 어느정도 동의하십니까?

제도별	매우 동의한다	약간 동의한다	별로 동의하지 않는다	전혀 동의하지 않는다
1) 이주민의 증가는 우리사회의 사회적 비용을 증가시킨다	①	②	③	④
2) 이주민이 늘면 범죄율이 증가한다	①	②	③	④
3) 이주민의 유입은 내국인의 일자리를 위협한다	①	②	③	④
4) 내국인이 기피하는 일자리를 이주민들이 채우고 있다	①	②	③	④

문35. 귀하는 이주민을 어느 정도까지 받아들일 수 있습니까?
 ① 나의 배우자 혹은 가족이 되는 것
 ② 나의 절친한 친구가 되는 것
 ③ 나의 직장동료가 되는 것
 ④ 나의 이웃이 되는 것
 ⑤ 받아들일 수 없음

문36. 귀하는 다음에 해당하는 사람들을 어느 정도 관계까지 받아들일 수 있습니까?

대상별	나의 배우자 혹은 가족이 되는 것	나의 절친한 친구가 되는 것	나의 직장동료가 되는 것	나의 이웃이 되는 것	받아들일 수 없음
1) 이주노동자	①	②	③	④	⑤
2) 난민	①	②	③	④	⑤
3) 결혼이주민	①	②	③	④	⑤
4) 유학생	①	②	③	④	⑤
5) 재외동포 (고려인, 조선족 등)	①	②	③	④	⑤
6) 북한이탈주민	①	②	③	④	⑤

체류자격 별	나의 배우자 혹은 가족이 되는 것	나의 절친한 친구가 되는 것	나의 직장동료가 되는 것	나의 이웃이 되는 것	받아들일 수 없음
7) 대한민국 영주권을 취득한 외국인	①	②	③	④	⑤
8) 미등록 체류 외국인	①	②	③	④	⑤

문37. 진정한 한국사람이 되기 위해서는 다음의 사항들이 어느 정도 중요하다고 생각하십니까?

	매우 중요하다	약간 중요하다	별로 중요하지 않다	전혀 중요하지 않다
1) 한국어를 말할 수 있는 것	①	②	③	④
2) 한국의 정치제도와 법을 존중하는 것	①	②	③	④
3) 한국인임을 느끼는 것	①	②	③	④
4) 한국 문화와 전통을 잘 이해하는 것	①	②	③	④
5) 한국에서 태어나는 것	①	②	③	④
6) 한국국적을 갖는 것	①	②	③	④
7) 생애의 대부분을 한국에서 사는 것	①	②	③	④
8) 한국인 조상을 가지고 있는 것	①	②	③	④

문38. 귀하는 결혼이주자, 외국인 노동자, 북한이탈주민 등의 이주민이 '그들의 고유의 문화, 관습을 버리고 한국의 문화, 관습을 수용해야 한다'는 입장과 '그들 고유의 문화, 관습을 유지하면서 한국사회에 적응하는 것이 필요하다'는 입장 중 어디에 더 가깝습니까?

고유의 문화, 관습을 버리고 한국의 문화, 관습을 수용해야 한다				(중간)				고유의 문화, 관습을 유지하면서 한국사회에 적응하는 것이 필요하다	
①	②	③	④	⑤	⑥	⑦	⑧	⑨	⑩

문38-1. (문38=①~⑤만) 위 문항에서 ①~⑤로 답하신 가장 큰 이유는 무엇입니까?
① 다른 문화적 정체성으로 인한 갈등이 발생할 가능성이 있으므로
② 한국 고유의 문화와 전통을 유지할 수 있으므로
③ 한국 사회가 이주민에 대한 수용성이 부족하므로
④ 이주민이 한국사회에 빨리 적응할 수 있으므로
⑤ 기타 _____

문38-2. (문38=⑥~⑩만) 위 문항에서 ⑥~⑩으로 답하신 가장 큰 이유는 무엇입니까?
① 한국 사회의 문화적 다양성이 확산되므로
② 이주민 자신도 고유의 문화적 정체성을 존중받아야 하므로
③ 한국 사회가 이주민에 대한 수용성이 충분하다고 보므로
④ 한국과 이주민 모국과의 교류에 도움이 되므로
⑤ 다문화의 경향은 이미 거부할 수 없는 대세이므로
⑥ 기타 _____

Ⅳ. 이민정책

문39. 2022년 기준 국내에 거주하는 외국인은 한국 총인구 대비 3.2%입니다. 아래의 외국인 비중 추세를 고려할 때 귀하는 외국인 인구에 대한 한국 정부의 방향이 어때야 한다고 생각하십니까?
① 지금 추세보다 더 많이 받아들여야 한다
② 지금 추세를 유지해야 한다
③ 지금 추세보다 더 적게 받아들여야 한다
④ 모르겠음

문40. 한국사회는 저출산 고령화로 인해 생산연령인구가 감소하고 있습니다. 이로 인해 일부 산업분야에서는 인력 부족 문제가 심각한 상황입니다. 귀하는 노동력이 부족한 산업분야에서 필요한 인력을 외국으로부터 들어오는 것에 대해 어떻게 생각하십니까?
① 산업분야 제한없이 원하는 외국인은 누구든지 일하러 올 수 있도록 허용해야 한다
② 인력부족이 심각한 산업분야에 대해 외국인 인력을 최대한 허용해야 한다
③ 인력부족이 심각한 산업분야로 제한하고 외국인 수도 엄격히 제한해야 한다
④ 외국인이 한국에 일하러 오는 것을 금지해야 한다

문40-1. (문40=①,②) 위 문항에서 ① 또는 ②를 답하신 가장 큰 이유는 무엇입니까?
① 내국인이 기피하는 일자리를 채워주므로
② 저출산 고령화에 대응해야 하므로
③ 국내에 유능한 인재를 유치할 수 있는 기회가 되므로
④ 국내 문화적 다양성 제고 및 국제 교류 활성화를 위해서
⑤ 지방 소멸에 대응해야 하므로
⑥ 기타 _____

문40-2. (문40=③,④) 위 문항에서 ③ 또는 ④를 답하신 가장 큰 이유는 무엇입니까?
① 이주민은 내국인의 일자리를 가져가므로
② 이주민 유입은 내국인과의 문화적 갈등을 초래하므로
③ 이주민이 공공서비스나 복지혜택을 받는 것은 사회적 부담이 되므로
④ 이주민에 대한 정서적인 거부감 혹은 두려움이 생기므로
⑤ 미등록 체류자가 양산될 가능성이 있어서
⑥ 기타 _____

문41. 현재 돌봄 및 가사 영역 등에 종사하는 이주 인력에 대해 최저임금보다 낮은 임금을 지급하자는 주장이 제기되고 있습니다. 귀하의 의견은 어떻습니까?

매우 동의한다	약간 동의한다	별로 동의하지 않는다	전혀 동의하지 않는다
①	②	③	④

문41-1. (문41=①,②) 위의 주장에 동의하시는 이유는 무엇입니까?
① 아동 및 노인 돌봄 수요를 충족할 수 있으므로
② 내국인 여성의 노동시장 진출을 제고할 수 있으므로
③ 국내의 최저임금보다 낮은 임금 수준도 이주노동자에게는 본국 대비 높은 수준의 급여이므로
④ 내국인 아동, 노인, 장애인에게 비용 대비 높은 수준의 돌봄을 제공할 수 있으므로
⑤ 기타 _____

문41-2. (문41=③,④) 위의 주장에 동의하지 않는 이유는 무엇입니까?
① 이주민이라는 이유로 임금을 낮추는 것은 차별적·반인권적이므로
② 국제노동기구(ILO) 등 국제 기준을 위배하므로
③ 돌봄노동의 가치와 질을 하락시키므로
④ 내국인 돌봄 인력의 일자리를 빼앗아가므로
⑤ 기타 _____

문42. 귀하는 미등록 체류자를 국내에서 추방하는 것에 대해 어떻게 생각하십니까?

매우 찬성	찬성	반대	매우 반대
①	②	③	④

문42-1. (문42=①,②) 위의 문항에서 찬성하신 가장 큰 이유는 무엇입니까?
① 체류기간을 초과한 것 자체가 국내법에 위반되므로
② 미등록 체류자는 일자리를 빼앗는 등 경제에 부정적 영향을 주므로
③ 미등록 체류자도 우리나라의 교통, 인프라 등 공공서비스를 이용하므로
④ 다른 등록 체류자들이 미등록 체류하도록 하는 동기가 되므로
⑤ 기타 _____

문42-2. (문42=③,④) 위의 문항에서 반대하신 가장 큰 이유는 무엇입니까?
① 미등록 체류자들도 인도주의적인 관점에서 대우해야 하므로
② 미등록 체류자들도 노동을 하면서 한국 경제에 공헌을 하므로
③ 미등록 체류자가 강제 송환되면 국내체류 가족과 단절될 수 있으므로
④ 미등록 체류자도 사회통합되면서 한국의 다양성을 제고해야 하므로
⑤ 기타 _____

V. 이주민 대상 사회정책

문43. 우리사회에서 국내거주 이주민들에 대한 다음의 권리가 얼마나 존중된다고 생각하십니까?

제도별	매우 존중된다	약간 존중되는 편이다	별로 존중되지 않는 편이다	전혀 존중되지 않는다
1) 기본적인 인권(인간으로서 누려야 할 기본적인 자유 및 권리)	①	②	③	④
2) 사회복지 혜택을 받을 권리	①	②	③	④
3) 건강권(아플 때 치료받을 수 있는 권리)	①	②	③	④
4) 주거권(인간다운 주거생활을 할 권리)	①	②	③	④
5) 노동법적 권리(공정한 노동조건 등)	①	②	③	④

문44. 귀하는 이주민들이 내국인과 동일한 사회복지 혜택과 권리를 얻는 시점은 언제가 되어야 한다고 생각하십니까?
① 한국에 입국한 즉시
② 한국에서의 근무경력에 상관없이, 입국한 지 1년이 지난 뒤
③ 한국에서 최소 1년 동안 근무하고 세금을 납부한 경우
④ 이주민이 한국 국적을 취득한 직후
⑤ 이주민은 내국인과 결코 동일한 권리를 가져서는 안된다
⑥ 잘 모르겠다

문45. 현재 아동수당법에서는 대상자를 대한민국 국적을 가진 8세 미만 아동으로 한정하고 있습니다. 아동수당 대상자에서 _____의 외국 국적(본국 출신) 자녀를 포함하는 것에 얼마나 동의하십니까?

※ 아동수당 ☞ 만 8세 미만 한국 국적의 모든 아동에게 1인당 월 10만원씩 국가가 지급하는 제도. 아동의 기본적 권리와 복지를 증진하는 데 목적을 둠

_____의 외국 국적(본국 출신) 자녀	매우 동의한다	약간 동의한다	별로 동의하지 않는다	전혀 동의하지 않는다
1) 이주노동자	①	②	③	④
2) 결혼이주민	①	②	③	④
3) 유학생	①	②	③	④
4) 재외동포(고려인, 조선족 등)	①	②	③	④

_____의 외국 국적(본국 출신) 자녀	매우 동의한다	약간 동의한다	별로 동의하지 않는다	전혀 동의하지 않는다
5) 대한민국 영주권을 취득한 외국인	①	②	③	④

문46. 현재 국민기초생활보장법에서는 원칙적으로 외국인은 생계급여 대상자에서 제외하고 있습니다. 아래 _____을(를) 생계급여 제도 대상으로 포함하는 것에 얼마나 동의하십니까?

※ 생계급여 ☞ 생계가 어려운 가구의 최저생활을 보장하고 자활을 돕기 위해서 국가가 매월 일정한 현금을 지급하는 제도. 급여액은 가구 규모와 소득 수준 등에 따라 다름. 1인 가구의 경우, 최대 약 71만원을 받을 수 있음.

대상별	매우 동의한다	약간 동의한다	별로 동의하지 않는다	전혀 동의하지 않는다
1) 이주노동자	①	②	③	④
2) 결혼이주민	①	②	③	④
3) 유학생	①	②	③	④
4) 재외동포(고려인, 조선족 등)	①	②	③	④

체류자격별	매우 동의한다	약간 동의한다	별로 동의하지 않는다	전혀 동의하지 않는다
5) 대한민국 영주권을 취득한 외국인	①	②	③	④

문47. 현재 국민건강보험법에서는 외국인도 국내에 일정 기간 이상 체류하면서 일정한 소득이 있을 경우 건강보험에 의무적으로 가입해서 보험료를 내고 의료서비스를 받도록 있습니다. 아래 _____을(를) 국민건강보험제도 대상에 포함하는 데 얼마나 동의하십니까?

대상별	매우 동의한다	약간 동의한다	별로 동의하지 않는다	전혀 동의하지 않는다
1) 이주노동자	①	②	③	④
2) 결혼이주민	①	②	③	④
3) 유학생	①	②	③	④
4) 재외동포(고려인, 조선족 등)	①	②	③	④

체류자격별	매우 동의한다	약간 동의한다	별로 동의하지 않는다	전혀 동의하지 않는다
5) 대한민국 영주권을 취득한 외국인	①	②	③	④

VI. 가구의 경제상태

★ 응답자가 가구의 상황을 잘 모르시는 경우 가구주 또는 가구주의 배우자의 도움을 받아 조사해 주세요.
★ 2024년 5월 31일을 기준으로 응답해 주세요.

문48. 귀댁의 가구원이 보유한 전체 재산과 부채에 대한 질문입니다.

※ 단위는 만원으로 작성하되 반올림하여 처리합니다. (예: 11만5천원의 경우 12만원으로 기입)

48-1. 금융재산	2024.5.31. 기준 귀댁의 **금융재산**은 얼마입니까? ※ 금융재산(정기예금, 적금, 저축성 보험, 청약예금, 주식, 빌려준 돈 등)	십억	억	천	백	십	일	만원
48-2. 기타 부동산 및 재산	2024.5.31. 기준 금융재산을 제외한 **부동산 및 재산**은 얼마입니까? ※ 사업목적의 (소유 또는 점유) 부동산의 경우, 부채를 제외하고 작성합니다. ※ 소유부동산(거주주택 및 그 외 주택, 상가, 토지, 콘도, 별장, 오피스텔 등) ※ 점유부동산(전세보증금, 권리금 등) ※ 농기계, 농축산물, 자동차 및 기타(회원권, 골동품 등)	십억	억	천	백	십	일	만원
48-3. 부채 총액	2024.5.31. 기준 총 **부채액**은 얼마입니까? ※ 사업용도의 부채는 제외합니다. ※ 금융기관대출(회사대출, 마이너스통장 미상환금 포함) ※ 일반사채, 카드빚 ※ 전세(임대)보증금(받은 돈) ※ 외상, 미리 탄 곗돈(미리 탄 곗돈의 경우 향후 부어야 하는 금액만 기재) ※ 기타부채(밀린 월세, 체납된 사회보험료 및 각종 공과금 등)	십억	억	천	백	십	일	만원

문49. 지난 3개월(2024.3.1.~2024.5.31.)동안 귀댁의 월평균 부채원금 상환액과 이자의 합계액은 얼마입니까?

총 부채원금 상환액과 이자 합계   월평균 | 일억 | 천 | 백 | 십 | 일 | 만원

문50. 지난 3개월(2024.3.1.~2024.5.31.)동안 귀댁의 월평균 총 가구소득은 얼마입니까? (※ 세전 소득 기준)

※ 총 가구소득= 가구원 전체 근로소득+재산소득+사적 이전소득+공적 이전소득

총 가구소득   월평균 | 일억 | 천 | 백 | 십 | 일 | 만원

※ 면접원 확인 : ① 한 달 기준 가구소득입니다. 연봉을 기입하지 않았는지 체크하십시오.
　　　　　　　　② 가구소득이 0만원인 경우는 공적이전소득, 사적이전소득을 확인하십시오.

문51. 지난 3개월(2024.3.1.~2024.5.31.)동안 귀하의 월평균 총 근로소득은 얼마입니까? (※ 세전 소득 기준)

※ 근로소득= 임금 + 사업소득(자영소득 포함)
※ 사업소득자는 순소득(총소득-경비)

총 근로소득   월평균 | 일억 | 천 | 백 | 십 | 일 | 만원

※ 면접원 확인 : ① 한 달 기준 개인 근로소득(3개월 평균)입니다.
　　　　　　　　② 가구소득이 0만원인 경우 개인 근로소득은 0만원 보다 많을 수 없습니다.

문52. 귀댁이 현재 거주하고 있는 집의 유형은 무엇입니까?
  ① 단독주택 (일반 단독주택, 다가구 단독주택)
  ② 아파트
  ③ 연립 및 다세대주택 (빌라, 다세대주택)
  ④ 기타 (영업용 건물, 오피스텔, 고시원, 기숙사, 컨테이너 등)

문53. 귀댁이 현재 거주하는 집의 점유형태는 무엇입니까?
  ① 자가   ② 전세   ③ 보증부 월세(반전세 포함)
  ④ 월세(사글세)   ⑤ 기타 (무상, 사택 등)

설문에 응해 주셔서 진심으로 감사드립니다.
본 조사의 내용은 통계법에 의해 엄격하게 보호되며 통계적 목적만을 위해 사용될 것입니다.

「이주민과 사회통합 실태조사」
조사참여·자료활용 동의서

■ 국무총리실 산하 국책 연구기관인 한국보건사회연구원에서 「사회통합 실태진단 및 대응방안」 연구를 수행하고 있으며, 관련하여 「이주민과 사회통합 실태조사」를 실시하고 있습니다. 귀하께서 응답해 주시는 내용은 다른 분들의 의견과 함께 집계·분석되어 우리국민의 사회통합에 대한 인식을 파악하는 기초자료로 사용될 것입니다.
■ 이 조사를 통해 수집된 개인정보와 응답하신 내용은 **통계법 제33조(비밀의 보호 등)에 의거하여 비밀이 보장**되고 연구 목적 외에는 사용하지 않을 것을 약속드립니다. 귀하의 응답은 정부의 올바른 정책수립에 귀중한 기초자료로 이용되오니 시간을 내어 협조해 주시면 대단히 감사하겠습니다.

■ 본인은 「이주민과 사회통합 실태조사」 수행과 관련 통계작성의 과정에서 필요한 개인정보를 한국보건사회연구원에 제공하는 데 동의합니다.

[조사·이용 목적] ① 사회 및 사회통합에 대한 국민인식
② 다양성과 이주민에 대한 인식과 태도
③ 이민정책과 이주민 대상 사회정책에 대한 인식과 태도
④ 사회통합 증진을 위한 정책 수립 근거 마련
[조사 대상] 전국 만19세 이상~만75세 이하 대한민국 국적의 남녀 3,000가구
[조사 기간, 방법] 2024년 6월 ~ 8월, 대면면접조사
[조사답례품] 5,000원 상품권
[문의처] 조사: 한국리서치 02-3014-0122, 연구 참여권익 및 활용: 한국보건사회연구원 044-287-8400, 8215
[개인정보 조사 항목] 성명, 전화번호, 주소 등
[민감정보 조사 항목] 소득, 생활비, 재산, 부채, 건강 등 설문문항 항목
[보유 및 이용기간] 상기「개인정보의 조사·이용목적」을 달성하는데 필요한 기간 동안에 한하여 보유 및 이용됩니다. 단, **성명, 전화번호, 주소 등 개인을 식별할 수 있는 정보는 삭제 및 부호화 처리됩니다.**

■ 본인이 원하지 않으면 언제든지 조사에 참여하는 것을 거절할 수 있고, 거절하더라도 이익에 대한 손실 없이 참여를 포기할 수 있다는 사실을 이해하였습니다.

■ 본인은 한국보건사회연구원에 자신의 개인정보에 대한 열람, 정정, 삭제, 처리정지 등의 요구를 언제든지 요청할 수 있음을 이해하였습니다.

■ 본인은「이주민과 사회통합 실태조사」의 내용을 충분히 이해하고 자의(自意)에 의해 조사에 참여하는 것을 동의합니다.

※본인은 위 사항들을 이해하였고, '사회통합 실태진단 및 대응방안' 연구의 조사대상으로 참여하며 개인정보 제공에 동의합니다.

☐ 동의함   ☐ 동의안함

2024년   월   일

응답자 : _____(인)   조사원 : _____(인)

Abstract

A Study of Assessment of Social Cohesion Status with Policy Implications (XI): Public Perception of Migrants' Social Integration

Project Head: Kwak, YoonKyung

The study aims to understand public perceptions of migrants in Korea, attitudes toward immigration policies, and views on migrants' social rights and the welfare system. In order to do so, a face-to-face survey using structured questionnaires was conducted between June and August 2024, targeting a sample of 3,000 Korean adults aged 19 to 75 across the nation. Additionally, data from previous Social Cohesion Surveys (2014-2022) were utilized as needed. Comparisons were made with similar questions from previous studies to enrich interpretation. The study concludes with a summary of key findings and policy implications from a social integration perspective.

Public perceptions of diversity and acceptance of migrants were analyzed across various dimensions, including cultural openness, stereotypes, and national identity. Over 61% of respondents agreed that having foreign residents in their neighborhood is not unusual, indicating public awareness of Korea's transition to a multicultural society. Residents of urban cities as well as small and medium-sized cities, particularly young adults, showed the highest levels of cultural openness, with many recognizing migrants' contributions to filling jobs avoided by Koreans. However, concerns about rising social costs, crime rates, and job competition due to increasing migration were also notable. Regarding national identity, respondents emphasized the importance of Korean language proficiency and respect for

---

Co-Researchers: Kim, Ki-tae·Cheong, Sejeong·Kang, Yeeun·Kim, Jiwon

Korean political and legal systems. Interaction with migrants was common, with two-thirds of respondents reporting frequent encounters in their daily lives. Acceptance of migrants was higher in public spheres, such as workplaces or neighborhoods, but relatively lower in private spheres, such as marriage or close friendships. Attitudes toward migrants varied depending on the types of migrants and status of residence.

When it comes to the perception of immigration policies and social integration, the majority of respondents supported maintaining current immigration trends. This sentiment was particularly strong among men, young adults, college-educated individuals, and those in the upper-middle class. Most respondents highlighted the need to accept more foreign workers, especially in industries facing labor shortages due to an aging population and low birth rate. Support for multicultural policies has grown since 2019, with proponents emphasizing the importance of respecting migrants' cultural identities, while assimilation policy advocates cited potential conflicts arising from cultural differences.

The next chapter deals with the public attitudes of migrants' social rights and welfare. Korean attitudes toward migrants' social rights revealed moderate support for basic rights, with health rights rated slightly higher than welfare and labor rights. Perceptions of migrants' social rights varied, especially by socioeconomic factors and employment status. Over half of respondents supported granting welfare benefits to migrants after a year of work and tax contributions. The study further analyzed public attitudes toward migrants' welfare benefits based on the migrant type and welfare program type. The welfare programs included child allowances, livelihood benefits, and health insurance. Migrants were categorized into five groups: migrant workers, marriage migrants, international students, overseas Koreans, and foreign nationals with permanent residency in South Korea. A majority of respondents supported child allowances for children of permanent residents (79.74%) and marriage migrants (74.22%), but fewer supported such allowances for migrant workers (45.29%), overseas Koreans (45.38%), and international students (32.62%). Health insurance for migrants received more support, with an average approval rating of 2.87 for migrant workers, compared to lower support for livelihood benefits (2.16) and child allowances (2.41). Regarding welfare expansion, respondents who strongly disagreed that migrants increase social costs were more likely to support higher taxes for welfare. In terms of attitudes towards migrants' social rights, those who supported granting migrants equal welfare rights to nationals after one year of entry were relatively more positive about tax increases for welfare. These findings offer insights into the future of welfare policy in South Korea.

The research findings offer several implications for improving social integration. Firstly, public perceptions of migrants should be taken into account when designing and implementing relevant social policies. Secondly, the quality of contact between locals and migrants should be prioritized over the frequency of contact. Thirdly, achieving social consensus on social integration policies and establishing mid-to-long-term policy directions is essential. In this process, the voices of both locals and migrants should be actively included. Fourthly, introducing a social integration fund should be considered. Lastly, an anti-discrimination law should be enacted, along with the establishment of an anti-discrimination committee within relevant ministries or public institutions, with a special rapporteur appointed to oversee these efforts.

Key words : social integration, migrants, immigration policy, social rights, welfare attitudes